巴渝文献总目
古代卷·著作文献

任竞　王志昆 ○ 主编

重庆出版集团
重庆出版社

图书在版编目(CIP)数据

巴渝文献总目·古代卷·著作文献 / 任竞, 王志昆主编. —重庆:重庆出版社, 2017.1

ISBN 978-7-229-11908-9

Ⅰ.①巴… Ⅱ.①任… ②王… Ⅲ.①地方文献—图书目录—四川—古代 ②地方文献—图书目录—重庆—古代 Ⅳ.①Z812.271 ②Z812.271.9

中国版本图书馆CIP数据核字(2017)第004649号

巴渝文献总目·古代卷·著作文献
BAYU WENXIAN ZONGMU·GUDAIJUAN·ZHUZUO WENXIAN
任 竞 王志昆 主编

责任编辑:杨希之
责任校对:何建云
装帧设计:王芳甜

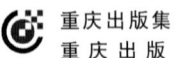重庆出版集团
重庆出版社 出版

重庆市南岸区南滨路162号1幢 邮编:400061 http://www.cqph.com
重庆出版社艺术设计有限公司制版
重庆天旭印务有限责任公司印刷
重庆出版集团图书发行有限公司发行
E-MAIL:fxchu@cqph.com 邮购电话:023-61520646
全国新华书店经销

开本:787mm×1092mm 1/16 印张:16.75 字数:255千
2017年5月第1版 2017年5月第1次印刷
ISBN 978-7-229-11908-9
定价:55.00元

如有印装质量问题,请向本集团图书发行公司调换:023-61520678

版权所有 侵权必究

编撰委员会

顾　　　问	傅璇琮					
总 策 划 人	杨恩芳	周　勇				
学术牵头人	蓝锡麟	黎小龙				
主　　　编	任　竞	王志昆				
副　主　编	袁佳红					
编　撰　人	袁志鹏	张海艳	谭小华	曾　妍	陈桂香	刘　威
	谭　翠	国　晖	李腾达	张　丁	周兴伟	张保强
学术审稿	刘明华	杨恩芳	张荣祥	黎小龙	周　勇	周晓风
	段　渝	韩云波	傅德岷	舒大刚	蓝锡麟	熊宪光
	曾代伟	唐润明	李茂康	潘　洵	何　兵	曹文富
	马　强	徐　立				

总序

蓝锡麟

两百多万字的《巴渝文献总目》即将出版发行。它标志着经过六年多的精准设计、切实论证和辛勤推进，业已明确写入《重庆市国民经济和社会发展第十三个五年规划》的《巴渝文库》编纂出版工程，取得了第一个硕重的成果。它也预示着，依托这部前所未有的大书已摸清和呈显的巴渝文献的厚实家底，对于巴渝文化的挖掘、阐释、传承和弘扬，都有可能进入一个崭新的阶段。

《巴渝文库》是一套以发掘梳理、编纂出版巴渝文献为主轴，对巴渝历史、巴渝人文、巴渝风物等进行广泛汇通、深入探究和当代解读，以供今人和后人充分了解巴渝文化、准确认知巴渝文化，有利于存史、传箴、资治、扬德、励志、育才的大型丛书。整套丛书都将遵循整理、研究、求实、适用的编纂方针，运用系统、发展、开放、创新的文化理念，力求能如宋人张载所倡导的"为天地立心，为生民立命，为往圣继绝学，为万世开太平"那样，对厘清巴渝文化文脉，光大巴渝文化精华，作出当代文化视野所能达致的应有贡献。

这其间有三个关键词，亦即"巴渝"、"文化"和"巴渝文化"。

"巴渝"称谓由来甚早。西汉司马相如的《上林赋》中，即有"巴渝宋蔡，淮南于遮"的表述，桓宽的《盐铁论·刺权篇》也有"鸣鼓巴渝，交作于堂下"的说法。西晋郭璞曾为《上林赋》作注，指认"巴西阆中有渝水，僚人居其上，皆刚勇好舞，汉高祖募取以平三秦，后使乐府习之，因名巴渝舞也。"从前后《汉书》至新旧《唐书》，以及《三巴记》、《华阳国志》等典籍中，都能见到"巴渝乐"、"巴渝舞"的记载。据之不难判定，"巴渝"是一个地域历史概念，它泛指的是先秦巴国、秦汉巴郡辖境所及，中有渝水贯注的广大区域。当今重庆市，即为其间一个至关重要的组成部分，并且堪称主体部分。

关于"文化"的界说，古今中外逾百种，我们只取在当今中国学界比较通用的一种。马克思在《1844年经济学哲学手稿》里指出："动物只生产自己本身，而人则再生产整个自然界。"因此，"自然的人化"，亦即人类超越本能的、有意识地作用于自然界和社会的一切创造性活动及其物质、精神产品，就是广义的文化。在广义涵蕴上，文化与文明大体上相当。广义文化的技术体系和价值体系建构两极，两极又经由语言和社会结构组成文化统一体。其中的价值体系，即与特定族群的生产方式和生活方式相适应，构成以语言为符号传播的价值观念和行为准则，通常被称为观念形态，就是狭义的文化。文字作为语言的主要记载符号，累代相积地记录、传播和保存人类文明的各种成果，则形成文献。文献直属于狭义文化，具有知识性特征，但同时又是广义文化的价值结晶。《巴渝文库》的"文"即专指文献，整部丛书都将遵循以上认知从文献伸及文化。

将"巴渝"和"文化"两个概念和合为一，标举出"巴渝文化"特指概念，乃是二十世纪中后期发生的事。肇其端，《说文月刊》1941年10月在上海，1942年8月在重庆，先后发表了卫聚贤的《巴蜀文化》一文，并以"巴蜀文化专号"名义合计发表了25篇文章，破天荒揭橥了巴蜀文化的基本内涵。从五十年代到九十年代，以成渝两地的学者群作为主体，也吸引了全国学界一些人的关注和参与，对巴蜀文化的创新探究逐步深化、丰富和拓展，并由"巴蜀文化"总体维度向"巴蜀文明"、"巴渝文化"两个向度切分、提升和衍进。在此基础上，以1989年11月重庆博物馆编辑、重庆出版社出版第一辑《巴渝文化》首树旗帜，经1993年秋在渝召开"首届全国巴渝文化学术研讨会"激扬波澜，到1999年间第四辑《巴渝文化》结集面世，确证了"巴渝文化"这一地域历史文化概念的提出和形成距今已达三十多年，并已获得全国学界的广泛认同。黎小龙所撰《"巴蜀文化"、"巴渝文化"概念及其基本内涵的形成与嬗变》一文，对其沿革、流变及因果考镜翔实，梳理通达，足可供而今而后一切关注巴渝文化的人溯源知流，辨伪识真。

　　从中不难看出，巴蜀文化与巴渝文化不是并列关系，而是种属关系，彼此间有同有异，可合可分。用系统论的观点考察种属，自古及今，巴蜀文化都是与荆楚文化、吴越文化同一层级的长江流域的一大地域历史文化，巴渝文化则是巴蜀文化的一个重要分支。自先秦迄于两汉，巴渝文化几近巴文化的同义语，与蜀文化共融而成巴蜀文化。魏晋南北朝以降，跟巴渝相对应的行政区划迭有变更，仅言巴渝渐次不能遍及巴，但是，在巴渝文化的核心区、主体圈和辐射面以内，巴文化与蜀文化的兼容性和互补性，或者一言以蔽之曰同质性，仍然不可移易地存在，任何时势下都毋庸置疑。而与之同时，大自然的伟力所造就的巴渝山水地质地貌，又以不依任何人的个人意志为转移的超然势能，对于生息其间的历代住民的生产方式和生活方式施予重大影响，从而决定了巴人与蜀人的观念取向和行为取向不尽一致，各有特色。再加上巴渝地区周边四向，东之楚、南之黔、北之秦以及更广远的中原地区的文化都会与之相互交流、渗透和浸润，巴渝文化之于巴蜀文化具有某些异质性，更加不可避免。既有同质性，又有异质性，就构成了巴渝文化的特质性。以此为根基，在尊重巴蜀文化对巴渝文化的统摄地位的前提下，将巴渝文化切分出来重新观照，合情合理，势在必然。

　　周边四向其他文化与巴渝文化交相作用，影响之大首推蜀文化自不待言，但对楚文化也不容忽视。《华阳国志·巴志》有言："江州以东，滨江山险，其人半楚，姿态敦厚。垫江以西，土地平敞，精敏轻疾。上下殊俗，情性不同。"正是这种交互性的生动写照。就地缘结构和族群渊源而言，理当毫不含糊地说，巴渝文化地域恰是巴蜀文化圈与荆楚文化圈的边缘交叉地

域。既边缘,又交叉,正负两端效应都有。正面的效应,主要体现在有利于生成巴渝文化的开放、包容、多元、多样上。而负面的效应,则集中反映在距离两大文化圈的核心地区比较远,无论在广义层面,还是在狭义层面,巴渝文化的演进发展都难免于相对滞后。负面效应贯穿先秦以至魏晋南北朝时期,直至唐宋才有根本的改观。

地域历史的客观进程即是巴渝文化的理论基石。当第四辑《巴渝文化》出版面世时,全国学界已对巴渝文化概念及其基本内涵取得不少积极的研究成果,认为巴渝文化是指以今重庆为中心,辐射川东、鄂西、湘西这一广大地区内,从夏商直至明清时期的物质文化和精神文化的总和,已然成为趋近共识的地域历史文化界说。《巴渝文库》自设计伊始,便认同这一界说,并将其贯彻编纂全过程。但在时空界线上略有调整,编纂出版的主要内容已确认为,从有文物佐证和文字记载的上古时期开始,直至1949年9月30日为止,举凡曾对今重庆市以及周边相关的历代巴渝地区的历史进程产生过影响,具备文献价值,能够体现巴渝文化的基本内涵的各种信息记录,尤其是得到自古及今广泛认同的代表性著述,都在尽可能搜集、录入和整理、推介之列,当今学人对于巴渝历史、巴渝人文、巴渝风物等的研究性著述也将与之相辅相成。一定意义上,它也可以叫《重庆文库》,然而不忘文化初始,不忘文化由来,还是《巴渝文库》体现顺理成章。

须当明确指出,《巴渝文库》瞩目的历代文献,并非一概出自巴渝本籍人士的手笔。因为一切文化得以生成和发展,注定都是在其滋生的热土上曾经生息过的所有人,有所发现、有所创造的共生结果,决不应该分本籍或外籍。对巴渝文化而言,珍重和恪守这一理念尤关紧要。唐宋时期和民国年间,无疑是巴渝文化最辉煌的两大时段,非巴渝籍人士在这两大时段确曾有的发现和创造,明显超过了巴渝本籍人士,排斥他们便会自损巴渝文化。所以我们对于文献的收取原则,是不分彼此,一视同仁,尊重历史,敬畏前贤。只不过,有惩于诸多发抉限制,时下文本还做不到应收尽收,只能做到尽可能收。拾遗补阙之功,容当俟诸后昆。

还需要强调一点，那就是作为观念形态的狭义的文化，在其生成和发展的过程中，必然会受到一定时空的自然条件和社会条件，尤其是后者中的经济、政治等广义文化要素的多层多样性的制约和支配。无论是共时态还是历时态，都因之而决定，不同的地域文化会存在不平衡性和可变动性。但文化并不是经济和政治的单相式仆从，它也有自身的构成品质和运行规律。一方面，文化的发展与经济、政治的发展并不一定同步，通常呈现出相对滞后性和相对稳定性，而在特定的社会异动中又有可能凸显超前。另一方面，不管处于哪种状态下，文化都对经济、政治等等具有能动性的反作用，特别是反映优秀传统或先进理念的价值观念和行为准则，对整个社会多维度的，广场域的渗透影响十分巨大。除此而外，任何文化强势区域的产生和延续，决然都离不开文化贤良和学术精英的引领开拓。这一切，在巴渝文化的演进流程中都有长足的映现，而巴渝文献正是巴渝文化行进路线图的历史风貌长卷。

从这一长卷可以清晰地指认，巴渝文献为形，巴渝文化为神，从先秦迄于民国三千多年以来，历代先人所创造的巴渝地域历史文化，的确是源远流长，根深叶茂，绚丽多姿，历久弥新。尽管文献并不能够代替文物、风俗之类对于文化也具有的载记功能和传扬作用，但它作为最重要的传承形态，如今荟萃于一体，分明已经展示出了巴渝文化的四个行进阶段。

第一个阶段，起自先秦，结于魏晋南北朝。这一阶段长达千余年，前大半段恰为上古巴国、两汉巴郡的存在时期，因而正是巴渝文化的初始时期；后小半段则为三国蜀汉以降，多族群的十几个纷争政权先后交替分治时期，因而从文化看只是初始时期的迟缓延伸。巴国虽曾强盛过，却如《华阳国志·巴志》所记，在鲁哀公十八年（前477）以后，"楚主夏盟，秦擅西土，巴国分远，故于盟会希"，沦落为一个无足道的僻远弱国。政治上的边缘化，加之经济上的山林渔猎文明、山地农耕文明相交错，生产力低下，严重地桎梏了文化的根苗茁壮生长。其间最大的亮点，在于巴、楚共建而成的巫、神、辞、谣相融合的三峡文化，泽被后世，长久不衰。两汉四百年大致延其续，在史志、诗文等层面上时见踪影，但表现得相当零散，远不及以成都为中心的蜀文化在辞赋、史传等领域都蔚为大观。魏晋南北朝三百多年，社会大动荡，生产大倒退，文化生态极为恶劣，反倒陷入了裹足不前之状。较之西向蜀文化和东向楚文化，这一阶段的巴渝文化，明显地处于后发展态势。

第二个阶段，涵盖了隋唐、五代、两宋，近七百年。其中的前三百余年国家统一，带动了巴渝地区经济社会恢复性的良动发展，后三百多年虽然重现政治上的分合争斗，但文化驱动空前自觉，合起来都给巴渝文化注入了生机。特别是科举、仕宦、贬谪、游历诸多因素，促成了包括李白、"三苏"在内，尤其是杜甫、白居易、刘禹锡、黄庭坚、陆游、范成大等文学巨擘寓迹巴渝，直接催生出两大辉煌。一是形成了以"夔州诗"为品牌的诗歌胜境，流誉峡江，彪炳汗青，进入了唐宋两代中华诗歌顶级殿堂。二是发掘出了巴渝本土始于齐梁的民歌"竹枝词"，创造性转化为文人"竹枝词"，由唐宋至于明清，不仅传播到全中国的众多民族，而且传播到全球五大洲。与之相仿佛，宋代理学大师周敦颐、程颐先后流寓巴渝，也将经学、理学以及兴学施教之风传播到巴渝，迄及明清仍见光扬。在这两大场域内，中华诗歌界和哲学界，渐次有了巴渝本土文人如李远、冯时行、度正、阳枋等的身影和行迹。尽管只是局部范围的异军突起，卓尔不群，但这种文化突破，却比1189年重庆升府得名，进而将原先只有行政、军事功能的本城建成一座兼具行政、军事、经济、文化、交通等多功能的城市要早得多。尽有理由说，这个阶段显示着巴渝文化振起突升。

第三个阶段，贯通元明清，六百多年。在这一时期，中华民族国家的族群结构和版图结构最终底定，四川省内成渝之间的统属格局趋于稳固，经济社会发展进入了新的里程，巴渝文化也因之而拓宽领域沉稳地成长。特别是明清两代大量移民进入巴渝地区，晚清重庆开埠，带来新技术和新思想，对促进经济和文化繁荣起了大作用。本地区文化名人前驱后继，文学如邹智、张佳胤、傅作楫、周煌、李惺、李士棻、钟云舫，史学如张森楷，经学如来知德，佛学如破山海明，书画如龚晴皋，成就和影响都超越了一时一地，邹容宣传民主主义革命思想更是领异于时代。外籍的文化名人，诸如杨慎、曹学佺、王士禛、王尔鉴、李调元、张问陶、赵熙等,亦有多向的不俗建树。尽管除邹容一响绝尘之外,缺少了足以与唐宋高标相比并的全国一流性高峰,但认定这一阶段巴渝文化构筑起了有如地理学上所谓中山水准的文化高地,还是并不过分的。

第四个阶段,从1912年民国成立开始,到1949年11月30日国共易帜为止,不足四十年。虽然极短暂,社会历史的风云激荡却是亘古无二,重庆在抗日战争时期成为全中国的战时首都更是空前绝后。由辛亥革命到五四运动,重庆的思想、政治精英已经站在全川前列,家国情怀、革命意识已经在巴渝地区强势贲张。至抗战首都期间,数不胜数的全国一流的文化贤良和学术精英汇聚到了当时重庆和周边地区,势所必至地全方位、大纵深推动文化迅猛突进,就将重庆打造成了那个时期全中国的最大最高的文化高地,其间还耸出不少全国性的文化高峰。其先其中其后,巴渝本籍的文化先进也竞相奋起,各展风骚,如卢作孚、任鸿隽、刘雪庵就在他们所致力的文化领域高扬过旗帜,潘大逵、杨庶堪、吴芳吉、张锡畴、何其芳、李寿民等也声逾夔门,成就不凡。毫无疑问,这是巴渝文化凸显鼎盛、最为辉煌的一个阶段,前无古人,后世也难以企及。包括大量文献在内,它所留下的极其丰厚的思想、价值和精神遗产,永远都是巴渝文化最珍贵的富集宝藏。

由文献反观文化,概略勾勒出巴渝文化的四个生成、流变、发展阶段,指定会有助于今之巴渝住民和后之巴渝住民如实了解巴渝文化,切实增进对于本土文化的自知之明、自信之气和自强之力,从而做到不忘本来,吸收外来,面向未来,更加自觉地传承和弘扬巴渝文化,不懈地推动巴渝文化在新的语境中创造性转化,创新性发展。对于非巴渝籍人士,同样也有认识意义。《巴渝文献总目》没有按照这四个阶段划段分卷,而是依从学界通例分成"古代卷"和"民国卷",与如此分段并不相抵牾。四分着眼于细密,两分着眼于大观,各有所长,相得益彰。

《巴渝文献总目》作为《巴渝文库》起始发凡的第一部大书,基本的编纂目的在于摸清文献家底,这一个目的已然达到。但它展现的主要是数量。

反观于文化，数量承载的多半还是文化总体的支撑基座的长度和宽度，而并不是足以代表那种文化的品格和力量的厚度和高度。文化的品格和力量蕴含在创造性发现、创新性发展，浸透着质量，亦即思想、价值和精神的精华当中，任何文化形态均无所例外。因此，几乎与编纂《巴渝文献总目》同时起步，我们业已着手披沙拣金，精心遴选优秀文献，分门别类，钩玄提要，以编撰出第二部大书，亦即《巴渝文献要目提要》。明年或后年，当《巴渝文献要目提要》也编成出版以后，两部大书合为双璧，就将对传承和弘扬巴渝文化，持续地生发出别的文化样式所不可替代的指南工具书作用。即便只编辑出版这样两部大书，《巴渝文库》工程便建立了历代前人未建之功，足可以便利当代，嘉惠后人，恒久存传。

《巴渝文库》的期成目标，远非仅编辑出版上述两部大书而已。按既定设计，今后十年内外，还将以"文献"、"新探"两大编的架构形式，分三步走，继续推进，争取总体量达到300种左右。"文献"编拟称《历代巴渝文献集成》，旨在对著作类和单篇类的优秀的，或者有某种代表性的文献进行抉取、整理、注疏、翻印、选编或辑存，使之更适合古为今用，预计180种左右。"新探"编拟称《历代巴渝文化研究》，旨在延请本土学人和外地学人，在文献基础上，对巴渝历史、巴渝人文、巴渝风物等作出创造性研究和创新性诠释，逐步地产生出著述成果120种左右。与其相对应，第一步为基础性工作，即在配套完成两部大书的同时，至迟于2017年四季度前，确定"文献"编的所有子项目和项目承担人。第二步再用三至五年时间，集中精力推进"文献"编的分项编辑出版，力争基本完成，并至迟于2020年四季度前，确定"新探"编的所有子项目和项目承担人。第三步另用五年或者略多一点时间，完成"新探"编，力争2027年前后能竟全功。全过程都要坚持责任至上、质量第一原则，确保慎始慎终，以达致善始善终。能否如愿以偿，有待多方协力。

总而言之，编辑出版《巴渝文库》是一项重大文化建设工程，需要所有参与者自始至终切实做到有抱负，有担当，攻坚克难，精益求精，前赴后继地为之不懈努力，不竟全功，决不止息。它也体现着党委意向和政府行为，对把重庆建设成为长江上游的文化高地具有不容低估的深远意义，因而也需要党委和政府高屋建瓴，贯穿全程地给予更多关切和支持。它还具备了公益指向，因而尽可能地争取社会各界关注和支持，同样不可或缺。事关立心铸魂，必须不辱使命，前无愧怍于先人，后无愧怍于来者。初心长在，同怀勉之！

2016 年 12 月 16 日于淡水轩

前言

　　人类文明的传承主要依托三个方面的载体，一是传世文献；二是地下文物；三是民间传说。就重庆现状看，关于巴渝历史文化的考古发现、民间传说虽然不少，但比较零碎，不成系统；而大量的传世文献，源远流长，比较完整地保存了巴渝历史文化。我国自《汉书·艺文志》起，目录学发展颇具规模，如人所熟知的《隋书·经籍志》、《旧唐书·经籍志》等，随正史得以广泛流传。宋代以后，雕版印刷开始普及，传世目录大行其道，其经典如《新唐书·艺文志》、《郡斋读书志》、《遂初堂书目》等，检索便利，为士人称道。重庆的传世文献，虽然较为宏富，但是却无一部较为完整的书目。迄今为止，我们所见最早的书目，当数清嘉庆十九年（1814）四川邻水人、清乾隆后期举人廖寅（字亮工）的《补〈华阳国志〉三州郡县目录》。其后，在民国初年有合川人张森楷的《通史堂书库目录》、《赍园书库目录辑略》问世，但均不能涵盖重庆的传世文献。

　　重庆大学成立后，先后编辑过《重庆大学图书馆图书目录》（1935）、《四川省立重庆大学图书馆图书目录》（1935）、《四川省立重庆大学图书馆中文书籍目录》（1935），这些目录虽然只包括该校藏书，但其中也有部分记载有四川、重庆的历史文化。

　　抗战期间，重庆有几部目录值得重视。一是国立中央图书馆筹备处编《（重庆各图书馆所藏）西南问题期刊联合目录》（1938）及《（重庆各图书馆所藏）西南问题联合书目初稿续》（1938）；一是《抗战地方史书目》（1939），二者均有不少涉及四川、重庆的历史文化。此外，《抗战地方史书目》（国立中央图书馆筹备处编，1939年4月）、《抗战地方史书目　军事史书目　社会史书

目》（国立中央图书馆筹备处编，1939）、《抗战社会史书目》（国立中央图书馆筹备处编，1939年6月）、《抗战文艺书目抗战史书目补遗》（国立中央图书馆筹备处编，1939）等，保留了不少记载四川、重庆历史文化的书籍，值得参考。

巴渝历代典籍，数量甚为宏富。在启动《巴渝文库》工程之前，实有必要首先编纂一部全面搜集、系统整理巴渝文献的总目录，以便彻底摸清新中国成立以前历代巴渝文献的存佚状况，为顺利完成《巴渝文库》工程奠定基础。历史上的目录学，要么记一代著述之盛，要么记一代藏书之精，要么"辨章学术，考镜源流"。《巴渝文献总目》在"辨章学术，考镜源流"方面，将为《巴渝文库》提供重要的内容支撑，从而有利于确定后续的具体选题品种，进而组织完成各门类图书的编纂和出版。可以说，《巴渝文献总目》是关乎整个《巴渝文库》工程成败的关键。

专录一书以述一地著作，据《千顷堂书目》记载，始于明万历年间祁承㸁的《两浙著作考》。明代四川新都杨慎有《全蜀艺文志》六十四卷，收录范围以与蜀有关为准，共收有名氏的作者630人，诗文1873篇，按文体编排，以时间先后为序。附引用书目、作者篇名索引。杨慎在正德六年（1511）殿试第一，考中状元，是四川人的骄傲，所以，他的作品在巴蜀大地影响深远。《四库全书总目提要》评："博采汉、魏以降诗文之有关于蜀者汇为此书，包括网罗，极为赅洽。……如斯之类，皆足以资考核。……详略异同，彼此互见，亦颇有所辨证。"

明末曹学佺撰《蜀中著作记》十二卷，专记巴蜀文献，或征引古书，述其撰人及内容，或据实书，抄其序跋，为后世留下了宝贵的参考资料。近人王晓波编纂有《清代蜀人著述总目》，许肇鼎编纂有《宋代蜀人著作存佚录》和《中国地方志集成四川府县志辑》，也是极有参考价值的重要目录。

特别值得一提的是仅见于重庆图书馆收藏的《四川丛书采访书目录》。此目录系民国六年四月胡淦等四川同仁在成都浙江会馆的"四川丛书编纂处"编纂而成根据省志、县志和各家藏书目杂记诸书，收集、整理四川人所著，及宦迹四川的学人有关四川的所有文献。全书共3册，收罗作者2500多人，超过4000条书目。全书的书名、著者，按县份逐一统计，主要记录有书名、著者和出处三项。这个目录，为考察清末民初四川所有文献的存佚，提供了极大便利。

重庆图书馆从接受编纂《巴渝文献总目》的艰巨任务以来，各位同仁在长达5年多的时间里，以筚路蓝缕之精神，终日在书山文海中爬罗剔抉，最终遴选出新中国成立以前的历代巴渝著作文献7212种，单篇文献29479条。《巴渝文献总目》必将成为检寻巴渝文献的新钥匙，研究巴渝历史文化的新向导，为今后《巴渝文库》的编纂，无疑奠定了一块坚实的基石，值得一书。

2016年6月19日

凡例

《巴渝文库》是一套以系统整理、编纂和出版巴渝历史文献为主的大型文化丛书，是巴渝文化的百科全书。《巴渝文献总目》则是《巴渝文库》的总书目和总纲领，旨在摸清家底、正本清源、提纲挈领、有的放矢。该《总目》分为"古代卷"和"民国卷"。其中"古代卷·著作文献"的编写情况如下：

一、收录原则

1. 内容原则

①凡是与巴渝历史文化直接相关的著作文献，无论时代地域，原则上都全面收录；

②其他著作之中若有完整章（节）内容涉及重庆的，原则上也收入本《总目》；全国性地理总志中的巴渝文献，收入《单篇文献》。

③巴渝籍人士（包括在重庆出生的非巴渝籍人士）的著作，收入本《总目》；

④寓居巴渝的人士所撰写的其他代表性著作，按情况尽可能收录，力求做到博观约取、去芜存菁。

2. 地域范围

原则上巴渝古代地域，以秦汉时期的巴郡、晋《华阳国志》所载"三巴"为限。

3. 时间范围

原则上沿用中国传统断代，即上溯有文字记载、有文物佐证的先秦时期，下迄1911年12月31日。少数编撰年代不详的线装书，归入古代卷。

二、收录规模

本卷共收录著作文献1707种，按内容划分为史志类、哲理类（含宗教、神话、方术）、艺文类、政经类（含交通、运输）、科技类、语文类（含语言、文字、音韵、训诂）和综合类（含族谱、传略及其他）等七大类。其中史志类文献476种，哲理类文献110种，艺文类文献722种，政经类文献104种，科技类文献61种，语文类文献137种，综合类文献97种。

报刊类由于有单独的目录和提要，故此次未收录。

三、著录体例

本书采用通行的标准简化字进行收录。按照古籍著录规则，某些必须使用繁体字、异体字的情况除外。

每类文献按著者生年或大约生活年代，先后依次排序，生卒年不详者，集中排列在每类文献的最后。著者朝代一般以卒年为断，个别跨朝代著者之朝代名，可参考其主要生平活动、成书年代及传统著录确定。若撰述人不详，则依文献史料等旁证，大致考证其成书时代。若史料不足，不可稽考，则放于每类书目之后，以题名首字拼音为序集中收录。

每种文献的著录项包括：题名、著者、版本、册数、著者简介、典藏单位、书目来源和综合备注等内容。

题名以卷端、牌记所题为主要依据，内封、版心、题签等处书名仅作参考。对于方志题名、著者名字中的异体字、生僻字，原则上照实著录，如"石砫厅"不改为"石柱厅"等。

同一种书目的不同版本，按照成书的时间先后为序，依次排列，并省略题名、著者简介等重复信息。若版本情况不详，则根据别集、总集、史传、政书等史料，在书目来源项著录其最早出处，并尽可能标注其存佚情况。若连续出现相同著者的不同书目，则根据情况保留第一条著者简介，后面酌情省略。若卷次不详，则以"□□卷"表示；若著者不详，则以"□□著"、"□□编"等表示；其余信息若不详或暂无，则付阙如。

具体格式为：

题名/著者.——版本情况.——册数.——著者简介.——典藏单位（书

目来源）．——综合备注。

不同著述方式、不同文献来源之间的标点符号用法如下：

1. 同一种书的不同著述方式，如"××修；××纂"、"××著；××编"，中间用分号"；"隔开。同一种著述方式的不同作者，中间用逗号"，"隔开。

2. 关于文献来源，如果是出自不同的图书馆，中间用顿号"、"隔开；如果是出自不同的图书，如"出自《××》卷×，《××》卷×"，中间用逗号"，"隔开。

例1：

（乾隆）巴县志十七卷首一卷／（清）王尔鉴修；（清）王世沿，（清）周开丰等纂．——清乾隆二十六年（1761）刻本．——十二册．——王尔鉴（1703—1766），字在兹，号熊峰，河南卢氏人，清乾隆年间任巴县知县。周开丰，生卒年不详，字骏声，号梅厓，巴县（今重庆主城区）人，清康熙五十九年（1720）举人。王世沿，生卒年不详，湖北江夏（今武汉市）人，清乾隆年间贡生．——中国国家图书馆、美国哈佛大学哈佛燕京图书馆、北京大学图书馆、清华大学图书馆（有抄配）、华东师范大学图书馆、南开大学图书馆、河南大学图书馆、四川省图书馆、重庆图书馆。

例2：

砚田草梅影轩文庄汇稿□□卷／（清）王家驹撰．——版本情况不详．——王家驹（1713—?），字子昂，一字子昇，江津县（今重庆江津区）高牙铺人，清乾隆二十五年（1760）进士，后任广西平乐县知县、夔州府教授．——出自光绪《江津县志》卷十一，民国《江津县志·文学》。

四、典藏说明

本卷所收书目皆为巴渝重要地方文献，因此编者尽力全面检索、详细罗列典藏单位或访书来源，以便嘉惠学林、广布流传。但由于力有不逮或文献不足，尚有部分域外古籍，未能悉数掌握其具体典藏和存佚情况，只得暂阙。

五、索引

本书后附有以拼音字母为序的"题名索引"和"著者索引"，可供读者检索使用。

目录
CONTENTS

总　序/蓝锡麟◎1
前　言◎1
凡　例◎1

史志类◎1
哲理类◎67
艺文类◎78
政经类◎152
科技类◎165
语文类◎172
综合类◎186

后　记◎196

题名索引◎199
著者索引◎228

目录

史志类

太初历□□卷/（汉）落下闳等修. ——版本情况不详. ——落下闳（前156—前87），巴郡阆中（今属四川阆中）人，西汉著名民间天文学家。曾参与编修《太初历》，这是中国古代第一部比较完整的汉族历法，也是当时世界上最先进的历法. ——出自《汉书·律历志》《阆中县志》。

巴郡图经□□卷/（汉）□□著. ——版本情况不详，已佚. ——出自《华阳国志·巴志》. ——按：是书为汉代最早的图经，著者不详，主要记述巴郡之建置、疆域（境界、属县）、户口、道里等方面的内容，其体例较地记和地志完备，所记内容广泛翔实。《华阳国志·巴志》有引文，顾櫰三《补后汉书·艺文志》、姚振宗《后汉艺文志》载有书目。

巴蜀耆旧传□□卷/（汉）郑廑纂. ——版本情况不详，已佚. ——郑廑，生卒年不详，字伯邑，汉代临邛（今四川邛崃）人. ——出自侯康《补后汉书·艺文志三》，《华阳国志·三州士女目录》. ——按：侯康《补后汉书·艺文志三·杂传》载："郑廑，《巴蜀耆旧传》。"《华阳国志·三州士女目录·述作》载："汉中太守郑廑，字伯邑，临邛人也，作《耆旧传》。"

巴蜀耆旧传□□卷（汉）赵谦纂. ——版本情况不详，已佚. ——赵谦（？—192），字彦信，蜀郡成都（今四川成都）人。东汉初平元年（190）太尉。《后汉书·赵典传》后附其传. ——出自《华阳国志·后贤志·陈寿传》。

巴蜀耆旧传□□卷/（汉）祝龟纂. ——版本情况不详，已佚. ——祝龟，生卒年不详，字元灵，南郑（今陕西南郑）人. ——出自《华阳国志·后贤志·陈寿传》。

巴蜀耆旧传□□卷/（汉）王商纂. ——版本情况不详，已佚. ——王商，

生卒年不详，字文表，广汉郡（今四川广汉）人，曾任蜀郡太守。《后汉书·王堂传》后附其传，《华阳国志》卷十有《王商传》.——出自《华阳国志·后贤志·陈寿传》。

巴汉志□□卷/（晋）□□著.——版本情况不详，未见.——出自范晔《后汉书·郡国志》.——按：是书撰人不详，不见著录，约为魏晋时期作品。秦、汉置有巴郡、汉中郡，其地在今四川、重庆及陕西南部。范晔《后汉书·郡国志》"巴郡"条注有引文："涪陵，巴郡之南鄙，从枳南入析丹涪陵水，与楚商於之地接。汉时赤田军，常取其民。"

巴蜀志一卷/（晋）袁休明撰.——版本情况不详，已佚.——袁休明，生平不详.——出自《隋书·经籍志》.——按：《隋书·经籍志》载：《巴蜀志》一卷。《水经注》卷十六、《太平御览》卷五百五十一、陈仁锡《潜确居类书》卷十八等，皆有引文。文廷式《补晋书·艺文志》作《巴蜀记》。

巴蜀异物志□□卷/（晋）谯周撰.——版本情况不详，已佚.——谯周（201—270），字允南，巴西西充国（今四川西充槐树镇）人。《三国志》有传.——出自顾櫰三《补后汉书·艺文志》卷五.——按：是书亦名《谯周异物志》。顾櫰三《补后汉书·艺文志》卷五、姚振宗《三国艺文志》卷二、章宗源《隋书·经籍志考证》卷六等载有书目，《文选·蜀都赋》注、《史记·屈原贾生列传》索隐等皆有引文。

古史考□□卷/（晋）谯周著.——版本情况不详.——出自民国新修《南充县志》卷十五《艺文志》。

三巴记一卷/（晋）谯周撰.——版本情况不详，已佚.——出自《隋书·经籍志》.——按：三巴，旧为巴郡。东汉末年，益州牧刘璋分巴郡为永宁郡、固陵郡和巴郡，后又改为巴郡、巴东郡、巴西郡，大约相当于今天嘉陵江和綦江流域以东之大部。是书为"三巴"地记，既载疆域沿革、山川地理，亦述人物、风俗，可视为后世完备方志之早期雏形，且其综记三郡，具有"合志"性质。是书旧有王谟《汉唐地理书钞》辑本，今存目。《隋书·经籍志》《旧唐书·经籍志》《新唐书·艺文志》等载有书目，《玉篇·巴部》《艺文类聚·乐部》《宋书·州郡志》《太平寰宇记·渝州》等皆有引文。

三国志六十五卷 /（晋）陈寿撰. ——清同治九年（1870）金陵书局刻本. ——四册. ——陈寿（233—297），字承祚，巴西郡安汉县（今属四川南充）人。西晋著名史学家. ——北京师范大学图书馆。

（晋）陈寿撰. ——清光绪十三年（1887）江南书局刻本. ——八册. ——北京师范大学图书馆。

（晋）陈寿撰. ——清光绪十八年（1892）武林竹简斋石印本. ——八册. ——北京师范大学图书馆。

（晋）陈寿撰. ——清光绪二十九年（1903）五洲同文局石印本. ——十四册. ——北京师范大学图书馆。

（晋）陈寿撰. ——清光绪三十一年（1905）上海久敬斋石印本. ——四册. ——北京师范大学图书馆。

益部耆旧传十篇 /（晋）陈寿著. ——版本情况不详. ——出自民国新修《南充县志》卷十五《艺文志》。

古国志五十篇 /（晋）陈寿著. ——版本情况不详. ——出自民国新修《南充县志》卷十五《艺文志》。

华阳国志十二卷 /（晋）常璩撰. ——宋元丰元年（1078）刻本. ——常璩（约291—361），字道将，蜀郡江原（今四川崇州市）人。东晋史学家. ——北京大学图书馆。

（晋）常璩撰. ——明万历刻本. ——北京大学图书馆。

（晋）常璩撰. ——清乾隆五十六年（1791）金溪王氏增刻汉魏丛书本. ——河南大学图书馆。

（晋）常璩撰. ——清嘉庆十九年（1814）廖寅题襟馆刻本. ——四册. ——华东师范大学图书馆。

（晋）常璩撰. ——清光绪八年（1882）采道斋仿万卷楼刻本. ——华东师范大学图书馆。

华阳国志十二卷附录一卷 /（晋）常璩撰；（明）张佳胤校补. ——明嘉靖四十三年（1564）张佳胤刻本. ——张佳胤（1527—1588），字肖甫，号崌崃山人，一作居来山人，铜梁县（今重庆铜梁区）人，明嘉靖二十九年（1550）

进士，官至兵部尚书，授太子太保衔。《明史》有传. ——中国国家图书馆。

华阳国志补钞三卷／（晋）常璩撰；（□）□□补钞. ——版本情况不详. ——三册. ——云南省图书馆。

益州记□□卷／（晋）刘欣期撰. ——版本情况不详，已佚. ——刘欣期，晋人，生平不详. ——出自嘉庆《四川通志》卷一百八十八. ——按：嘉庆《四川通志》卷一百八十八《史部附录》载："《益州记》无卷数，刘欣期撰。"《蜀中广记》卷九十六"李膺《益州记》条"载："先是谯周、任豫、刘欣期，各有《益州记》，散见类书。"

益州记□□卷／（南朝宋）任预纂. ——版本情况不详，已佚. ——任预，一作任豫，生卒年、里籍未详，晋末为太尉参军. ——出自《太平御览经史图书纲目》. ——按：《太平御览经史图书纲目》载："任预，《益州记》。"卷中引用任豫《益州记》凡七条，"任豫"亦作"任预"。章宗源《隋书·经籍志·考证六》载："《益州记》卷亡，任预撰，不著录。"

益州记三卷／（南朝梁）李膺纂. ——版本情况不详，已佚. ——李膺，生卒年不详，字公胤，四川广汉人。约生活于南朝齐、梁间，曾任本州别驾，终太仆卿. ——出自《隋书·经籍志二》. ——按：《隋书·经籍志二》："《益州记》三卷，李氏撰。"

益州记三卷／（隋）李允纂. ——版本情况不详，已佚. ——李允，隋朝人，生平不详. ——出自《唐书·艺文志二》. ——按：《唐书·艺文志二》："李允《益州记》，三卷。"

夔州旧图经□□卷／（唐）李国纬撰. ——版本情况不详. ——李国纬，唐代人，生平不详. ——出自《舆地碑记目》卷四. ——按：《舆地碑记目》卷四："《夔州旧图经》，李国纬编。"《蜀中广记》卷二十一《夔州府》有引文："八阵图铭石刻在碛中，今不复见。张季长诗刻铭，久伏水底。"《永乐大典》（辑本）卷九千七百六十三《二二覃》亦有引文："（朝阳岩）日出光照此山，因名之。"

夔州图经□□卷／（唐）源乾曜纂. ——版本情况不详. ——源乾曜（？—731），临漳（今属河北邯郸）人。唐代宰相，神龙年间（705—707）曾任夔州参军。《旧唐书》卷九十八、《新唐书》卷一百二十七皆有传. ——出自《舆地碑记目》卷四. ——按：《舆地碑记目》卷四《夔州·碑记》云："《夔州图经》，故相国安阳公源乾曜，尝参与修图经，言风俗甚备，见刘禹锡诗。"

江州事迹三卷／（唐）韩昱撰. ——版本情况不详. ——韩昱，号太行山人，山西壶关县人，一说蜀人。唐玄宗时人，或在江州任职. ——出自《宋史·艺文志》。

蜀记三卷／（唐）郑暐撰. ——郑暐，唐代人，生平不详. ——出自《宋史·艺文志二》. ——按：《宋史·艺文志二》载："郑暐，《蜀记》三卷。"是书杂记蜀地之事，含人物、古迹、寺观之属。

蜀记□□卷／（唐）段成式纂. ——版本情况不详，已佚. ——段成式（803—863），字柯古，邹平（今属山东淄博）人。唐代著名志怪小说家. ——出自《太平寰宇记》卷八十三. ——按：《太平寰宇记》卷八十三"石新妇"条，引《蜀记》云："昔有人远征，妻送至此，大泣，不忍归，因化为石。"章宗源《隋书·经籍志·考证六》："《蜀记》，卷亡，段氏撰，不著录。"

巴南山川记□□卷／（□）□□撰. ——版本情况不详，未见. ——出自《太平御览》卷九百七十七. ——按：此书未见著录，《太平御览》卷九百七十七有引文，故约为唐代或之前所作。巴南，泛指四川、重庆以南地域。

峡船志一卷／（五代）王周撰. ——元末明初陶宗仪说郛丛书本. ——王周，唐末进士，官巴蜀。其余事迹不详. ——中国国家图书馆、云南省图书馆。

祥符昌州图经□□卷／（宋）李宗谔纂. ——版本情况不详，已佚. ——李宗谔（964—1012），字昌武，饶阳（今属河北）人，李昉子。北宋端拱二年（989）进士及第，授校书郎. ——出自《舆地纪胜》卷一百六十一. ——按：昌州，唐朝设置，治静南县，元省，清朝为重庆府荣昌县地，今为重庆市荣昌区、大足区所在地。《舆地纪胜》一百六十一引《图经》一条。

祥符合州图经□□卷／（宋）李宗谔纂. ——版本情况不详，已佚. ——出自《舆地纪胜》卷一百五十九. ——按：《舆地纪胜》卷一百五十九，有引文一条。

祥符（开州）图经□□卷／（宋）李宗谔编. ——版本情况不详，已

佚. ——出自《舆地纪胜》卷一百六十九. ——按：开州即为今日重庆开县。《舆地纪胜》卷一百六十九《开州·碑记》云："图经，李宗谔编。"

祥符渝州图经□□卷/（宋）李宗谔纂. ——版本情况不详，已佚. ——出自《舆地纪胜》卷一百七十五. ——按：《舆地纪胜》卷一百七十五《重庆府·碑记》载："《图经》，李宗谔编。"

云安军旧图经□□卷/（宋）李宗谔纂. ——版本情况不详，已佚. ——出自《舆地纪胜》卷一百八十二. ——按：云安军，宋置，明清属夔州府云阳县，治今重庆云阳县。《舆地纪胜》卷一百八十二《云安军·军沿革》，有引文一条，《景物下》"白玉池"有引文一条。《蜀中广记》卷六十四《方物记·药石》，有引文一条。

云安军图经□□卷/（宋）李宗谔纂. ——版本情况不详，已佚. ——出自《蜀中广记》卷七十九. ——按：《蜀中广记》卷七十九《神仙记》"扶嘉盐井"条，有引《云安军图经》一条。

蜀江志十卷/（宋）沈立纂. ——版本情况不详，已佚. ——沈立（1001—1078），字立之，历阳（今安徽和县）人。北宋天圣年间（1023—1032）进士，曾任益州判官，迁判都水监，出为江淮发运使. ——出自《宋史·艺文志三》. ——按：《宋史·艺文志三》载："沈立，《蜀江志》十卷。"该书是关于古代长江的专门记载，惜已亡佚。

蜀川胜概图/（宋）李公麟绘. ——北宋绘本. ——李公麟（1049—1106），字伯时，号龙眠居士，舒州（今安徽桐城）人. ——美国华盛顿自由艺术博物馆。

梁益志十卷/（宋）任弁纂. ——版本情况不详，已佚. ——任弁，北宋人。宋仁宗（1023—1063年在位）时任都官郎中. ——出自晁公武《郡斋读书志·二》. ——按：晁公武《郡斋读书志·二·下》载："《梁益记》十卷，右皇朝任弁撰。天禧中游宦于成都，以《蜀记》数家，其言皆无所据依，乃引书传，刊正其谬。"

南浦志□□卷/（宋）赵善赣纂. ——版本情况不详，已佚. ——赵善赣，生卒年不详，北宋熙宁（1068—1077）时人，曾任万州刺史. ——出自《舆地

6

纪胜》卷一百七十七. ——按：南浦，治今重庆万州区。《舆地纪胜》卷一百七十七《万州·碑记》："《南浦志》，赵善赣编。"

六经图六卷/（宋）杨甲撰. ——清康熙六十一年（1722）潘棻鼎礼耕堂刻本. ——六册. ——杨甲（约1110—1184），字嗣清（鼎卿），又字嗣湍，重庆大足（一说四川遂宁）人。南宋乾道二年（1166）进士。诗人. ——北京大学图书馆、南开大学图书馆、吉林大学图书馆、复旦大学图书馆. ——按：是书收录的《十五国风地理之图》，是目前世界上最早刊印的地图。

（宋）杨甲撰；（清）王皜辑录. ——清乾隆五年（1740）六安王氏向山堂刻本. ——六册. ——王皜，生平不详. ——复旦大学图书馆、厦门大学图书馆、北京大学图书馆、清华大学图书馆、河南大学图书馆。

万州新志□□卷/（宋）王子申纂. ——版本情况不详，已佚. ——王子申，生卒年不详，四川成都人，约生活于宋孝宗（1163—1189年在位）时期. ——出自《舆地纪胜》卷一百七十七，《蜀中广记》卷九十六. ——按：万州，古称朐忍、羊渠等，唐为万州，宋为南浦郡，明清属夔州府万县，治今重庆市万州区。《舆地纪胜》卷一百七十七《万州·碑记》："《新志》，王子申序。"《蜀中广记》卷九十六："《万州新志》，王子申序。"

大宁志□□卷/（宋）王子申纂. ——版本情况不详，已佚. ——出自《舆地纪胜》卷一百八十一. ——按：《舆地纪胜》卷一百八十一，有引文。另据《大元混一方舆胜览·四川等处行中书省》的"大宁州"条记载大宁地理："《大宁志序》：'众峰巉绝，如削如画，亦峡郡之桃源。'"

垫江志三十卷/（宋）任逢编. ——版本情况不详，已佚. ——任逢，生卒年不详，字千载，眉州眉山（今四川眉山县）人。南宋高宗绍兴年间（1131—1162）进士。宋宁宗嘉定七年（1214），以朝请郎，权知合州（今重庆合川区）. ——出自《宋史·艺文志》. ——按：此垫江治今重庆合川区，是书为合川历史上第一部地方志，惜已亡佚。《宋代蜀文辑存》录其文4篇，《眉山县志·选举》有载。

古涪志十七卷/（宋）王宽夫撰. ——版本情况不详. ——王宽夫，宋人，生平不详. ——出自《宋史·艺文志》. ——按：《宋史·艺文志》载："王宽夫，《古涪志》十七卷。"《蜀中广记》卷九十六载："《古涪志》，宋王宽夫。"此志当撰于南宋淳熙年间或稍后，一说为涪陵旧志，一说为绵州旧志，待考。

固陵集二十卷/（宋）费士戣纂．——版本情况不详，已佚．——费士戣，生卒年不详，字达可，广都（今成都双流）人，宋代嘉定（1208—1224）进士，后任夔州知府．——出自《蜀中广记》卷九十七．——按：蜀汉刘备时，于夔州地置固陵郡，故以《固陵集》称之。《舆地碑记目》卷六《夔州碑记》云："《固陵集》，费士戣编。"《蜀中广记》卷九十七载："《固陵集》二十卷，宋广都费士戣达可著。嘉定中，为夔守，编集管内山川、建置碑文、记颂为二十卷，多半夔门之书，在旁县者十之二三。"《舆地纪胜》卷一百八十二《云安军·风俗形势》《景物下》等，有引文五条。

晋鉴十卷/（宋）梁成撰．——版本情况不详．——梁成，生卒年不详，永川县（今重庆永川区）人，宋人．——出自光绪《永川县志》卷八《人物志》。

晋书评三十卷/（宋）梁成撰．——版本情况不详．——出自光绪《永川县志》卷八《人物志》。

静南志十二卷/（宋）黎伯巽撰．——版本情况不详，已佚．——黎伯巽，宋代人，生平不详，曾任昌州（今重庆大足区）太守．——出自《宋史·艺文志》．——按：唐末设有静南军，辖区涵盖今日重庆大足区、荣昌区等地。

夔州志十三卷/（宋）马导撰．——版本情况不详，已佚．——马导，宋人，生平不详．——出自《宋史·艺文志》．——按：夔州，治今重庆奉节县。《舆地纪胜》卷一百六十八有引文一则，《永乐大典》（辑本）卷九千七百六十三、九千七百六十六有引文二则。

夔州图经四卷/（宋）刘得礼撰．——版本情况不详，已佚．——刘得礼，宋代人，生平不详．——出自《宋史·艺文志》。

历代地理指掌图不分卷/（宋）税安礼撰．——南宋绍兴成都俞氏刻本．——一册．——税安礼，蜀人，宋代地图学家，生平不详．——日本东京东洋文库。

（宋）税安礼撰．——明刻本．——四册．——中国国家图书馆（两部）、中国科学院文献情报中心（国家科学图书馆）（一部）、国家测绘档案资料馆（一部）、美国国会图书馆（一部）. ——按：卷前有宋淳熙乙巳（淳熙十二年，1185年）赵亮夫书序，宋代苏轼《历代地理指掌图序》。

（宋）税安礼撰. ——清抄本. ——北京大学图书馆。

梁山军图经□□卷/（宋）黄震仲撰. ——版本情况不详，已佚. ——黄震仲，生卒年不详，宋人，曾任梁山军（今重庆梁平县）教授. ——出自《舆地纪胜》卷一百七十九. ——按：梁山军，治今重庆梁平县。《舆地纪胜》卷一百七十九，《蜀中广记》卷九十六有引文。

南宾志□□卷/（宋）樊汉炳纂. ——版本情况不详. ——樊汉炳，生卒年不详，四川丹棱县人，南宋绍兴年间（1131—1162）进士，历官尚书等职. ——出自《舆地碑记目》卷四《忠州碑记》. ——按：南宾，唐时郡名，治今重庆忠县。唐贞观八年（634），改临州为忠州，天宝元年（742）改为南宾郡，治临江县（今重庆忠县）。宋时辖临江、垫江、丰都、南宾四县。南宋咸淳元年（1265），升为咸淳府。《舆地碑记目》卷四《忠州碑记》云："《南宾志》，樊汉炳序。"嘉庆《四川通志》卷一百八十四："樊汉炳以才望显，许奕有诗题墓，所谓'高志峥嵘局九州'是也。"《大明一统志》卷六十九，引一条。《蜀中广记》卷一百三，引一条。

（南平）续记□□卷/（宋）毛圭撰. ——版本情况不详，已佚. ——. 毛圭，宋代人，生平不详. ——出自《舆地纪胜》卷一百八十. ——按：南平，治今重庆綦江区南。唐置南州，宋置南平军，明清时设重庆府綦江县。《舆地纪胜》卷一百八十《南平军·官吏》，有引《续记》"石恕"条。

南平志□□卷/（宋）赵彦迈著. ——版本情况不详，已佚. ——赵彦迈，宋代人，生平不详. ——出自《舆地纪胜》卷一百八十. ——按：南平，治今重庆綦江区南。《舆地纪胜》卷一百八十《南平军碑记》："《南平志》，郡守赵彦迈序。"《大明一统志》卷六十九有引文一条。另见民国《南川县志·艺文志·专著目录》。

入蜀记六卷/（宋）陆游撰. ——清乾隆三十七年至四十七年（1772—1782）四库全书本. ——陆游（1125—1210），字务观，号放翁，越州山阴

（今浙江绍兴）人．——中国国家图书馆、台湾"国立故宫博物院"图书文献馆、甘肃省图书馆、浙江图书馆．——按：南宋乾道六年（1170），陆游赴夔州（今重庆奉节东）任通判，以日记体裁记述沿途各地（今六省三十多个县市）的气候、风俗、景观、历史传说等内容，是成此书。其中记载有巫山神女峰、夔州白帝城等地景观，语言清新自然，饶有趣味。它可与范成大《吴船录》相媲美，为南宋优秀游记之一。

蜀记一卷／（宋）元澄纂．——版本情况不详．——元澄，宋代人，生平不详．——出自《蜀中广记》卷九十六．——按：《蜀中广记》卷九十六载："元澄，《蜀记》一卷。"《宋史·艺文志二》载："元澄，《蜀记》一卷。"

蜀鉴十卷附札记一卷／（宋）郭允蹈撰．——明初（1368—1435）刻本．——二册．——郭允蹈，生卒年不详，字居仁，蜀人，生活于宋理宗端平年间．——北京大学图书馆。

（宋）郭允蹈撰．——明嘉靖三十四年（1555）刻本．——四册．——台湾"国立故宫博物院"图书文献馆。

（宋）郭允蹈撰．——清乾隆三十七年至四十七年（1772—1782）文渊阁四库全书本．——四册．——台湾"国立故宫博物院"图书文献馆。

（宋）郭允蹈撰．——清道光二十四年（1844）金山钱氏刻本．——六册．——北京大学图书馆、吉林大学图书馆。

（宋）郭允蹈撰．——清光绪五年（1879）刻本．——三册．——四川大学图书馆、武汉大学图书馆。

（宋）郭允蹈撰．——清光绪七年（1881）成都志古堂刻本．——六册．——北京师范大学图书馆。

（宋）郭允蹈撰．——清光绪七年（1881）归安英氏诒谷堂刻本．——三册．——吉林大学图书馆。

（宋）郭允蹈撰．——清光绪十五年（1889）上海鸿文书局影印本．——北京大学图书馆、山东大学图书馆、浙江师范大学图书馆、华东师范大学图书馆。

（宋）郭允蹈撰．——清（1644—1911）抄本．——四册．——北京大学图书馆。

蜀人物志□□卷/（宋）刘甲纂．——版本情况不详，已佚．——刘甲（1142—1214），字师文，祖籍永静军东光（今河北东光县），迁居龙游（今属四川乐山）。南宋淳熙二年（1175）进士，后为宝谟阁学士、四川制置司使．——出自《蜀中广记》卷九十六。

蜀梼杌一卷/（宋）张唐英撰；（元）陶宗仪辑；（明）陶珽重校．——清顺治三年（1646）两浙督学周南、李际期宛委山堂刻本．——张唐英（1026—1068），字次功，蜀州新津（今四川新津）人。陶宗仪（1316—1403），字九成，号南村，黄岩（今属浙江）人。陶珽，生卒年不详，字紫阆，号不退，又号稚圭，自称天台居士，姚安（今云南姚安）人，明万历二十八年（1600）进士．——云南大学图书馆、北京大学图书馆、四川大学图书馆、河南大学图书馆。

（宋）张唐英撰；（清）李调元辑．——清乾隆（1736—1795）中绵州李氏万卷楼刻本．——李调元（1734—1802），字雨村，号童山，绵州罗江县（今属四川德阳）人，清乾隆二十八年（1763）进士。历任翰林院编修、广东学政等职．——云南大学图书馆、北京大学图书馆、四川大学图书馆。

（宋）张唐英撰；（清）吴省兰辑．——清嘉庆（1796—1820）中南汇吴氏厅彝堂刻本．——吴省兰（？—1810），原名省戆，字泉之，号稷堂，松江府南汇县（今属上海浦东新区）人，清乾隆四十三年（1778）进士．——云南大学图书馆、北京大学图书馆、四川大学图书馆。

蜀中山川形势图□□卷/（宋）孙遇，（宋）赵彦韬，（宋）杨蠲等绘．——版本情况不详，已佚．——孙遇，生平不详。赵彦韬，生卒年不详，北宋兴州顺政（今属陕西）人。先仕后蜀，为本州义军部校。宋太祖时，为兴州马步军都指挥使，又迁本州刺史，移澧州．——出自李焘《续资治通鉴长编》。《玉海》卷十四亦有引文。

潜藩武泰志十四卷/（宋）冉木撰．——版本情况不详，已佚．——冉木，生卒年不详，字震甫、震父，合州（今重庆合川区）人。宋宁宗嘉泰二年（1202）进士．——出自《宋史·艺文志三》．——按：前蜀天祐四年（907），王建在成都称帝，置十大节度使，其中有武泰节度使，治今重庆彭水县。

（宋）渝州志□□卷/（□）□□著. ——宋刻本. ——上海图书馆. ——按：《舆地纪胜》卷一百八十"南平军"下引《渝州志》一条。

龟陵志□□卷/（宋）杨兴撰. ——版本情况不详，已佚. ——杨兴，生卒年不详，南宋人，曾任涪州郡守. ——出自道光《重庆府志·艺文志》. ——按：此为旧通志。《舆地纪胜》《方舆胜览》等有引文。《舆地纪胜》卷一百七十四《涪州·碑记》记载，蜀人杨兴曾为该志作序。

夔路图经□□卷/（宋）王伯庠纂. ——版本情况不详，已佚. ——王伯庠（1106—1173），字伯礼，祖籍章丘（今山东章丘西北），迁居鄞县（今属浙江）。高宗绍兴二年（1132）进士，历明州教授，通判平江府，侍御史，曾任夔州知州. ——出自乾隆《浙江通志》卷二百四十四. ——按：乾隆《浙江通志》卷二百四十四载："《夔路图经》，王伯庠著。"

云安集□□卷/（宋）王伯庠撰；（宋）普慈辑. ——版本情况不详，已佚. ——普慈，生卒年不详，曾任夔州府奉节县（今重庆奉节县）县令. ——出自陆游《渭南文集·〈云安集〉序》. ——按：云安，是夔州在汉代的古名。王伯庠曾任夔州知州，后将调任永嘉、奉节县令。普慈汇集王氏在夔州所撰文章，成《云安集》，作为送行之礼。陆游时为夔州通判，遵嘱撰序，成文于乾道七年（1171）十月二十六日。

巴志□□卷/（□）□□撰. ——版本情况不详，未见. ——出自《舆地纪胜》卷一百七十五. ——按：《舆地纪胜》卷一百七十五《重庆府》有引文，俱称《巴志》。北周武成二年（560），改垫江县为巴县，宋时先后为渝州治、恭州治、重庆府治，治今重庆市主城区。

忠州图经一卷/（□）□□撰. ——版本情况不详，已佚. ——出自《宋史·艺文志三》. ——按：《宋史·艺文志三》载："《忠州图经》一卷，不知作者。"《千顷堂书目》卷七载："《忠州图经》一卷。"《蜀中广记》卷九十六亦载："《忠州图经》一卷"。《方舆胜览》卷一百七十七，引一条。崇祯《松江府志》卷四十八，引一条。

（昌州）图经□□卷/（□）□□撰. ——版本情况不详，已佚. ——出自

《舆地纪胜》卷一百六十一. ——按：《舆地纪胜》卷一百六十一引《图经》十三条。

重庆图经□□卷/（□）□□著. ——版本情况不详，已佚. ——出自《舆地纪胜》卷一百八十. ——按：此志为宋代地方志，已佚，卷数不可考。《舆地纪胜》《蜀中广记》《大明一统志》等有引文。

川峡路图经三十卷/（□）□□撰. ——版本情况不详. ——出自《通志·艺文略四》. ——按：北宋乾德三年（965）置西川路，开宝六年（973）分置峡西路，不久合并为川峡路，此图经是也。宋郑樵《通志·艺文略四》："《川峡路图经》，三十卷。"明焦竑《国史·经籍志三》亦载有书目。

大宁监图经六卷/（□）□□著. ——版本情况不详，已佚. ——出自《宋史·艺文志三》. ——按：《宋史·艺文志三》载："《大宁监图经》六卷，不知作者。"《舆地纪胜》卷一百八十一，有引文八条。《蜀中广记》亦有引文。

大宁旧志□□卷/（□）□□著. ——版本情况不详，已佚. ——出自《舆地纪胜》卷一百八十一. ——按：《舆地纪胜》卷一百八十一《大宁监·景物上》，有引文一条。

涪州旧图经□□卷/（□）□□著. ——版本情况不详，已佚. ——出自《舆地纪胜》. ——按：此书为唐宋旧志，《舆地纪胜》有引文。

涪州新图经□□卷/（□）□□著. ——版本情况不详，已佚. ——出自《太平寰宇记》. ——按：此书成书时间不详，或为接《涪州旧图经》之作。原志已散佚无存，仅《太平寰宇记》中有一条引文，是关于涪州的土产史料。

涪陵志□□卷/（□）□□著. ——版本情况不详. ——出自《舆地纪胜》卷一百七十四. ——按：此书或为涪州下辖涪陵县之县志。隋开皇十三年（593），改汉平县为涪陵县，唐天宝初曾改涪州为涪陵郡，故以名志。《舆地纪胜》卷一百七十四、《蜀中广记》等皆有引文。

涪州志□□卷/（□）□□著. ——版本情况不详. ——出自《方舆胜览》. ——按：该志当作于南宋中期以后，或与《涪州图经》同时。《方舆胜览》《大元混一方舆胜览》《明一统志》《元一统志》等有引文。

合州旧经□□卷/（□）□□撰. ——版本情况不详，已佚. ——出自

《太平寰宇记》卷一百三十六.——按：《太平寰宇记》卷一百三十六，有引文一条。

合州图经□□卷/（□）□□撰.——版本情况不详，已佚.——出自《舆地纪胜》卷一百五十九.——按：《舆地纪胜》卷一百五十九，有引文二条，又"古迹"引《旧经》一条。《蜀中名胜记》有引文一条。《蜀中广记》卷十八，有引文三条。

合州新图经/（□）□□撰.——版本情况不详，已佚.——出自《舆地纪胜》卷一百五十九.——按：《舆地纪胜》卷一百五十九，有引文一条。

合州志□□卷/（□）□□撰.——版本情况不详，已佚.——出自《舆地纪胜》卷一百七十五.——按：《舆地纪胜》卷一百七十五，有引文一条。《永乐大典》（辑本）卷九千七百六十三、九千七百六十六，有引文两条。

南平军图经一卷/（□）□□著.——版本情况不详，已佚.——出自《宋史·艺文志三》.——按：宋置南平军，治今重庆綦江区南。《宋史·艺文志三》载："《南平军图经》一卷，不知作者。"《蜀中广记》卷九十六载："《南平郡图经》一卷，失作人名。"《方舆胜览》卷六十《南平军·风俗》引《图经》曰："风俗与恭、涪类。"而恭州改名于崇宁初，故本《图经》当纂于北宋末或南宋前期。道光《重庆府志·艺文志》亦载有书目，作"《南平图经》，宋志"。

江州图经一卷/（□）□□著.——版本情况不详.——出自道光《重庆府志·艺文志》.——按：此图经当修于宋代。道光《重庆府志·艺文志》载为"宋志"。

涪陵纪书录□□卷/（□）□□著.——版本情况不详.——出自《舆地纪胜·碑记目》，道光《重庆府志·艺文志》.——按：是书当成于南宋时期。记载伊川先生（程颐）、林和靖等诸贤语录。

涪州图经□□卷/（□）□□著.——版本情况不详.——出自吴曾《能改斋漫录》卷十五.——按：此志或为南宋涪州州志，撰者、卷数均不详。南宋吴曾《能改斋漫录》、祝穆《方舆胜览》、王象之《舆地纪胜》等书，皆有引文。

新志□□卷/（□）□□著. ——版本情况不详. ——出自嘉庆《四川通志》卷三十八，道光《重庆府志·艺文志》. ——按：是书为旧通志，郑鑑序，当成书于宋代。嘉庆《四川通志》卷三十八《物产·夔州府》，有引文。

巴郡志□□卷/（□）□□撰. ——版本情况不详，未见. ——出自《方舆胜览》. ——按：公元前316年，秦灭巴蜀，置巴郡，两汉至南朝间时有易复，至唐武德元年（618）改为渝州，即今日重庆市。宋代以前史书、方志皆未引用此书，疑为宋元所编纂渝州志，沿用古郡名。《方舆胜览》《大明一统志》《蜀中广记》、雍正《四川通志》、《蜀典》等有引文。

南浦记□□卷/（□）□□撰. ——版本情况不详，已佚. ——出自《舆地纪胜》卷一百七十七. ——按：南浦，治今重庆万州区。《舆地纪胜》卷一百七十七，引《南浦记》一条。

绍庆志□□卷/（□）□□修纂. ——版本情况不详，已佚. ——出自《文渊阁书目》卷十九. ——按：绍庆，治今重庆彭水县。《文渊阁书目》卷十九《旧志》："辰州《绍庆志》，曰辰州，似涉及辰州之误。"《永乐大典》（张国淦辑本）卷二千八百零六"八灰"（桦）条、七千五百一十四"广积仓"条，亦有引用《绍庆志》内容。据其内容可判定，是志当编修于元朝。

北使录一卷/（明）李实撰. ——明万历四十五年（1617）陈于廷刻本. ——一册. ——李实（约1417—1482），字孟诚，号虚庵，合州（今重庆合川区）人，明正统七年（1442）进士. ——中国国家图书馆. ——按：《民国新修合川县志》作《出使录》，二者同为一书。

长寿县志□□卷/（明）王鹿天，（明）李传一纂修. ——明刻本，已佚. ——王鹿天，生平不详，明代孝廉。李传一，生平不详，明代孝廉. ——出自康熙《长寿县志·序》. ——按：清康熙五十二年（1713年），薛禄天修《长寿县志》，其序云："得明孝廉王鹿天、李传一所纂县志于邑生李世奇家。其书门类未分，粗成梗概。"

（成化）重庆郡志□□卷/（明）江朝宗纂修. ——明成化年间刻本. ——江朝宗（1425—1506），字东之，号乐轩，重庆府巴县新市镇（今重庆市璧山区八塘乡）人，明景泰二年（1451）进士，后任翰林院庶吉士、编修等

职.——中国国家图书馆（存五卷，记载永川、江津、綦江、长寿、大足五县事）。

（正德）江津县志□□卷/（明）邹双山修纂.——明正德稿本，已佚.——邹双山，生平不详.——按：该志稿编纂于明正德五年（1510），总纂邹双山。可惜稿本在清初已失传。

（正德）蓬州志十卷/（明）吴德器修；（明）徐泰纂.——明正德十三年（1518）刻本.——吴德器，生卒年不详，明正德年间任四川顺庆府知府.——浙江宁波天一阁博物馆（按：仅存书目，未见原书）。

（正德）夔州府志十二卷首一卷/（明）吴潜修；（明）傅汝舟纂.——明正德八年（1513）刻本.——五册.——吴潜，生卒年不详，字显之，江西临川人，明弘治年间任夔州知府。傅汝舟，生卒年不详，本名舟，字虚木，号丁戊老人，又号磊老，明代侯官（今属福建）人.——宁波市天一阁博物馆、中国科学院文献情报中心（国家科学图书馆，胶卷）。

（明）吴潜修；（明）傅汝舟纂.——明抄本.——云南省图书馆。

（正德）四川志三十七卷/（明）熊相纂修.——明正德十三年（1518）刻嘉靖增补本.——熊相，生卒年不详，字尚弼，号台峰，江西高安人，明正德十一年至十三年（1516—1518）任四川清军御史.——中山大学图书馆。

（明）熊相纂修.——影抄明正德十三年（1518）刻嘉靖增补本.——四川大学图书馆、四川省图书馆。

（嘉靖）四川总志十六卷/（明）刘大谟等修；（明）王元正等纂；（明）周复俊，（明）崔廷槐重编.——明嘉靖二十年（1541）刻本.——刘大谟（1476—1543），字远夫，号东皋，河南仪封人，明嘉靖十九年（1540）任四川巡抚。王元正，生卒年不详，字舜卿，号三溪，别署玉垒山人，陕西周至县人。周复俊（1496—1574），字子吁，号木泾，江苏崑山县（今作昆山）人，明嘉靖二十年（1541）任四川按察副使，后升按察使。崔廷槐，生卒年不详，字公兆，山东平度州（今平度县）人，明嘉靖十九年（1540）任四川都司金事.——中国国家图书馆、天津图书馆.——按：后附杨慎《全蜀艺文志》六十四卷。

（明）刘大谟等修；（明）王元正等纂；（明）周复俊，（明）崔廷槐重编.——抄本.——四川省图书馆、四川大学图书馆。

（嘉靖）涪州志□□卷/（明）夏国孝撰.——明嘉靖三十年（1551）刻本.——夏国孝（1485—1556），号冠山，涪州（今重庆涪陵区）人，明嘉靖元年（1522）举人，次年登进士第.——出自民国《涪陵县续修涪州志·叙录》。

蜀志补罅四卷/（明）杨慎撰.——版本情况不详.——杨慎（1488—1559），字用修，号升庵，四川新都（今成都市新都区）人，明代著名文学家.——出自嘉靖《四川总志·史部》。

（嘉靖）江津县志二卷/（明）杨元吉修；（明）杨几川纂.——明嘉靖十九年（1540）抄本，已佚.——杨元吉，生卒年不详，字履祥，云南大理太和县（今属大理县）人，明嘉靖十五年（1536）任江津县知县，有政声。杨几川，生卒年不详，名彝，字几川，以字行，江津县（今重庆江津区）人，明正德十五年（1520）进士.——出自嘉庆《江津县志·凡例》.——按：嘉庆《江津县志·凡例》云："邑志旧无刻核，所传抄志二帙，一嘉靖庚子知县杨元吉属邑人杨几川纂，一康熙庚申知县王壁属邑人龚笋湄纂。"明嘉靖邑人杨彝旧志序云："岁嘉靖庚子首夏，邑令杨履祥氏造彝……彝因嘉吾今之先治要也，乃与二三同志从事焉，总其目录，使事各类附……故首舆地……次志食货……次志官师……次志祠祀……次志选举……次志人物……余凡灾祥……。艺方外者流，略书见例，乃事关休戚，诸条中弗及载者，别为补遗。于后总曰杂志终焉。经理凡三月，事乃竣。"

（嘉靖）保宁府志十四卷/（明）杨瞻主持；（明）杨思震等纂修.——明嘉靖二十二年（1543）刻本.——六册.——杨瞻（1491—1555），字叔后，别号舜原，山西蒲州（今属永济县）人，明正德十四年（1519）举人，嘉靖二十年（1541）出任四川按察司佥事，分巡川北道，驻保宁府。杨思震，字廉卿，湖南宁乡县人，明嘉靖十年（1531）岁贡生，十八年（1539）任四川安岳县学教谕.——中国国家图书馆（胶卷）、四川大学图书馆（胶卷）、台湾"国立故宫博物院"图书文献馆（孤本）。

（嘉靖）云阳县志二卷/（明）杨鸾修；（明）秦觉纂.——明嘉靖二十年

（1541）刻本.——杨鸾，生卒年不详，贵州威清卫（今属贵阳清镇县）人，明嘉靖十七年（1538）任云阳县知县。秦觉，生卒年不详，字惟西，云阳县（今重庆云阳县）人，明嘉靖七年（1528）举人.——宁波市天一阁博物馆、中国科学院文献情报中心（国家科学图书馆，胶卷）。

（万历）重庆府志八十六卷/（明）张文耀修；（明）邹廷彦纂.——明万历三十四年（1606）刻本.——张文耀，生卒年不详，字芝阳，湖南沅陵县人，明万历年间任铜梁、巴县等知县，后擢升御史，分巡上川东道。邹廷彦，生卒年不详，巴县（今重庆主城区）人，明万历二十年（1592）进士.——上海图书馆（缺卷四至二十五）、四川省图书馆（胶卷）。

（万历）合州志八卷/（明）刘芳声修；（明）田九垓纂.——明万历七年（1579）刻本.——刘芳声，生卒年不详，江苏无锡人，明万历五年（1577）任合州知州。田九垓，生卒年不详，号东极，合州（今重庆合川区）人，明嘉靖三十四年（1555）举人.——中国国家图书馆（胶卷）、上海图书馆（胶卷）、南京图书馆（胶卷）、四川大学图书馆（胶卷）.——按：原刻本在日本东京内阁文库。

（万历）夔州府志□□卷/（明）吴潜修；（明）傅汝舟纂；（明）郭棐增修.——明万历刻本，已佚.——郭棐（1529—1605），字笃周，广东番禺人，明嘉靖四十一年（1562）进士，授礼部主事.——出自道光《夔州府志·序》.——按：清道光《夔州府志·序》云："但溯夔之有志，创之自正德郡守吴公潜始，万历郭公棐增修之。"

（万历）重修营山县志八卷/（明）王廷稷修；（明）李彭年等纂.——明万历四年（1576）刻本.——王廷稷，生卒年不详，福建晋江县人。举人，明隆庆六年（1572）任营山县知县。李彭年，生卒年不详，营山县人，明万历元年（1573）举人.——宁波市天一阁博物馆（孤本）。

（明）王廷稷修；（明）李彭年等纂.——民国传钞明万历四年（1576）刻本.——重庆图书馆。

（明）王廷稷修；（明）李彭年等纂.——一九五〇年传钞明万历四年（1576）刻本.——四川大学图书馆。

（明）王廷稷修；（明）李彭年等纂．——一九五八年传钞明万历四年（1576）刻本．——四川省图书馆。

丰都县志□□**卷**／（明）杨孟英．——版本情况不详．——杨孟英，生卒年不详，字温甫，丰都县（今重庆丰都县）人，明弘治十六年（1503）任杭州知府．——出自《四川丛书采访书目录》丰都县部分。

淮关志八卷／（明）马麟撰．——明嘉靖刻本．——四册．——马麟，生卒年不详，字子振，号元冈，巴县（今重庆主城区）人，明嘉靖十七年（1538）进士，官至南京户部员外郎．——按：《四库全书总目》卷八十四《政书类·存目二》载有书目及提要，并注明其所采用的底本为"两淮马裕家藏本"。

平都山志一卷／（明）龚自成修；（明）陈汝善重修．——明万历四十一年（1613）龚自成刻，四十三年（1615）陈汝善重修本．——二册．——龚自成，生平不详，明万历年间任丰都知县。陈汝善，生卒年不详，保安州（今河北涿鹿）人，明万历岁贡生，后任广东廉州府钦州州判．——中国国家图书馆．——按：平都山是道教名山，位于重庆市丰都县城东北隅，亦称"丰都名山"。

三峡通志五卷／（明）吴守忠编；（明）卢国桢校．——明万历十九年（1591）刻本．——二册．——吴守忠，生卒年不详，字子顺，江西瑞安府高安县人。举人，万历十七年（1589）任归州知州。卢国桢，生平不详，湖北黄冈人．——上海图书馆。

三邑人文□□**卷**／（明）刘时俊撰．——版本情况不详．——刘时俊（？—1629），字恒甫，号勿所，又号梦胥，祖籍四川富顺，后迁居重庆荣昌。明万历二十六年（1598）进士．——出自嘉庆《四川通志》卷一百四十八《人物》。

蜀中广记一百八卷／（明）曹学佺撰．——明刻本．——四册．——曹学佺（1574—1646），字能始，号石仓，福建侯官（今属福州）人，明万历二十三年（1595）进士，万历三十九年（1611）任四川按察使．——中国国家图书馆、北京大学图书馆。

（明）曹学佺撰．——清乾隆三十七年至四十七年（1772—1782）四库全书本．——中国国家图书馆、台湾"国立故宫博物院"图书文献馆、甘肃省图书馆、浙江图书馆。

枣强邑略□□卷/（明）罗廷唯撰．——明嘉靖三十四年（1555）刻本．——罗廷唯，生卒年不详，字会甫，号贯溪，永川县（今重庆永川区）人，明嘉靖三十二年（1553）进士．——出自道光《重庆府志·艺文志》。

（隆庆）铜梁县志四卷/（明）高启愚修．——明隆庆六年（1572）修万历刻本．——高启愚，生卒年不详，字敏甫，铜梁县（今重庆铜梁区）人，明嘉靖四十三年（1564）举人．——宁波市天一阁博物馆。

（万历）四川总志三十四卷/（明）虞怀忠等修；（明）郭棐等纂．——明万历九年（1581）刻本．——虞怀忠，生卒年不详，字养纯，名汝良，浙江义乌人，明万历初任四川监察御史。郭棐（1529—1605），字笃周，广东南海人．——中国国家图书馆（有抄配）、上海图书馆（不全）、四川省图书馆（胶卷）、四川大学图书馆（胶卷）。

（明）虞怀忠等修；（明）郭棐等纂．——抄本．——上海图书馆。

（万历）四川总志二十七卷/（明）吴之皞修；（明）杜应芳等纂．——明万历四十七年（1619）刻本．——二十五册．——吴之皞，生卒年不详，湖广黄陂（今属湖北）人。明万历三十二年（1604）进士，四十七年（1619）任四川巡按使。杜应芳，生卒年不详，字怀鹤，湖北黄冈人，明万历三十五年（1607）进士．——中国国家图书馆、上海图书馆（不全）、南京图书馆（胶卷）、四川大学图书馆（胶卷）、台湾"国立故宫博物院"图书文献馆。

（明）虞怀忠等修；（明）郭棐等纂．——清乾隆三十七年至四十七年（1772—1782）四库全书本．——中国国家图书馆、浙江图书馆、甘肃省图书馆、台湾"国立故宫博物院"图书文献馆。

（万历）綦江县志□□卷/（明）□□修．——明万历三十四年（1606）稿本，已佚．——出自道光《綦江县志·凡例》．——按：清道光《綦江县志·凡例》云："綦志宋元以前不可考，明则有万历丙午志稿。"

仙都山志二卷/（明）戴葵著．——版本情况不详．——戴葵，明代丰都

（今重庆丰都县）人，生平不详．——出自《续文献通考》卷一百七十一，另见《四川丛书采访书目录》丰都县部分．——按：《四库全书》有存目，其底本为两淮马裕家藏本。

益部谈资三卷 /（明）何宇度著．——清乾隆三十七年至四十七年（1772—1782）四库全书本．——何宇度，生卒年不详，字仁仲，安陆（今湖北安陆）人，明万历年间任夔州通判．——中国国家图书馆、上海图书馆、北京大学图书馆、云南大学图书馆。

永川县志□□卷 /（明）刘祥仪纂修．——明县令刘祥仪抄本．——刘祥仪，生卒年不详，明代人，曾任永川县令．——出自道光《永川县志·凡例》．——按：清道光《永川县志·凡例》云："邑志仅存明县令刘祥仪抄本，雍正九年县令吴蕙承檄得明罗勋家谱，与抄本略同，参稽辨订，汇为编次，名曰《永川志略》，仍未付梓。"

阅史载笔二十卷 /（明）胡世赏撰．——版本情况不详．——胡世赏，生卒年不详，字存蓼，合州（今重庆合川区）人，明万历二十二年（1594）进士．——出自《民国新修合川县志·掌录十七·艺文一》。

诸子纂要八卷 /（明）黎尧卿著．——明刻本．——黎尧卿，生卒年不详，字东川，明弘治六年（1493）进士，官至兵部尚书。曾任职忠州守卫千户所．——华东师范大学图书馆。

平夏录一卷 /（明）黄标撰；（明）邓士龙辑．——黄标，生卒年不详，字良玉，川沙（今属上海）人，明代藏书家。邓士龙，生平事迹不详．——明嘉靖二十三年（1544）陆辑俨山书院刻本．——中国国家图书馆。

明代实录一卷 /（明）杨学可撰；（清）徐松校补．——杨学可，生卒年不详，名敏，字学可，以字行，号清风先生，四川新都人．——清道光十一年（1831）晁氏学海类编木活字印本．——中国国家图书馆。

巫山县志□□卷 /（□）□□修．——版本情况不详，已佚．——出自光绪《巫山县志·卷首》．——按：此志当修于明朝。光绪《巫山县志·知府长白诚瑞序》云："国朝迄未纂辑，明有志，今不传。"

读史摭异□□卷 /（清）龚三级撰．——版本情况不详．——龚三级，生

卒年不详，字尧堦，江津县（今重庆江津区）人，明崇祯贡生，官遵义绥阳教谕．——出自道光《重庆府志·艺文志》。

蜀省全图□□卷／（清）刘泌撰．——版本情况不详．——刘泌，生卒年不详，字晋仲，刘时俊次子，四川富顺人，后迁入重庆荣昌。明崇祯九年（1636）解元，官至兵部右侍郎．——出自光绪《荣昌县志·典籍》。

蜀国春秋十八卷／（清）荀廷诏撰．——清乾隆三十七年至四十七年（1772—1782）四库全书本．——荀廷诏，生卒年不详，字宣子，华阳县（今属四川成都）人，明崇祯十六年（1643）进士．——中国国家图书馆、台湾"国立故宫博物院"图书文献馆、浙江图书馆、甘肃省图书馆。

读史评□□卷／（清）李开先撰．——版本情况不详．——李开先，生卒年不详，字传一，长寿县（今重庆长寿区）人，明崇祯十二年（1639）举人．——出自民国《长寿县志·文征上》。

蜀难叙略一卷／（清）沈荀蔚撰．——清乾隆鲍廷博校刊知不足斋丛书本．——沈荀蔚，生卒年不详，约生活于明末清初。——云南省图书馆、河南大学图书馆、北京大学图书馆．——按：出自《知不足斋丛书》第142册。

（清）沈荀蔚撰．——清道光刻本．——云南省图书馆。

（清）沈荀蔚撰．——清光绪二年（1876）刻本．——河南大学图书馆。

（清）沈荀蔚撰；（清）鲍廷博辑．——民国十年（1921）上海古书流通处影印鲍廷博知不足斋丛书本．——一册．——云南省图书馆、山东大学图书馆。

历图撮要□□卷／（清）龚懋熙撰．——版本情况不详，散佚．——龚懋熙，生卒年不详，江津县（今重庆江津区）人，明崇祯十三年（1640）进士，官太常寺博士．——出自民国《江津县志·人物志上·行谊》。

（康熙）四川总志三十六卷／（清）蔡毓荣等修；（清）钱受祺等纂．——清康熙十二年（1673）刻本．——二十八册．——蔡毓荣（？—1599），字竹庵，奉天锦县（今辽宁锦州）人。钱受祺，生卒年不详，浙江钱塘人，清康熙十年（1671）曾任成都府知府．——中国国家图书馆、上海图书馆（不全）、山东大学图书馆（不全）、四川省图书馆（不全）、重庆图书馆、四川大学图书馆（胶卷）、台湾"国立故宫博物院"图书文献馆。

（清）蔡毓荣等修；（清）钱受祺等纂. ——抄本. ——台湾"国立故宫博物院"图书文献馆（不全）。

（康熙）江津县志□□/（清）王壁修；（清）龚笋湄纂. ——清康熙十九年（1680）抄本，已佚. ——王壁，生卒年不详，字瑞玉，山西阳城县人，清康熙时曾任江津县知县。龚笋湄，生卒年不详，字孟章，江津县（今重庆江津区）人，明崇祯进士，入清不仕. ——出自嘉庆《江津县志·凡例》. ——按：嘉庆《江津县志·凡例》云："邑志旧无刻核，所传抄志二帙，一嘉靖庚子知县杨元吉属邑人杨几川纂，一康熙庚申知县王壁属邑人龚笋湄纂。"

（康熙）夔州府志十卷/（清）吴美秀修；（清）程溥等纂. ——清康熙二十五年（1686）刻本. ——吴美秀，生卒年不详，直隶蠡县（今河北蠡县）人，清康熙二十一年（1682）任夔州知府。程溥，生卒年不详，江苏江都县人，清顺治十四年（1657）举人. ——中国国家图书馆、上海图书馆（胶卷）。

（康熙）彭水县志四卷/（清）陶文彬纂. ——清康熙四十九年（1710）刻本. ——陶文彬，生卒年不详，浙江会稽人，清康熙四十五年（1706）任彭水县知县. ——故宫博物院图书馆、美国斯坦福大学胡佛研究所图书馆、日本东京内阁文库。

（康熙）丰都县志八卷补遗一卷/（清）王廷献修；（清）朱象鼎续修；（清）林坚本纂. ——清康熙四十九年（1710）刻本. ——王廷献，生卒年不详，字幼拔，号文在，浙江省海宁县人，清朝康熙十五年（1676）任丰都知县。朱象鼎，生卒年不详，浙江秀水县（今嘉兴市）人，清康熙四十四年（1705）任丰都知县. ——中国国家图书馆、四川大学图书馆、中国科学院南京地理与湖泊研究所图书馆、台湾"国立故宫博物院"图书文献馆。

（清）王廷献修；（清）朱象鼎续修；（清）林坚本纂. ——清抄本. ——上海图书馆、四川省图书馆。

（康熙）长寿县志十卷/（清）薛禄天修；（清）刘慈纂. ——清康熙五十三年（1714）刻本. ——四册. ——薛禄天，生卒年不详，江苏无锡人，清康熙五十年（1711）任长寿知县。刘慈，生卒年不详，字康成，号鹭溪，巴县（今重庆主城区）人，清康熙四十一年（1702）举人. ——中国国家图书馆、

中国第一历史档案馆、上海图书馆、四川省图书馆（胶卷）。

（康熙）重庆府涪州志四卷／（清）董维祺修；（清）冯懋柱纂. ——清康熙五十三年（1714）刻本. ——董维祺，生卒年不详，字尔介，直隶奉天（今沈阳市）人，清康熙四十二年（1703）任涪州知州。冯懋柱，生卒年不详，字乔仙，涪州（今重庆涪陵区）人，清康熙年间岁贡生. ——中国国家图书馆（胶卷）、中国科学院文献情报中心（国家科学图书馆，胶卷）、上海图书馆（胶卷）、南京图书馆（胶卷）、四川大学图书馆（胶卷）. ——按：原刻本在日本东京内阁文库。

（康熙）巫山县志不分卷／（清）□□纂修. ——清康熙五十四年（1715）修，清抄本. ——中国国家图书馆、故宫博物院图书馆、北京师范大学图书馆、南京大学图书馆、台湾"国立故宫博物院"图书文献馆、四川省图书馆（胶卷）。

（康熙）丰都县志□□卷／（清）林坚本修. ——清康熙二十六年（1687）修，清代稿本. ——林坚本，生卒年不详，号穉庵，丰都县（今重庆丰都县）人，清康熙十一年（1672）举人. ——出自康熙《丰都县志·凡例》. ——按：清代王廷献纂修康熙《丰都县志》，其在"凡例"中追溯丰都旧志时，就提及林氏的《丰都县志》稿本，有"邑孝廉林坚本，康熙丁卯年修"之语。

（康熙）顺庆府志十卷增续一卷／（清）李成林，（清）罗承顺等纂修；（清）袁定远增纂 ——清康熙二十五年（1686）刻四十六年（1707）袁定远增补嘉庆十二年（1807）补刻本. ——十六册. ——李成林，生卒年不详，字茂远，辽东广宁县（今属北镇县）人。监生。清康熙二十五年（1686）任顺庆府知府。罗承顺，生卒年不详，南充县（今南充市）人，清康熙八年（1669）举人。袁定远，生卒年不详，江西秀水人。进士。清康熙四十六年（1707）代行顺庆知府. ——北京大学图书馆、南京大学图书馆、四川省图书馆、重庆图书馆、北碚图书馆、四川大学图书馆、南充市图书馆（存八卷：三至十）。

诸葛忠武志十卷（忠武志八卷附卧龙岗志二卷）／（清）张鹏翮，（清）罗景辑. ——清康熙四十四年（1705）冰雪堂刻本. ——十册. ——张鹏翮（1649—1725），字运青，号宽宇、信阳子，四川遂宁三汇（今属重庆潼南）

人，清康熙九年（1670）进士，官至文华殿大学士，人称"贤相"，又为"治河名臣"，谥号"文端"。《清史稿》卷二百七十九有传。罗景，生卒年不详，字星瞻，襄平（今属辽宁省辽阳市）人，清康熙年间任河南南阳太守. ——中国国家图书馆、上海图书馆、辽宁省图书馆、清华大学图书馆、北京大学图书馆、南京大学图书馆、北京师范大学图书馆、中国人民大学图书馆。

（清）张鹏翮辑. ——清康熙四十五年（1706）序刻本. ——十册. ——清华大学图书馆、北京大学图书馆、河南大学图书馆、复旦大学图书馆、美国哈佛大学哈佛燕京图书馆。

（清）张鹏翮辑. ——清康熙五十一年（1712）刻本. ——十册. ——北京大学图书馆、南开大学图书馆。

（清）张鹏翮撰. ——清嘉庆十九年（1814）麻城周畹兰刻本. ——四册. ——中国国家图书馆、上海图书馆、北京大学图书馆、南京大学图书馆、南京师范大学图书馆、郑州大学图书馆。

（清）张鹏翮辑. ——清同治八年（1869）历下李澍刻本. ——十册. ——南开大学图书馆、云南大学图书馆。

（康熙）西充县志十二卷/（清）李棠等修；（清）李昭治纂. ——清康熙六十一年（1722）刻本. ——四册. ——李棠，生卒年不详，直隶清苑县（今属河北省保定市）人，清康熙四十五年（1706）进士，五十三年（1714）任西充县知县。李昭治，生卒年不详，西充县人，清康熙三十八年（1699）举人，官江苏仪真县知县. ——中国国家图书馆、重庆图书馆、四川大学图书馆、四川省图书馆（胶卷）。

（清）李棠，（清）李昭治等纂修. ——一九六〇年传钞清康熙六十一年（1722）刻本. ——四川省图书馆、西充县图书馆。

出粤日记一卷/（清）苟金薇撰. ——苟氏家藏本. ——苟金薇，生卒年不详，合州（今重庆合川区）人，清康熙朝举人. ——出自《民国新修合川县志·掌录十七·艺文一》。

读史管见□□卷/（清）龙为霖撰. ——清光绪三十年（1904）俪峰书屋刻本. ——一册. ——龙为霖（1689—1756），字雨苍，号鹤坪，巴县（今重

庆主城区）人，清康熙四十八年（1709）进士. ——云南省图书馆。

两汉史论□□**卷**／（清）龙为霖撰. ——版本情况不详. ——出自《江北厅志》卷五。

华岩寺备志一卷／（清）邓迪纂. ——清康熙三十四年（1695）刻本. ——邓迪，生卒年不详，字惠吉，巴县金滩（今重庆主城区）人，清康熙时人. ——重庆华岩寺。

历代典故□□**卷**／（清）程于夏撰. ——版本情况不详. ——程于夏，生卒年不详，江津县（今重庆江津区）人，清康熙年间贡士，授梓潼县训导. ——出自光绪《江津县志》卷十一，民国《江津县志·文学》。

史鉴□□**卷**／（清）成文运著. ——版本情况不详. ——成文运，生卒年不详，字在东，号白邻，忠州（今重庆忠县）人，清康熙三十六年（1697）进士. ——出自道光《忠州直隶州志》卷八，同治《忠州直隶州志》卷十，《四川丛书采访书目录》忠州部分。

学庸图考／（清）曾德升著. ——版本情况不详. ——曾德升，生卒年不详，字玉峰，一字侣恒，丰都县（今重庆丰都县）人，清康熙四十五年（1706）岁贡生. ——出自民国《重修丰都县志》卷十四，《四川丛书采访书目录》丰都县部分。

蜀碧四卷／（清）彭遵泗编. ——清乾隆二十八年（1763）刻本. ——四册. ——彭遵泗（约1703—1756），字磐泉，号丹溪生，四川丹棱县人，清乾隆年间进士. ——北京师范大学图书馆。

（清）彭遵泗编. ——清乾隆四十二年（1777）白鹤堂刻本. ——二册. ——四川大学图书馆、北京大学图书馆。

（清）彭遵泗编. ——清嘉庆十二年（1807）张海鹏刻本. ——二册. ——北京师范大学图书馆、台湾大学图书馆。

（清）彭遵泗编. ——清道光二十四年（1844）品石山房丛书刻本. ——北京大学图书馆。

（清）彭遵泗编. ——清经元堂刻本. ——二册. ——北京师范大学图书馆。

蜀故（全蜀典故）二十七卷 /（清）彭遵泗纂辑. ——清乾隆三十八年（1773）丹棱彭端淑序刻本. ——八册. ——中国科学院文献情报中心（国家科学图书馆）。

（清）彭遵泗纂辑. ——清道光十四年（1834）白鹤堂刻本. ——六册. ——南京大学图书馆。

（清）彭遵泗纂辑. ——清光绪二年（1876）读书堂刻本. ——六册. ——北京大学图书馆、复旦大学图书馆、郑州大学图书馆、四川省图书馆、北碚图书馆、云南大学图书馆。

（清）彭遵泗纂辑. ——清光绪二十四年（1898）玉元堂刻本. ——六册. ——中国人民大学图书馆、上海图书馆、天津图书馆、北京大学图书馆、湖北省图书馆、四川大学图书馆。

（清）彭遵泗纂辑. ——清光绪二十八年（1902）白鹤堂刻本. ——六册. ——云南省图书馆、中央民族大学图书馆。

（雍正）四川通志四十七卷首一卷 /（清）黄廷桂等修；（清）张晋生，（清）李专等纂. ——清雍正十一年（1733）刻本. ——黄廷桂（1691—1759），字丹崖，汉军镶红旗人，清雍正二年（1724）任四川提督。张晋生，生卒年不详，字孔昭，号适需，四川金堂县人。曾任成都锦江书院掌教。李专（1656—1737），字知山、知三、艺三，号白云居士，祖籍四川江津（今重庆江津区），后迁居贵州黄平. ——中国国家图书馆、中国科学院文献情报中心（国家科学图书馆）。

（清）黄廷桂等修；（清）张晋生，（清）李专等纂. ——清乾隆元年（1736）补版增刻本. ——中国国家图书馆、故宫博物院图书馆、北京大学图书馆、清华大学图书馆、中国人民大学图书馆、四川大学图书馆、四川省图书馆、重庆图书馆、北碚图书馆。

（清）黄廷桂等修；（清）张晋生，（清）李专等纂. ——清乾隆三十七年至四十七年（1772—1782）四库全书本. ——中国国家图书馆、浙江图书馆、甘肃省图书馆、台湾"国立故宫博物院"图书文献馆。

（清）黄廷桂等修；（清）张晋生，（清）李专等纂. ——清抄本. ——中

国国家图书馆（存四十六卷：一至四十五、首一）。

（雍正）江津县志五卷／（清）王朝选辑．——清雍正十一年（1733）抄本，已佚．——王朝选，生卒年不详，字中青，号鱼泉，贵州开泰县（今锦屏县）人，清雍正七年任江津县知县．——出自乾隆《江津县志·凡例》。

（雍正）巫山县志□□卷／（清）□□纂修．——清雍正刻本．——南京大学图书馆、四川大学图书馆（胶卷）。

（清）□□纂修．——清抄本．——中共中央党校图书馆．——按：《选举》记事至清雍正十三年（1735）。

（乾隆）巴县志十七卷首一卷／（清）王尔鉴修；（清）王世沿，（清）周开丰等纂．——清乾隆二十六年（1761）刻本．——十二册．——王尔鉴（1703—1766），字在兹，号熊峰，河南卢氏人，清乾隆年间任巴县知县。周开丰，生卒年不详，字骏声，号梅厓，巴县（今重庆主城区）人，清康熙五十九年（1720）举人。王世沿，生卒年不详，湖北江夏（今武汉市）人，清乾隆年间贡生．——中国国家图书馆、美国哈佛大学哈佛燕京图书馆、北京大学图书馆、清华大学图书馆（有抄配）、华东师范大学图书馆、南开大学图书馆、河南大学图书馆、四川省图书馆、重庆图书馆。

（清）王尔鉴修；（清）王世沿，（清）周开丰等纂．——清乾隆十六年（1751）修，嘉庆二十五年（1820）刻本．——中国国家图书馆、北京大学图书馆、四川省图书馆、重庆图书馆、北碚图书馆、泸州市图书馆、四川大学图书馆、四川师范大学图书馆、重庆中国三峡博物馆（存卷一至十三、十五、十七）。

（清）王尔鉴修；（清）王世沿，（清）周开丰等纂．——清乾隆十六年（1751）修，道光元年（1821）刻本．——四川省图书馆、重庆图书馆、巴南区图书馆（存卷一至十六、首一）、四川大学图书馆（存卷一至七、十四）。

（清）王尔鉴修；（清）王世沿，（清）周开丰等纂．——清乾隆十六年（1751）修，道光二年（1822）刻本．——四川省图书馆、上海图书馆、重庆图书馆。

琉球国志略十六卷首一卷/（清）周煌撰. ——清乾隆二十四年（1759）漱润堂刻本. ——六册. ——周煌（1714—1785），字景垣，号海山，涪州（今重庆涪陵区）人，清乾隆二年（1737）进士，授翰林院编修。官至兵部尚书，进太子太傅。《清史稿》有传. ——复旦大学图书馆、南京大学图书馆、重庆图书馆。

（清）周煌撰. ——清乾隆武英殿聚珍版丛书本. ——四册. ——中国国家图书馆、四川大学图书馆、北京大学图书馆、台湾"国立故宫博物院"图书文献馆、台湾大学图书馆、重庆图书馆。

（清）周煌撰. ——清乾隆墨格抄本. ——六册. ——故宫博物院图书馆。

（清）周煌撰. ——清同治七年（1868）福建刻本. ——北京大学图书馆。

（清）周煌撰. ——清光绪十九年（1893）刻本. ——六册. ——北京师范大学图书馆。

（清）周煌撰. ——清光绪二十一年（1895）福建布政使署刻本. ——北京大学图书馆。

（清）周煌撰. ——清光绪二十五年（1899）广雅书局刻本. ——三册. ——中山大学图书馆、重庆图书馆。

（清）周煌撰. ——民国商务印书馆丛书集成初编本. ——四册. ——中国国家图书馆、上海图书馆、北京大学图书馆、清华大学图书馆、南京图书馆。

（乾隆）璧山县志二卷/（清）黄在中修；（清）夏瑺等纂. ——清乾隆二年（1737）刻本. ——黄在中，生卒年不详，字公瓒，江西宜春人，清雍正十三年至乾隆七年（1735—1742）任璧山知县。夏瑺，生卒年不详，璧山县（今重庆璧山区）人，清乾隆举人. ——故宫博物院图书馆、四川省图书馆。

（乾隆）城口厅志□□卷/（清）□□纂. ——清乾隆间修，清抄本. ——故宫博物院图书馆. ——按："秩官"记至乾隆三十一年（1766）。

（乾隆）大宁县志四卷/（清）阎源清修；（清）焦懋熙纂. ——清乾隆十一年（1746）刻本. ——阎源清，生卒年不详，贵州大定府（今大方县）举人，清乾隆十年（1745）任大宁知县。焦懋熙，生卒年不详，奉节县（今重庆奉节县）人，清代拔贡，候选学正. ——故宫博物院图书馆、吉林大学图书馆、

南京大学图书馆、四川大学图书馆（胶卷）.——按：大宁县即今日重庆巫溪县。

（乾隆）大足县志十一卷/（清）李德纂修.——清乾隆十五年（1750）刻本.——李德，生卒年不详，字敬斋，湖南衡阳人，清雍正十一年（1733）进士，乾隆六年至十二年（1741—1747）任大足知县.——故宫博物院图书馆。

（乾隆）垫江县志八卷/（清）丁涟修；（清）杨锡麟，（清）陈书等纂.——清乾隆十一年（1746）刻本.——丁涟，生卒年不详，字介存，山东诸城县人，监生，清乾隆八年（1743）任垫江知县。杨锡麟，生卒年不详，字瑞石，号龙池，四川江安县人，清乾隆七年（1742）调任垫江县教谕。陈书，生卒年不详，字仓著，江南上元县（今属江苏南京市）人，廪生，清乾隆四年（1739）任垫江典史.——中国国家图书馆、甘肃省图书馆、南京图书馆、中国科学院南京地理与湖泊研究所图书馆、台湾"国立故宫博物院"图书文献馆、中国科学院文献情报中心（国家科学图书馆，胶卷）。

（清）丁涟修；（清）杨锡麟，（清）陈书等纂.——清乾隆二十二年（1757）增补本.——天津图书馆。

（乾隆）奉节县志四卷/（清）郑王选修；（清）王良弼，（清）杨崇纂.——清乾隆十一年（1746）木活字印本.——郑王选，生卒年不详，字抡开，陕西凤翔县人，清乾隆八年（1743）任奉节县知县。王良弼，生卒年不详，重庆奉节县人，清康熙五十年（1711）举人。杨崇，生卒年不详，四川邻水人，曾任丰都县教谕.——故宫博物院图书馆、中国第一历史档案馆。

（乾隆）涪州志十二卷/（清）多泽厚修；（清）陈于宣等纂.——清乾隆五十年（1785）刻本.——多泽厚，生卒年不详，直隶阜城县（今属河北衡水）人，清乾隆年间举人，四十九年（1784）任涪州知州。陈于宣，生卒年不详，字宁敷，涪州（今重庆涪陵区）人，清雍正十三年（1735）举人.——故宫博物院图书馆、四川大学图书馆。

（乾隆）开县志不分卷/（清）胡邦盛纂修.——清乾隆十一年（1746）思补堂刻本.——胡邦盛，生卒年不详，浙江汤溪县（今属金华市）人，清乾隆八年（1743）任开县知县.——故宫博物院图书馆、台湾"国立故宫博物院"图书文献馆、四川省图书馆（胶卷）。

（清）胡邦盛纂修. ——清抄本. ——中国国家图书馆。

(乾隆) 江津县志二十一卷/（清）曾受一修；（清）王家驹纂. ——清乾隆三十三年（1768）刻本. ——曾受一（1710—1787），字正万，广东东安（今云浮县）人，清乾隆三十年（1765）任江津知县。王家驹（1713—?），字子昂，江津县（今重庆江津区）高牙铺人. ——故宫博物院图书馆。

（清）曾受一修；（清）王家驹纂；（清）徐鼎续修；（清）杨彦青续纂. ——清乾隆三十三年（1768）刻，嘉庆九年（1804）增刻本. ——徐鼎，生卒年不详，字立三，浙江会稽县（今绍兴市）人，清嘉庆年间任江津知县。杨彦青，生卒年不详，巴县（今重庆主城区）人，清乾隆五十二年（1787）进士. ——上海图书馆、吉林大学图书馆、中山大学图书馆。

（清）曾受一修；（清）王家驹纂；（清）徐鼎续修；（清）杨彦青续纂；（清）李宝曾续修. ——清乾隆三十三年（1768）刻，嘉庆九年（1804）增刻，嘉庆十七年（1812）李宝曾续修刻本. ——李宝曾，生卒年不详，江苏南通人，清嘉庆年间任江津知县. ——北京大学图书馆、中国人民大学图书馆、南京大学图书馆、湖南图书馆（不全）、四川省图书馆、四川大学图书馆。

(乾隆) 合州志八卷/（清）宋锦；（清）刘桐纂修. ——清乾隆十三年（1748）刻本. ——二册. ——宋锦，生卒年不详，字在中，怀庆府武陟（今河南武陟）人，清乾隆十二年（1747）任合州知州。刘桐，生卒年不详，字峄南，山东济宁人，清乾隆十三年（1748）署合州知州. ——故宫博物院图书馆。

(乾隆) 合州志十六卷首一卷/（清）周澄修；（清）张乃孚等纂. ——清乾隆五十四年（1789）刻本. ——周澄，生卒年不详，字静斋，江苏江宁县人，清乾隆五十年（1785）任合州知州。张乃孚（1759—1825），字西村，号闲宾，合州（今重庆合川区）人，一作铜梁（今重庆铜梁区）人，清乾隆四十八年（1783）举人，官花县知县、蓬州学正. ——中国国家图书馆、上海图书馆、南京图书馆、浙江图书馆、四川大学图书馆、四川省图书馆（胶卷）。

（清）周澄修；（清）张乃孚等纂. ——清抄本. ——四川省图书馆。

(乾隆) 夔州府志十卷/（清）崔邑俊修；（清）杨崇，（清）焦懋熙纂.——清乾隆十一年（1746）刻本.——二十册.——崔邑俊,生卒年不详,字硕秀,山西大同人,清雍正十三年（1735）任夔州知府。杨崇,生卒年不详,四川邻水人,清乾隆六年（1741）任奉节县教谕。焦懋熙,生卒年不详,奉节县（今重庆奉节县）人,清代拔贡,候选学正.——中国国家图书馆、故宫博物院图书馆、南京图书馆、浙江图书馆、武汉大学图书馆、四川省图书馆（胶卷）。

（乾隆）梁山县志不分卷/（清）王庆熙纂修.——清乾隆六十年（1795）刻本.——王庆熙,生卒年不详,浙江仁和人,清乾隆五十六年（1791）任梁山知县.——台湾"国立故宫博物院"图书文献馆。

（清）王庆熙纂修.——清乾隆年间传抄本.——故宫博物院图书馆、四川大学图书馆（胶卷）。

（乾隆）荣昌县志四卷首一卷/（清）许元基纂修.——清乾隆十一年（1746）刻本.——二册.——许元基,生卒年不详,字方亨,江苏武进县人,附监生,清乾隆五年（1740）调任荣昌县知县.——复旦大学图书馆、泸州市图书馆、四川省图书馆（胶卷）、荣昌县志办公室（胶卷）。

（清）许元基纂修.——清乾隆十一年（1746）刻,二十九年（1764）增刻本.——故宫博物院图书馆、四川省图书馆（胶卷）。

（清）许元基纂修.——清乾隆十一年（1746）刻,二十九年（1764）增刻,五十一年（1786）再增刻木.——中国科学院文献情报中心（国家科学图书馆）。

（清）许元基纂修.——清乾隆十一年（1746）刻,二十九年（1764）增刻,五十一年（1786）再增刻,嘉庆二年（1797）增补重印本.——复旦大学图书馆、泸州市图书馆。

（清）许元基纂修.——传抄清乾隆二十九年（1764）本.——中国国家图书馆。

（清）许元基纂修.——传抄清乾隆五十一年（1786）本.——上海图书馆。

（乾隆）南川县志书不分卷/（清）陆玉琮纂修.——传抄清乾隆十三年

(1748)本. ——陆玉琮，生卒年不详，江苏吴县人，清乾隆十年（1745）任南川县知县. ——中国国家图书馆、故宫博物院图书馆、南京大学图书馆、四川大学图书馆（胶卷）。

（乾隆）石砫厅志十三卷附补阙一卷 /（清）王萦绪纂修. ——清乾隆四十年（1775）刻，四十四年（1779）补刻本. ——王萦绪（1713—1784），字希仁，号成祉，又号天馥，别号莲峰、五莲山人，山东诸城人，清乾隆三十五年至四十八年（1770—1783）任石砫直隶厅同知. ——中国国家图书馆、北京大学图书馆、上海图书馆、天津图书馆、宁夏大学图书馆、台湾"国立故宫博物院"图书文献馆、中国科学院文献情报中心（国家科学图书馆，胶卷）、四川省图书馆（胶卷）、四川大学图书馆（胶卷）. ——按：后附《补阙》一卷，为清乾隆四十四年（1779）增补。

（清）王萦绪纂修. ——摄影本（影印本）. ——中国国家图书馆。

（乾隆）万县志四卷 /（清）刘高培修；（清）赵志本纂. ——清乾隆十一年（1746）刻本. ——刘高培，生卒年不详，江西庐陵（今属吉安市）人，清乾隆十一年（1746）任万县知县。赵志本，生卒年不详，顺天兴县（今属山西吕梁）人，附生。清乾隆六年（1741）任万县县丞. ——故宫博物院图书馆、山东博物馆、台湾"国立故宫博物院"图书文献馆。

（乾隆）永川县志九卷 /（清）王诰修；（清）黄钧纂. ——清乾隆六十年（1795）刻本. ——王诰，生卒年不详，江西金溪人，清乾隆四十年（1775）任永川县知县。黄钧，生卒年不详，永川县（今重庆永川区）人，清乾隆年间庠生. ——中国国家图书馆（不全）、中国科学院文献情报中心（国家科学图书馆）、故宫博物院图书馆。

（乾隆）酉阳州志四卷 /（清）邵陆纂修. ——清乾隆三十九年（1774）刻本. ——邵陆，生卒年不详，浙江鄞县人，清乾隆三十九年（1774）署酉阳知州. ——中国国家图书馆、故宫博物院图书馆、上海图书馆、台湾"国立故宫博物院"图书文献馆。

（乾隆）云阳县志四卷 /（清）刘士缙，（清）曹源邦修；（清）陈嘉琅，（清）嵇坊纂. ——清乾隆十一年（1746）刻本. ——刘士缙，生卒年不详，

山东邱县人，清乾隆十一年（1746）任云阳县知事。曹源邦，生卒年不详，字风万，浙江嘉善县人，清雍正十年至十二年（1732—1734）、乾隆六年至十一年（1741—1746）两度出任云阳县知县。陈嘉琅，生卒年不详，云阳县人，官至四川屏山县训导。嵇坊，生卒年不详，字世楷，浙江德清人，清乾隆五年（1740）任云阳县云安场盐大使．——故宫博物院图书馆、台湾"国立故宫博物院"图书文献馆。

（清）刘士缙，（清）曹源邦修；（清）陈嘉琅，（清）嵇坊纂．——民国二十三年（1934）厚盦抄本．——中国国家图书馆。

（乾隆）忠州志十四卷/（清）□□纂．——清乾隆年间抄本．——中国国家图书馆、故宫博物院图书馆（不全）。

（乾隆）营山县志四卷/（清）李榕纂修．——清乾隆九年（1744）刻本．——二册．——李榕，生卒年不详，江苏沭阳县人。举人。清乾隆五年（1740）任营山县知县．——中国国家图书馆、台湾"国立故宫博物院"图书文献馆、四川省图书馆（胶卷）、四川大学图书馆（胶卷）。

（乾隆）直隶达州志四卷/（清）陈庆门纂修；（清）宋名立续修．——清乾隆七年（1742）刻十二年（1747）增修本．——四册．——陈庆门，生卒年不详，字容驷，陕西周至人，清雍正元年（1723）进士，乾隆元年（1736）补四川达州知州。宋名立（1698—1757），字令闻，号补斋，山东琅琊（今临沂）人，清乾隆十年至十八年（1745—1753）仟达州知州．——台湾"国立故宫博物院"图书文献馆、四川省图书馆（胶卷）、四川大学图书馆（胶卷）。

（乾隆）大竹县志十卷/（清）陈仕林等纂修．——清乾隆五十二年（1787）刻本．——陈仕林，生卒年不详，浙江山阴县（今属绍兴市）人，清乾隆四十七年（1782）任大竹县知县．——泸州市图书馆。

峡川志略一卷/（清）蒋宏任撰．——清光绪三年（1877）上海著易堂铅印本．——蒋宏任（1701—1742），字担斯，号东湖，浙江海宁人．——中国国家图书馆、北京大学图书馆．——按：出自《昭代丛书》。

汉书考证□□卷/（清）王汝璧撰．——版本情况不详．——王汝璧（？—1806），字镇之，铜梁县（今重庆铜梁区）人，清乾隆三十一年（1766）

进士. ——出自《国朝正雅集》卷二十五,《四川丛书采访书目录》铜梁县部分。

蜀水经十六卷/(清)李元撰. ——清乾隆五十九年(1794)刻本. ——李元,生卒年不详,字太初,湖北京山人,清乾隆三十六年(1771)举人. ——中国国家图书馆(胶卷)。

(清)李元撰. ——清嘉庆五年(1800)洪颐煊传经堂刻本. ——六册. ——四川大学图书馆、南京大学图书馆。

三省山内风土杂识一卷/(清)严如熤撰. ——清光绪三十四年(1908)胡思敬辑问影楼舆地丛书铅印本. ——严如熤(1759—1826),字乐园,湖南溆浦人,清代地理学家. ——中国国家图书馆、北京大学图书馆、北京师范大学图书馆、上海图书馆、南京图书馆。

地舆便览□□卷/(清)彭应槐撰. ——版本情况不详. ——彭应槐,生卒年不详,字文轩,涪州(今重庆涪陵区)人,清乾隆五十九年(1794)举人,后任江安县训导. ——出自民国《涪陵县续修涪州志·艺文志》。

补华阳国志三州郡县目录一卷/(清)廖寅撰. ——清嘉庆十九年(1814)廖寅题襟馆刻本. ——廖寅,生卒年不详,字亮工,四川邻水人,清乾隆后期举人. ——云南省图书馆、四川大学图书馆。

(嘉庆)四川通志二百四卷首二十二卷/(清)常明等修;(清)杨芳灿,(清)谭光祜等纂. ——清嘉庆二十一年(1816)刻本. ——一百六十册. ——常明(?—1817),满州镶红旗人,清嘉庆十五年(1810)任四川总督。杨芳灿(1753—1816),字才叔,号蓉裳,江苏金匮(今属无锡市)人。谭光祜(1772—1813),字子受,一字铁萧,江西南丰人. ——中国国家图书馆、故宫博物院图书馆、北京大学图书馆、中国人民大学图书馆、北京师范大学图书馆、四川大学图书馆、四川省图书馆、重庆图书馆、北碚图书馆、重庆中国三峡博物馆、云南大学图书馆。

(嘉庆)璧山县志四卷/(清)汤贻眉等纂修. ——清嘉庆年间抄本. ——中央民族大学图书馆、石家庄市图书馆。

(嘉庆)丰都县志四卷/(清)瞿颉,(清)方宗敬修;(清)刘维理

纂.——清嘉庆十五年（1810）刻本.——瞿颉（1742—？），字孚若，号菊亭，江苏昭文县（今属常熟县）人，清乾隆三十三年（1768）举人，嘉庆十一年（1806）任丰都县知县。方宗敬，生卒年不详，湖南巴陵县（今岳阳县）人，清嘉庆三年（1798）举人，十八年（1813）任丰都县知县。刘维理，生卒年不详，湖南巴陵县（今岳阳县）人，清嘉庆十五年（1810）举人，候选知县.——四川大学图书馆（存三卷：二至四）。

（嘉庆）大足县志八卷/（清）张澍修；（清）李型廉等纂.——清嘉庆二十三年（1818）刻本.——张澍（1776—1847），字时霖，一字伯渝，号介侯，甘肃武威人，清嘉庆四年（1799）进士，嘉庆二十三年（1818）代理大足知县，后任贵州玉屏、四川屏山等县知县。李型廉（1787—1871），字介生，大足县（今重庆大足区）人.——中国国家图书馆、上海图书馆、湖北省图书馆、重庆图书馆、四川大学图书馆。

（清）张澍修；（清）李型廉等纂.——清抄本（张澍手校，蓝格抄本）.——二册.——台湾"中央研究院"傅斯年图书馆。

（清）张澍修；（清）李型廉等纂；（清）王松增修.——清嘉庆二十三年（1818）刻，道光十六年（1836）王松增修本.——八册.——王松，生卒年不详，号节亭，直隶交河县（今属河北省泊头市）人，清道光十四年（1834年）任大足知县.——北京大学图书馆、复旦大学图书馆、南京大学图书馆、四川省图书馆、四川大学图书馆、重庆图书馆。

蜀典十二卷/（清）张澍撰.——张氏手稿本.——四川省图书馆。

（清）张澍撰.——清道光十四年（1834）安怀堂刻本.——六册.——中国国家图书馆、中国第一历史档案馆、北京大学图书馆、上海图书馆、武汉大学图书馆、四川省图书馆、重庆图书馆。

（清）张澍撰.——清光绪二年（1876）四川尊经书院刻本.——四册.——北京师范大学图书馆、上海图书馆、复旦大学图书馆、吉林大学图书馆、四川省图书馆、四川大学图书馆、重庆图书馆、北碚图书馆。

（嘉庆）梁山县志十八卷首一卷/（清）符永培纂修.——清嘉庆十三年（1808）刻本.——十六册.——符永培，生卒年不详，河南宁陵县人，监生，清嘉庆七年至九年（1802—1804）、十二年至十五年（1807—1810）两任梁山知县. ——四川省图书馆、四川大学图书馆、重庆图书馆、泸州市图书馆。

（清）符永培纂修；（清）艾鈵增修. ——清嘉庆十三年（1808）刻，同治六年（1867）艾鈵增刻本. ——艾鈵，生卒年不详，字鼎臣，清同治四年（1865）任梁山知县. ——中国国家图书馆、北京大学图书馆、上海图书馆、武汉大学图书馆、北碚图书馆。

（嘉庆）南充县志八卷首一卷/（清）袁凤孙修；（清）陈榕等纂. ——清嘉庆十八年（1813）刻本. ——六册. ——袁凤孙，云南石屏州（今石屏县）举人，清嘉庆十四年（1809）任南充县知县。陈榕，生卒年不详，四川长寿（今重庆长寿区）人，清末举人，曾任四川南充县训导. ——北京大学图书馆、四川大学图书馆。

（嘉庆）南充县志八卷附图考一卷/（清）袁凤孙修；（清）陈榕等纂；（清）洪璋增补. ——六册. ——清嘉庆十八年（1813）刻，咸丰七年（1857）洪璋增刻本. ——洪璋，生卒年不详，四川富顺人，清末举人，曾任南充县教谕. ——四川省图书馆、重庆图书馆、北碚图书馆、郫县图书馆、遂宁市图书馆、南充市图书馆、四川大学图书馆、四川师范大学图书馆、西南大学图书馆、西华师范大学图书馆、四川省社会科学院、四川省文史馆、重庆中国三峡博物馆、华东师范大学图书馆。

（嘉庆）达县志五十二卷/（清）鲁凤辉修；（清）王廷伟等纂. ——清嘉庆二十年（1815）刻本. ——六册. ——鲁凤辉，生卒年不详，浙江会稽县（今属绍兴市）人，清嘉庆十九年（1814）以候补知州衔署四川达县知县。王廷伟，生卒年不详，江苏镇洋县（今属太仓县）人，贡生. ——四川省图书馆、成都图书馆、重庆图书馆、北碚图书馆、达州市图书馆、四川大学图书馆、四川师范大学图书馆。

（嘉庆）达县志五十二卷首一卷末一卷补遗二卷/（清）鲁凤辉修；（清）王廷伟等纂. ——清嘉庆二十年（1815）刻民国钞本. ——四川省图书馆（存人物、文艺两门）。

华阳国志校勘记□□**卷**/（清）顾尚之辑. ——清成都志古堂顾尚之校勘

本. ——二册. ——顾尚之（1799—1862），名观光，字宾王，号武陵山人，上海市金山县人. ——云南省图书馆。

学宫图考三卷首一卷附二卷/（清）寇宗撰. ——清道光二十二年（1842）荣昌县学署刻本. ——六册. ——寇宗，生卒年不详，四川渠县人，清嘉庆十三年（1808）举人，道光七年（1827）任荣昌县（今重庆荣昌区）教谕、成都府教授. ——吉林大学图书馆。

（清）寇宗撰. ——清咸丰六年（1856）刻本. ——四册. ——北京师范大学图书馆。

学宫图考三卷附阙里圣迹图一卷/（清）寇宗撰. ——清咸丰六年（1856）刻本. ——八册. ——北京大学图书馆。

黔江志稿二卷/（清）李祖培撰. ——版本情况不详. ——李祖培，生卒年不详，字栽之，号北山，黔江县（今重庆黔江区）人，清嘉庆年间监生，捐任浙江钱塘县县丞，后任黔江候补知县. ——出自光绪《黔江县志·艺文志》，《黔江县乡土志·学问》。

（道光）忠州直隶州志八卷首一卷/（清）吴友篪修；（清）熊履青纂. ——清道光六年（1826）忠州州署刻本. ——八册. ——吴友篪，生卒年不详，字编山，江苏吴县人，监生，清道光四年（1824）任忠州知州。熊履青，生卒年不详，字耳山，忠州（今重庆忠县）人，清嘉庆十五年（1810）举人. ——中国国家图书馆、首都图书馆、北京大学图书馆、上海图书馆、山东大学图书馆、南京大学图书馆、四川省图书馆、四川大学图书馆、重庆图书馆、北碚图书馆、涪陵区图书馆、泸州市图书馆。

（道光）綦江县志十二卷首一卷/（清）宋灏修；（清）罗星纂. ——清道光六年（1826）刻本. ——宋灏，生卒年不详，广东花县人，清道光四年（1824）任綦江知县。罗星，生卒年不详，字九峰，号春堂，綦江县（今重庆綦江区）人，清道光元年（1821）举人. ——北京大学图书馆、上海图书馆、南京图书馆、四川大学图书馆、重庆图书馆。

（清）宋灏修；（清）罗星纂；（清）邓仁堃增刻. ——清道光六年（1826）刻，十五年（1835）邓仁堃增刻本. ——邓仁堃，生卒年不详，湖南武冈人，拔贡。清道光十一年（1831）任綦江知县. ——中国国家图书馆、南京大学图书馆、东北京师范大学图书馆。

（清）宋灏修；（清）罗星纂；（清）邓仁堃增刻；（清）杨铭，（清）伍浚祥增刻. ——清道光六年（1826）刻，十五年（1835）邓仁堃增刻，同治二年（1863）杨铭、伍浚祥增刻本. ——十二册. ——杨铭，生卒年不详，字鉴堂，山西灵石县人，清同治二年（1863）任綦江知县。伍浚祥，生卒年不详，綦江县（今重庆綦江区）人，清道光十六年（1836）进士. ——中国国家图书馆、中国人民大学图书馆、上海图书馆、南京大学图书馆、四川省图书馆、四川大学图书馆、重庆图书馆、北碚图书馆、泸州市图书馆。

（清）宋灏修；（清）罗星纂；（清）邓仁堃增刻；（清）杨铭，（清）伍浚祥增刻；（清）霍会昌补修. ——清道光六年（1826）刻，十五年（1835）邓仁堃增刻，同治二年（1863）杨铭、伍浚祥增刻，六年（1867）霍会昌补修本. ——十二册. ——四川省图书馆、四川大学图书馆、重庆图书馆（存卷三至十二）、北碚图书馆、泸州市图书馆（存卷一至八、首一）。

（道光）夔州府志三十六卷首一卷 / （清）恩成修；（清）刘德铨纂. ——清道光七年（1827）刻本. ——二十四册. ——恩成，生卒年不详，满洲镶白旗举人，清道光三年（1823）任夔州知府。刘德铨，生卒年不详，湖北黄陂县人，清嘉庆七年（1802）进士. ——中国国家图书馆、故宫博物院图书馆、北京大学图书馆、清华大学图书馆、中国人民大学图书馆、上海图书馆、四川省图书馆。

（清）恩成修；（清）刘德铨纂. ——清道光七年（1827）刻，光绪十七年（1891）补刻本. ——中国国家图书馆、北京师范大学图书馆、山东大学图书馆、南京图书馆、四川省图书馆、四川大学图书馆、重庆图书馆、北碚图书馆、重庆市档案馆。

（道光）垫江县志十卷 / （清）夏梦鲤修；（清）董承熙纂. ——清道光八年（1828）刻本. ——十册. ——夏梦鲤，生卒年不详，字禹九，湖南武冈人，清末监生，清道光六年（1826）任垫江县知县。董承熙，生卒年不详，字葆光，垫江县（今重庆垫江县）人. ——四川省图书馆、重庆图书馆、台湾

"国立故宫博物院"图书文献馆。

（清）夏梦鲤修；（清）董承熙纂；（清）钱涛重校. ——清咸丰八年（1858）钱涛重校刻本. ——中国国家图书馆、上海图书馆、四川省社会科学院图书馆、武汉大学图书馆、中国科学院南京地理与湖泊研究所图书馆。

（道光）补辑石砫厅新志十二卷 /（清）王槐龄纂修. ——清道光二十二年（1842）石砫厅刻本. ——六册. ——王槐龄，生卒年不详，甘肃礼县人，贡生，清道光十九年（1839）任石砫厅（今重庆石柱县）同知. ——南京大学图书馆。

（清）王槐龄纂修. ——清道光二十二年（1842）刻本. ——四册. ——中国国家图书馆、北京大学图书馆、上海图书馆、天津图书馆、台湾"国立故宫博物院"图书文献馆、中国科学院文献情报中心（国家科学图书馆，胶卷）、四川省图书馆、四川大学图书馆、重庆图书馆、北碚图书馆。

（清）王槐龄纂修. ——清道光二十三年（1843）石砫厅刻本. ——四册. ——北京大学图书馆、北京师范大学图书馆、吉林大学图书馆、武汉大学图书馆。

（道光）补辑石砫厅新志十二卷附舆图一卷 /（清）王槐龄纂修；（清）刘廷恕增刻. ——清道光二十二年（1842）刻，光绪十九年（1893）刘廷恕增刻本. ——刘廷恕，生卒年不详，湖南善化人，清光绪十九年（1893）任石砫厅同知. ——中国国家图书馆、北京大学图书馆、上海图书馆、重庆图书馆。

（道光）重庆府志九卷 /（清）王梦庚修；（清）寇宗等纂. ——清道光二十三年（1843）重庆府刻本. ——十二册. ——王梦庚，生卒年不详，浙江金华人，清道光二十二年（1842）任重庆知府。寇宗，生卒年不详，四川渠县人，清嘉庆十三年（1808）举人，道光七年（1827）任荣昌县（今重庆荣昌区）教谕，后任成都府教授. ——中国国家图书馆、北京大学图书馆、上海图书馆、南京大学图书馆、四川省图书馆、四川大学图书馆、重庆图书馆、北碚图书馆、西南民族大学图书馆、重庆中国三峡博物馆。

（道光）城口厅志二十卷首一卷 /（清）刘绍文修；（清）洪锡畴纂. ——

清道光二十四年（1844）刻本．——六册．——刘绍文，生卒年不详，江苏武进县人，监生，清道光二十二年（1842）任城口厅（今重庆城口县）通判。洪锡畴，城口厅（今重庆城口县）人，清末廪膳生．——中国国家图书馆、北京大学图书馆、上海图书馆、南京大学图书馆、四川省图书馆、四川大学图书馆、重庆图书馆。

（道光）长寿县志五卷／（清）李彬然纂．——清道光二十五年（1845）修，清抄本．——李彬然，生卒年不详，长寿县（今重庆长寿区）人，清嘉庆二十四年（1819）进士．——中国人民大学图书馆、四川省图书馆。

（道光）涪州志十卷／（清）德恩修；（清）石彦恬，（清）李树滋纂．——清道光二十五年（1845）刻本．——德恩，生卒年不详，满洲镶黄旗人，清道光二十三年（1843）任涪州知州。石彦恬，生卒年不详，字麟士，晚号素翁，涪州（今重庆涪陵区）人，清嘉庆二十一年（1816）举人。李树滋，生卒年不详，原名树勳，涪州（今重庆涪陵区）人，清代拔贡．——中国国家图书馆、上海图书馆、南京大学图书馆、武汉大学图书馆、中国科学院南京地理与湖泊研究所图书馆。

（道光）江北厅志八卷首一卷／（清）福珠朗阿修；（清）宋煊，（清）黄云衢等纂．——清道光二十四年（1844）刻本．——福珠朗阿，生卒年不详，字润田，内务府正白旗人，清道光八年（1828）任江北厅同知。宋煊，生卒年不详，字蔚堂，四川灌县人，清道光十六年（1836）任江北厅同知。黄云衢，生卒年不详，字霁亭，江北厅（今重庆江北区）人，清末诸生．——中国国家图书馆、上海图书馆、南开大学图书馆、四川大学图书馆、重庆图书馆、北碚图书馆、四川省图书馆、巴南区图书馆、仁寿县图书馆、西华师范大学图书馆、四川省文史研究馆（不全）。

（道光）永川县志十二卷／（清）胡筠修；（清）李埔等纂．——清道光二十三年（1843）刻本．——胡筠，生卒年不详，号个园，江西新昌（今属宜丰）人，清道光二十年（1840）任永川知县。李埔，生卒年不详，永川县（今重庆永川区）人，府学生．——中国国家图书馆（不全）、南京图书馆、中国科学院南京地理与湖泊研究所图书馆、四川省图书馆、四川大学图书馆。

（道光）铜梁县志八卷首一卷 / （清）徐瀛修；（清）白玉楷纂. ——清道光十二年（1832）铜梁县署刻本. ——八册. ——徐瀛，生卒年不详，字洲士，号笔珊，浙江海宁人，清嘉庆九年（1804）举人，后任铜梁县知县。白玉楷，生卒年不详，字小斐，清代四川营山人，后主事巴川书院. ——中国科学院文献情报中心（国家科学图书馆）、北京师范大学图书馆、南京图书馆、四川省图书馆（胶卷）。

（道光）保宁府志六十二卷附图考一卷补遗一卷 / （清）黎学锦修；（清）史观纂. ——清道光元年（1821）刻二十三年（1843）补刻本. ——十六册. ——黎学锦，字云屏，湖南龙阳县（今属汉寿县）人，附贡生，清嘉庆十一年（1806）任四川分巡川北兵备道。史观，字梅裳，山东济宁县人，清嘉庆十八年（1813）拔贡. ——四川省图书馆、重庆图书馆、北碚图书馆、南充市图书馆、四川大学图书馆、西南大学图书馆、四川省社会科学院图书馆、剑阁图书馆（不全）、北京师范大学图书馆、吉林大学图书馆、南京大学图书馆、南开大学图书馆、四川大学图书馆、武汉大学图书馆。

（道光）南部县志三十卷首一卷 / （清）王瑞庆修；（清）徐畅达，（清）李咸若纂. ——十册. ——清道光二十九年（1849）刻本. ——王瑞庆，直隶清苑县（今属河北省保定市）人，清道光二十一年（1841）进士，二十六年（1846）任南部县知县，咸丰七年（1857）回任。徐畅达，生卒年不详，四川南部县人，清道光二十年（1840）举人，历官江苏上元（今属南京市）、金匮（今属无锡市）、湖北蕲水、天门等县知县，钦加知府衔。李咸若，生卒年不详，四川南部县人，清道光二十年（1840）举人，官四川盐源、云阳（今属重庆市）等县教谕，广西融县（今融安县）知县. ——四川省图书馆、重庆图书馆（存卷一至二十七、三十）、北碚图书馆（存卷三至八、十一至三十）、四川大学图书馆（存卷一至二十七）、北京大学图书馆。

（清）王瑞庆，（清）徐畅达等纂修；（清）李咸若增修. ——清道光二十九年（1849）刻，同治九年（1870）李咸若增刻本. ——十册. ——四川省图书馆、重庆图书馆、四川大学图书馆、四川省社会科学院图书馆、中国人民大学图书馆、中山大学图书馆。

（道光）蓬州志略十卷 /（清）洪运开修；（清）王玑纂. ——清道光九年（1829）刻本. ——八册. ——洪运开，生卒年不详，安徽合肥县（今属合肥市）人，清嘉庆七年（1802）进士，道光三年（1823）任蓬州知州。王玑，生卒年不详，字斗三，四川夹江县人，清嘉庆三年（1798）举人，后任四川郫县训导，道光六年（1826）调任蓬州学正. ——重庆图书馆、泸州市图书馆. ——按：民国二年（1913）改蓬州为县，即今蓬安县。

（清）洪运开，（清）王玑纂修. ——一九六一年传钞清道光九年（1829）刻本. ——四川省图书馆。

（道光）大竹县志四十卷 /（清）蔡以修，（清）刘汉昭等纂修. ——清道光二年（1822）刻本. ——六册. 蔡以修，生卒年不详，号耘圃，湖北监利人。清嘉庆二十五年（1820）任大竹知县。刘汉昭，生卒年及生平不详. ——四川省图书馆、重庆图书馆、北碚图书馆、四川大学图书馆、西南民族大学图书馆、吉林大学图书馆、南京大学图书馆。

金石苑（三巴汉石纪存）不分卷 /（清）刘喜海编. ——清道光二十六年（1846）刘氏来凤堂刻本. ——五册. ——刘喜海（1793—1853），字燕庭（又作燕亭、砚庭）、吉甫，别号"三巴子"，山东诸城人. ——重庆中国三峡博物馆. ——按：刘喜海为官于四川时，特别关注蜀地石刻碑文，并四处搜求，后整理为此《三巴汉石纪存》，成为第一部以图文并蓄方式著录巴蜀地区历代金石之著作。该书前有周其懋序，云："……不特碑目（指王象之《舆地碑记目》）所未详，抑亦隶图（指洪适《隶续》）所不载。"

华银山志十八卷首一卷 /（清）释昌言修；（清）释益谦大师增订；（清）武尚仁删定. ——清同治三年（1864）刻本. ——四册. ——释昌言（1808—1862），僧人，俗姓万，名文林，号虎溪，长寿县（今重庆长寿区）人。释益谦，生平不详。武尚仁（1813—1867），字静山，别号莲峰，陇西县人. ——四川大学图书馆、山东大学图书馆、北京师范大学图书馆、云南省图书馆、上海图书馆。

（咸丰）南川县志十二卷首一卷 /（清）魏崧等修；（清）康作霖等纂. ——清咸丰元年（1851）刻本. ——魏崧，生卒年不详，字维岳，湖南新

化人，清道光二十四年（1844）任南川知县。康作霖，生卒年不详，南川县（今重庆南川区）人，清道光十二年（1832）举人．——中国国家图书馆、南京图书馆、南京大学图书馆、重庆图书馆、四川大学图书馆、泸州市图书馆。

（咸丰）开县志二十七卷首一卷/（清）李肇奎等修；（清）陈昆等纂．——清咸丰三年（1853）刻本．——李肇奎，生卒年不详，陕西三原县人，附贡生，清咸丰三年（1853）任开县知县。陈昆（1809—1873），又名枝竹，号友松，重庆开县人，清道光二十五年（1845）进士．——中国国家图书馆、北京大学图书馆、上海图书馆、南京大学图书馆、南京图书馆、四川省图书馆、四川大学图书馆、重庆图书馆、北碚图书馆、台湾"国家图书馆"。

（咸丰）阆中县志八卷/（清）徐继镛修；（清）李惺纂．——清代咸丰元年（1851）刻本．——徐继镛，生卒年不详，广东番禺（今广州）人，清道光年间任阆中知县。李惺（1787—1864），字伯子，号西沤，垫江县（今重庆垫江县）人，清嘉庆二十二年（1817）进士，授翰林院检讨．——美国哈佛大学哈佛燕京图书馆。

（咸丰）黔江县志四卷首一卷/（清）张绍龄纂修．——清咸丰元年（1851）刻本．——四册．——张绍龄，生卒年不详，直隶天津人，清咸丰元年（1851）调署黔江县知县．——中国国家图书馆、南京大学图书馆、四川大学图书馆、重庆图书馆。

（咸丰）万县志四卷/（清）丁凤皋，（清）王玉鲸，（清）冯卓怀修；（清）龚珪等纂．——清咸丰十年（1860）刻本．——二册．——丁凤皋，生卒年不详，字九轩，贵州开州（今开阳县）人，清道光二十七年（1847）任万县知县。王玉鲸，生卒年不详，字晓村，汉军镶黄旗人，清道光二十九年（1849）任万县知县。冯卓怀，生卒年不详，字树堂，湖南长沙人，清咸丰七年（1857）任万县知县。龚珪，生卒年不详，字介三，巴县（今重庆主城区）人，清嘉庆二十四年（1819）举人，任万县训导．——中国科学院南京地理与湖泊研究所图书馆、湖南图书馆。

（清）丁凤皋，（清）王玉鲸，（清）冯卓怀修；（清）龚珪，（清）范泰衡等纂．——抄本．——上海图书馆。

（咸丰）云阳县志十二卷 / （清）江锡麟修；（清）陈昆纂. ——清咸丰四年（1854）刻本. ——江锡麒，生卒年不详，安徽全椒县人，优贡生。清咸丰元年（1851）任云阳县知县. ——中国国家图书馆、北京大学图书馆、上海图书馆、四川省图书馆、四川大学图书馆、重庆图书馆、北碚图书馆。

（咸丰）阆中县志八卷 / （清）徐继镛修；（清）李惺等纂. ——清咸丰元年（1851）刻本. ——四册. ——徐继镛，广东番禺人，清道光二十七年（1847年）任阆中县知县，后历任（署）四川宜宾、成都等县知县。李惺，字伯子，别号西沤，垫江县（今重庆垫江）人，清嘉庆十三年（1808）举人，二十二年（1817）成进士，官翰林院检讨、国子监司业等，后辞官归乡，主讲锦江书院. ——四川省图书馆、重庆图书馆、北碚图书馆、泸州市图书馆、南充市图书馆、四川大学图书馆、西南大学图书馆、武汉大学图书馆、四川省社会科学院图书馆、四川省文史馆。

（同治）璧山县志十卷首一卷末一卷 / （清）寇用平修；（清）陈锦堂，（清）卢有徽纂. ——清同治四年（1865）刻本. ——七册. ——寇用平，生卒年不详，云南昆明人，监生，清同治三年（1864）署璧山知县。陈锦堂，生卒年不详，云南昆明人，清咸丰二年（1852）副榜，候选训导。卢有徽，生卒年不详，璧山县（今重庆璧山区）人，清末举人. ——中国国家图书馆、中国科学院文献情报中心（国家科学图书馆）、北京大学图书馆、上海图书馆、天津图书馆、辽宁省图书馆、南京图书馆、湖北省图书馆、四川省图书馆、重庆图书馆、四川大学图书馆、四川博物院、重庆市档案馆、璧山区档案馆。

（同治）新修彭水县志十二卷 / （清）张锐堂，（清）侯维桢修；（清）冉崇文等纂. ——清同治四年（1865）刻本. ——张锐堂，生卒年不详，陕西西乡人，清同治元年（1862）任彭水知县。侯维桢，生卒年不详，河南新安人，清同治三年至五年（1864—1866）任彭水知县。冉崇文（1810—1857），字右之，号蠹夫，酉阳直隶州（今重庆酉阳土家族苗族自治县）人，清道光时廪生. ——彭水县档案馆（缺卷四、五、十二）。

（同治）巴县志四卷 / （清）霍为棻修；（清）熊家彦纂. ——清同治六年（1867）巴县县署刻本. ——六册. ——霍为棻，生卒年不详，号苑史，陕西

朝邑（今大荔县）人，清道光二十七年（1847）进士，同治五年（1866）署巴县知县。熊家彦，生卒年不详，字仲山，湖北孝感人，清道光十八年（1838）进士. ——南京大学图书馆、北京大学图书馆、四川大学图书馆、武汉大学图书馆、四川省图书馆、北碚图书馆、重庆中国三峡博物馆。

（同治）长寿县志 □□卷/（清）□□纂. ——清同治抄本. ——一册. ——四川省图书馆（存卷二）。

（同治）重修涪州志十六卷首一卷附典礼备要八卷义勇汇编一卷/（清）吕绍衣等修；（清）王应元，（清）傅炳墀纂. ——清同治九年（1870）刻本. ——吕绍衣，生卒年不详，字柳村，江西德化（今属九江市）人，清同治七年（1868）署涪州知州。王应元，生卒年不详，字春圃，涪州人，清咸丰二年（1852）举人。傅炳墀，生卒年不详，字紫卿（一作鹃），涪州（今重庆涪陵区）人，清同治四年（1865）进士. ——中国国家图书馆、北京大学图书馆、中国人民大学图书馆、南京大学图书馆、武汉大学图书馆、上海图书馆、四川大学图书馆、四川省图书馆、重庆图书馆、北碚图书馆、涪陵区图书馆（不全）。

（同治）重修丰都县志四卷首一卷附典礼备考八卷/（清）田秀栗，（清）徐浚镛修；（清）徐昌绪纂. ——清同治八年（1869）刻本. ——田秀栗，生卒年不详，号子实，陕西城固人，增贡生，清同治五年（1866）任丰都县知县。徐浚镛，生卒年不详，湖南清泉人，贡生，曾任丰都知县。徐昌绪（1816—1884），字遹溪，号琴舫，丰都县（今重庆丰都县）双龙乡人. ——中国国家图书馆、北京大学图书馆、上海图书馆、南京图书馆、四川省图书馆、重庆图书馆。

（清）田秀栗，（清）徐浚镛修；（清）徐昌绪纂；（清）蒋履泰增续. ——清同治八年（1869）刻，光绪二十年（1894）蒋履泰增刻本. ——蒋履泰，生卒年及生平不详. ——中国国家图书馆、故宫博物院、北京大学图书馆、四川省图书馆、重庆图书馆、北碚图书馆、四川大学图书馆、四川师范大学图书馆、泸州市图书馆（存三卷：一至二、首一）. ——按：此志是在同治《重修丰都县志》的基础上所完成的增修本，中国国家图书馆著录该志增修时间为"光绪十九年（1893）"，根据卷首序文，当为"光绪二十年（1894）"，因此据序校正。

（同治）忠州直隶州志十二卷首一卷/（清）侯若源，（清）庆征修；（清）柳福培纂．——清同治十二年（1873）刻本．——六册．——侯若源，生卒年不详，号菊坡，直隶南皮县（今河北沧州南皮县）人，清同治七年（1868年）任忠州知州。庆征，生卒年不详，满洲镶红旗人，清同治十二年（1873年）任忠州知州。柳福培，忠州（今重庆忠县）人，清末增生．——中国科学院文献情报中心（国家科学图书馆）、中国人民大学图书馆、上海图书馆、南京大学图书馆、四川省图书馆、重庆图书馆、四川大学图书馆。

（清）侯若源，（清）庆征修；（清）柳福培纂．——抄本．——南京大学图书馆。

（同治）荣昌县志二十二卷/（清）文康修；（清）谢金元，（清）廖朝翼纂．——清同治四年（1865）刻本．——文康，生卒年不详，姓费莫氏，字铁仙，号晋三，满洲镶红旗人，清同治三年（1864）任荣昌知县。谢金元，生卒年不详，字乾初，四川乐山人，廪贡生，后任荣昌县教谕。廖朝翼，生卒年不详，字东岩，四川荣县人，清道光十五年（1835）进士．——上海图书馆、南京图书馆、中国科学院南京地理与湖泊研究所图书馆、台湾"国立故宫博物院"图书文献馆。

（清）文康修；（清）谢金元，（清）廖朝翼纂；（清）施学煌续修，（清）敖册贤续纂．——清同治四年（1865）刻，光绪十年（1884）增刻本．——施学煌，生卒年不详，字秀峰，浙江会稽县（今绍兴市）人，监生，清光绪六年（1880）署荣昌县知县。敖册贤，生卒年不详，荣昌县（今重庆荣昌区）人，清道光二十三年（1843）举人．——中国国家图书馆、北京大学图书馆、中国人民大学图书馆、北京师范大学图书馆、吉林大学图书馆、南京大学图书馆、四川大学图书馆、四川省图书馆、泸州市图书馆、达州市图书馆。

（清）文康修；（清）廖朝翼纂；（清）施学煌续修；（清）敖册贤续纂，（清）刘维翰增刻．——清同治四年（1865）刻，光绪十年（1884）增刻，二十二年（1896）再增刻本．——刘维翰，生卒年不详，直隶景州（今河北景

县）人，清光绪二十二年（1896）任荣昌知县．——上海图书馆、重庆图书馆、北碚图书馆。

（同治）续增黔江县志一卷／（清）张锐堂修；（清）程尚川等纂．——清同治三年（1864）刻本．——张锐堂，生卒年不详，陕西西乡人，清同治元年（1862）任黔江知县。程尚川，生卒年不详，字孝濂，号璜溪，重庆黔江县人，清末廪生．——中国国家图书馆、南京图书馆、南通市图书馆、四川大学图书馆、重庆图书馆。

（同治）增修酉阳直隶州总志二十二卷首一卷末一卷／（清）王麟飞等修；（清）冯世瀛，（清）冉崇文纂．——清同治三年（1864）刻本．——王麟飞，字子霖，生卒年不详，号个山，浙江奉化人，清同治十年（1871）任酉阳知州。冯世瀛，生卒年不详，字壶川，酉阳直隶州（今重庆酉阳土家族苗族自治县）人，清道光十一年（1831）举人。冉崇文（1810—1857），字右之，号蠡夫，酉阳直隶州（今重庆酉阳土家族苗族自治县）人，清道光时廪生．——中国国家图书馆、中国科学院文献情报中心（国家科学图书馆）、上海图书馆、天津图书馆、南京图书馆、南京大学图书馆、四川省图书馆、四川大学图书馆、重庆图书馆、北碚图书馆、泸州市图书馆。

云南通志□□卷／（清）傅炳墀纂修．——清刻本．——傅炳墀，生卒年不详，字紫卿（一作鹃），涪州（今重庆涪陵区）人，清同治四年（1865）进士，历任云南邱北、陆凉等地知县，五次充任云南乡试同考官，曾任《云南通志》总纂．——中国国家图书馆、北京大学图书馆。

（同治）增修万县志三十六卷首一卷／（清）王玉鲸，（清）张琴等修；（清）范泰衡等纂．——清同治五年（1866）刻本．——张琴，生卒年不详，字鹤侪，甘肃武威人，清同治元年（1862）任万县知县．——中国国家图书馆、首都图书馆、中国科学院文献情报中心（国家科学图书馆）、中国第一历史档案馆、北京大学图书馆、清华大学图书馆、中国人民大学图书馆、北京师范大学图书馆（不全）、上海图书馆、复旦大学图书馆、天津图书馆、南开大学图书馆、吉林大学图书馆、山东大学图书馆、南京图书馆、武汉大学图书馆、湖北省图书馆、湖南图书馆、四川省图书馆、四川省社会科学院图书馆、四川大学图书馆、四川师范大学图书馆、重庆图书馆、北碚图书馆、泸州市图书馆、重庆市档案馆、台湾"国家图书馆".——按：清同治十三年（1874），万县知县张焜增补《采访事实》一卷。

（同治）营山县志三十卷／（清）翁道均修；（清）熊毓藩等纂；（清）刘械增修.——清同治九年（1870）刻光绪十五年（1889）刘械增刻本.——八册.——翁道均，福建侯官（今属福州市）人，清同治九年（1870）署营山县知县。熊毓藩，湖北黄冈县人，翁道均的朋友。刘械，生卒年不详，营山县人，清光绪廪膳生.——四川省图书馆、重庆图书馆、北碚图书馆、泸州市图书馆、营山县图书馆、四川大学图书馆、重庆中国三峡博物馆（不全）、北京大学图书馆、南京大学图书馆、吉林大学图书馆。

（同治）仪陇县志六卷／（清）曹绍樾等修；（清）胡辑瑞纂.——清同治十年（1871）刻本.——六册.——曹绍樾，生卒年不详，安徽歙县人，清道光二十年（1840）举人，同治八年（1869）署仪陇县知县。胡辑瑞，生卒年不详，四川仪陇县人。清同治四年（1865年）进士，官户部员外郎等职.——四川省图书馆、北碚图书馆、四川大学图书馆、西南民族大学图书馆、北京大学图书馆、吉林大学图书.——按：目录作十卷，书口作六卷。

（清）曹绍樾等修；（清）胡辑瑞纂.——清同治十年（1871）刻光绪三十三年（1907）重刻本.——四川省图书馆、北京师范大学图书馆、华东师范大学图书馆、南京大学图书馆、中国人民大学图书馆。

（清）曹绍樾等修；（清）胡辑瑞纂.——民国十九年（1930）传钞清同治十年（1871）刻本.——北碚图书馆（存卷二、三、九）。

（同治）仪陇县志二篇／（清）曹绍樾，（清）胡辑瑞等纂修.——钞本.——四川省文史馆。

万县志采访事实一卷／（清）张焜编.——清同治十三年（1874）抄本.——张焜，生卒年不详，直隶广宗（今属河北邢台）人，拔贡，清同治年间任万县知县.——中国国家图书馆、上海图书馆、南京大学图书馆、四川大学图书馆、四川省图书馆.——按：是书纪事起自清同治五年（1866），迄同治十三年（1874）。

读史札记二卷/（清）赵大煊撰. ——版本情况不详. ——赵大煊，生卒年不详，字云骊，黔江县（今重庆黔江区）人，清同治十二年（1873）拔贡生，后任四川纳溪教谕. ——出自光绪《黔江县志·艺文志》，《黔江县乡土志·学问》。

预筹中外大势议一卷/（清）赵大煊撰. ——清稿本. ——四川大学图书馆。

钦定四言韵文不分卷/（清）赵大煊撰. ——清稿本. ——四川大学图书馆。

（光绪）重修长寿县志十卷/（清）张永熙修；（清）周泽溥等纂. ——清光绪元年（1875）刻本. ——四册. ——张永熙，生卒年不详，广西灵川县人，清同治十三年（1874）署长寿知县。周泽溥，生卒年不详，原名缙，字伯泉，长寿县（今重庆长寿区）人，清道光十一年（1831）举人. ——中国国家图书馆、中国第一历史档案馆、上海图书馆、四川省图书馆、重庆图书馆、西南大学图书馆。

（光绪）西充县志十四卷图一卷/（清）高培毂修；（清）刘藻等纂. ——清光绪元年至二年（1875—1876）刻本. ——六册. ——高培毂，生卒年不详，贵州贵筑县（今属贵阳市）人，附贡生，清同治十二年（1873）任西充县知县。刘藻，字香耜，高培毂同乡，时在四川督学使张之洞署中担任记室. ——四川省图书馆、成都图书馆、重庆图书馆、北碚图书馆、郫县图书馆、西充县图书馆、四川大学图书馆。

（光绪）蓬州志十五卷/（清）方旭，（清）张礼杰等纂修. ——清光绪二十三年（1897）刻本. ——三册. ——方旭，生卒年不详，安徽桐城县人，清末拔贡，光绪二十年（1894）任蓬州知州。张礼杰，生卒年不详，江苏阳湖县（今常州市）人。尝设教于四川广元县. ——四川省图书馆、重庆图书馆、北碚图书馆、郫县图书馆、达州市图书馆、四川大学图书馆、西南大学图书馆、四川省文史研究馆、重庆中国三峡博物馆、北京师范大学图书馆、吉林大学图书馆、南开大学图书馆。

（清）方旭，（清）张礼杰等纂修. ——清光绪二十三年刻（1897）民国二十四年（1935）石印本. ——三册. ——四川省图书馆、重庆图书馆、北碚图书馆、四川大学图书馆、西南大学图书馆、重庆中国三峡博物馆、北京大学图书馆、中国人民大学图书馆. ——按：是书封面题《蓬安县志》。

（光绪）巴县城乡全图/（清）傅松龄绘. ——清光绪三十一年（1905）石印本. ——傅松龄（1854—1907），字伯贞，号留仙，别号佩弦斋主人，河南鹿邑人，清光绪二十九年至三十一年（1903—1905）曾任巴县知县. ——重庆中国三峡博物馆。

（光绪）巴县乡土志二卷/（清）巴县劝学所编. ——清光绪三十三年（1907）巴县劝学所铅印本. ——重庆图书馆、北碚图书馆。

（光绪）大宁县志八卷首一卷/（清）高维岳修；（清）魏远猷等纂. ——清光绪十一年（1885）刻本. ——六册. ——高维岳，生卒年不详，字燮堂，陕西米脂人，清光绪五年（1879）任大宁知县。魏远猷，生卒年不详，字宏先，大宁县（今重庆巫溪县）人，清代监生. ——中国国家图书馆、首都图书馆、北京大学图书馆、清华大学图书馆、中国人民大学图书馆、四川大学图书馆、四川省图书馆、云南省图书馆、重庆图书馆、北碚图书馆、达州市图书馆、巫溪县档案馆。

（光绪）大足县志八卷/（清）王德嘉等修；（清）高云从等纂. ——清光绪三年（1877）刻本. ——四册. ——王德嘉（1816—1877），字仲甫，号筱垣，陕西城固人，清末拔贡，清同治十一年至十三年（1872—1874）任大足知县。高云从，生卒年不详，大足县（今重庆大足区）人，清道光十七年（1837）拔贡. ——中国国家图书馆、北京师范大学图书馆、上海图书馆、天津图书馆、南京大学图书馆、浙江图书馆、四川省图书馆、四川大学图书馆、重庆图书馆、贵州省图书馆、泸州市图书馆。

（光绪）垫江县志十卷/（清）谢必铿修；（清）李炳灵纂. ——清光绪二十六年（1900）刻本. ——八册. ——谢必铿，生卒年不详，福建连江县人，清光绪十九年（1893）任垫江知县。李炳灵，生卒年不详，字可渔，垫江县（今重庆垫江县）人，清光绪五年（1879）举人，后任德阳教谕. ——中国国家图书馆、北京师范大学图书馆、上海图书馆、天津图书馆、南京图书馆、南

京大学图书馆、四川省图书馆、四川大学图书馆、北碚图书馆。

（光绪）西充县乡土志不分卷/（清）李琪章纂.——清宣统元年（1909）修清末钞本.——一册.——李琪章，生平不详，西充县人.——四川省图书馆。

阆中县志稿三十六卷/（□）□□著.——稿本.——四川省文史馆。

南部县乡土志□□卷/（清）王道履编.——稿本.——四川省图书馆（按：由李一氓同志捐赠）。

（清）王道履编.——钞本.——四川省图书馆。

地理集成三卷/（清）周景衡撰.——版本情况不详.——周景衡，生平不详，永川县（今重庆永川区）人.——出自光绪《永川县志》卷八《人物志》。

读史肤见一卷/（清）韦灿著.——版本情况不详，未付梓.——二册.——韦灿，生卒年不详，南川县（今重庆南川区）人，清末举人.——出自民国《南川县志·艺文志》。

读史拾要□□卷/（清）罗星著.——手抄本.——罗星，生卒年不详，字九峰，号春堂，綦江县（今重庆綦江区）人，清道光元年（1821）举人.——出自道光《綦江县志》卷七。

读史一斑六卷/（清）袁霭如著.——版本情况不详.——袁霭如，生卒年不详，南川县（今重庆南川区）人，清道光十九年（1839）进士.——出自民国《南川县志·艺文志》。

读史余言六卷/（清）宋枏批点.——清光绪永川宋氏寄斋稿本.——六册.——宋枏，生平不详.——北京大学图书馆。

二十四史节抄四十五卷/（清）冉崇文抄录.——版本情况不详.——冉崇文（1810—1857），字右之，号蠡夫，酉阳直隶州（今重庆酉阳土家族苗族自治县）人，清道光时廪生.——出自《彭水文史资料》第九辑第23页。

方舆切要□□卷/（清）宋继景撰.——版本情况不详.——宋继景，生卒年不详，字子贞，重庆长寿松柏乡人，清末廪贡生，候选训导.——出自民国《长寿县志·人物下·孝义》。

廿一史纂要□□卷/（清）沈廷辉著. ——版本情况不详. ——沈廷辉，生卒年不详，字杏邨，重庆开县人，清末文生. ——出自《四川丛书采访书目录》开县部分。

廿二史年表□□卷/（清）陈昆撰. ——版本情况不详，已佚. ——陈昆（1809—1873），又名枝竹，号友松，重庆开县人，清道光二十五年（1845）进士. ——出自咸丰《开县志》卷十一、卷二十五。

西夏事略十六卷/（清）陈昆撰. ——版本情况不详，已佚. ——出自咸丰《开县志》卷十一、卷二十五。

蒲亭志一卷/（清）潘泰行撰. ——版本情况不详. ——潘泰行（1806—?），字芷泉，江津县（今重庆江津区）人，清末举人，曾任四川井研教谕. ——出自民国《江津县志·人物志》。

涪乘启新三卷/（清）贺守典，（清）熊鸿谟编. ——清光绪三十一年（1905）刻本. ——一册. ——贺守典，生卒年不详，涪州（今重庆涪陵区）人，清末廪膳生。熊鸿谟，生卒年不详，涪州（今重庆涪陵区）人，民国时期任南川、秀山等县征收局长. ——四川大学图书馆、重庆图书馆。

蜀乱一卷/（清）欧阳直著. ——清道光二十年（1840）广安欧阳氏铅印本. ——一册. ——欧阳直（1620—?），字公卫，号淇竹，四川广安人. ——中国人民大学图书馆。

蜀龟鉴七卷首一卷/（清）刘景伯辑. ——清咸丰八年（1858）刻本. ——四册. ——刘景伯，生卒年不详，号石溪居士，四川内江人，清道光二年（1822）举人，咸丰元年（1851）任新都县教谕. ——北京师范大学图书馆、华东师范大学图书馆、南京大学图书馆、中国人民大学图书馆。

（清）刘景伯辑. ——清宣统元年（1909）刻本. ——四册. ——云南省图书馆。

（清）刘景伯辑. ——清宣统三年（1911）裴氏刻本. ——四册. ——南开大学图书馆、四川大学图书馆、山东大学图书馆。

蜀僚问答不分卷/（清）刘衡撰. ——清光绪二十年（1894）刻本. ——一册. ——刘衡（?—1840），字廉舫，江西南丰人，清嘉庆年间副榜贡生，

曾在巴县（今重庆主城区）任职. ——云南大学图书馆。

国朝全蜀贡举备考（蜀进士题名总录）九卷 /（清）孙桐生辑；（清）赵增荣重辑. ——清光绪九年（1883）京都叙郡会馆刻本. ——孙桐生（1824—1904），字筱峰，号卧云主人，四川绵州（今绵阳）人. ——成都市图书馆。

蜀破镜三卷 /（清）孙錤撰. ——清道光二十四年（1844）鹅溪孙氏刻本. ——孙錤（1786—1849），字野史，号草桥、瘦石、子畏，自称"岷阳大布衣"，又称"独学生"，四川郫县人. ——北京大学图书馆、武汉大学图书馆。

蜀水考四卷 /（清）陈登龙著；（清）朱锡谷注；（清）陈一津疏. ——清道光五年（1825）刻本. ——二册. ——陈登龙，生卒年不详，字寿民，号秋坪，福建闽侯人，清代乾隆举人。朱锡谷，生卒年不详，字菽原，福建侯官（今福建福州）人，曾任四川巴州、渠县知县。陈一津，生卒年不详，字卯生，四川金堂县人. ——吉林大学图书馆、南开大学图书馆、北京大学图书馆、北京师范大学图书馆、厦门大学图书馆。

（清）陈登龙著；（清）朱锡谷注；（清）陈一津疏. ——清光绪五年（1879）绵竹杨氏清泉精舍刻本. ——四册. ——北京大学图书馆、河南大学图书馆。

（清）陈登龙著；（清）朱锡谷注；（清）陈一津疏. ——清光绪十六年（1890）成都试院刻本. ——四册. ——清华大学图书馆、河南大学图书馆、四川大学图书馆。

（清）陈登龙著；（清）朱锡谷注；（清）陈一津疏. ——清光绪二十二年（1896）成都书局刻本. ——四册. ——厦门大学图书馆、四川大学图书馆、复旦大学图书馆。

蜀燹述略六卷 /（清）余鸿观撰. ——清光绪二十七年（1901）冯江学署刻本. ——六册. ——余鸿观，生卒年不详，字澜阁，四川金堂人，清同治十三年（1874）补县学生员，光绪十八年（1892）以明经注选训导. ——北京大学图书馆、南京大学图书馆、四川大学图书馆、重庆中国三峡博物馆。

按：余鸿观在自序中言："昔欧阳存一云，天下未乱蜀先乱，天下既治蜀后治，似治日少而乱日多；邵康节云，天下将乱惟蜀安，蜀又治日多而乱日少。

然则治乱何常之有哉，亦由人心著恶召之耳。……今蜀郡承平三十余年矣，回忆少小时，身历韩滩劫火，目睹濛水烽烟，士女仳离，人民劳苦，得诸见闻，汇书简册，已裒然成帙焉。……年来幕游两川南北压线劳人，已将此编束之高阁矣。继又奉调尊经书院，治经之余，日以帖括为业，乃屡荐不售，仅以明经试用学博。近承乏同文书院讲席，取旧簏而编之，即以忠臣孝子、义士烈女，分为四部，都为一集，草创成名，曰《蜀燹述略》。"

（清）余鸿观撰. ——清光绪二十七年（1901）成都昌福公司铅印本. ——四册. ——中国人民大学图书馆、厦门大学图书馆、吉林大学图书馆、南开大学图书馆.

四书便钞□□**卷**/（清）程煜闻著. ——版本情况不详. ——程煜闻，生卒年不详，字辉绪，以字行，廪生，清嘉庆十三年（1808），例得恩贡生. ——出自咸丰《开县志》卷二十五。

四书纂要□□**卷**/（清）郎奎章著. ——版本情况不详. ——郎奎章，生卒年不详，丰都县（今重庆丰都县）人，清乾隆二十三年（1758）岁贡生. ——出自《四川丛书采访书目录》丰都县部分。

（光绪）铜梁县志十六卷首一卷/（清）韩清桂等修；（清）陈昌等纂. ——清光绪元年（1875）铜梁县署刻本. ——韩清桂，生卒年不详，江苏元和县（今苏州市）人，监生。清同治十三年（1874）署铜梁县知县。陈昌，生卒年不详，铜梁县（今重庆铜梁区）人，清同治十三年（1874）进士. ——中国国家图书馆、北京大学图书馆、北京师范大学图书馆、中国人民大学图书馆、上海图书馆、四川省图书馆、四川大学图书馆、重庆图书馆、北碚图书馆、泸州市图书馆、万州区图书馆、郫县图书馆（不全）。

（光绪）铜梁县乡土志三卷/夏云程主修. ——清光绪三十一年（1905）抄本. ——三册. ——夏云程，生卒年不详，字腾九，铜梁县（今重庆铜梁区）人. ——中国国家图书馆、中国科学院文献情报中心（国家科学图书馆）、吉林大学图书馆、四川省图书馆（胶卷）。

万县乡土志九卷/（清）□□编. ——清光绪三十二年（1906）编，民国十五年（1926）石印本. ——中国国家图书馆、北京师范大学图书馆、复旦大

学图书馆、华东师范大学图书馆、上海图书馆、南京大学图书馆、浙江图书馆、北碚图书馆．——按：原缺卷五《礼俗篇》。

（清）□□编．——抄本．——上海图书馆．——按：原缺卷五《礼俗篇》。

（光绪）巫山县志三十二卷首一卷／（清）连山等修；（清）李友梁等纂．——清光绪十九年（1893）刻本．——连山，生卒年不详，镶黄旗人，清光绪十八年（1892）任巫山县知县。李友梁，生卒年不详，字晋斋，奉节县（今重庆奉节县）人，清光绪十七年（1891）举人，拣选知县．——中国国家图书馆、上海图书馆、天津图书馆、南京图书馆、南京大学图书馆、中国科学院南京地理与湖泊研究所图书馆、湖北省图书馆、武汉大学图书馆、湖南图书馆（不全）、四川省图书馆、四川大学图书馆、重庆图书馆、北碚图书馆、四川博物院。

（光绪）秀山县志十四卷首一卷／（清）王寿松修；（清）李稽勋等纂．——清光绪十八年（1892）刻本．——王寿松，浙江仁和人，诸生，清光绪十三年（1887）任秀山知县。李稽勋，生卒年不详，秀山县（今重庆秀山土家族苗族自治县）人，清光绪十四年（1888）举人．——中国国家图书馆、故宫博物院图书馆、北京大学图书馆、中国人民大学图书馆、清华大学图书馆、北京师范大学图书馆、上海图书馆、四川大学图书馆、四川省图书馆、重庆图书馆、北碚图书馆、重庆中国三峡博物馆、四川师范大学图书馆、重庆市档案馆、秀山县档案馆。

（光绪）永川县志十卷首一卷／（清）许曾荫等修；（清）马慎修等纂．——清光绪二十年（1894）刻本．——许曾荫，生卒年不详，字景山，江西金溪人，增生，清光绪十八年（1892）署永川县知县。马慎修，生卒年不详，字晋卿，永川县（今重庆永川区）人，清光绪十九年（1893）举人．——中国国家图书馆（不全）、北京大学图书馆、中国人民大学图书馆、北京师范大学图书馆、上海图书馆、天津图书馆、中山大学图书馆、南京图书馆、四川省图书馆、四川大学图书馆、重庆图书馆、北碚图书馆、西南民族大学图书馆、达州市图书馆、四川省文史研究馆。

（光绪）梁山县志十卷首一卷/（清）朱言诗纂修. ——清光绪二十年（1894）刻本. ——十册. ——朱言诗，生卒年不详，湖北东湖（今属宜昌）人，拔贡，清光绪十七年（1891）任梁山知县. ——中国国家图书馆、北京大学图书馆、中国人民大学图书馆、复旦大学图书馆、四川省图书馆、四川博物院、四川大学图书馆、重庆图书馆、北碚图书馆、泸州市图书馆、台湾"国家图书馆"。

（光绪）巫山县乡土志三卷/（清）周宪斌编. ——清光绪三十二年（1906）抄本. ——周宪斌，生卒年不详，重庆巫山人，清末岁贡生，后为训导. ——西南大学图书馆。

（光绪）合州志十六卷首一卷/（清）费兆钺修；（清）程业修纂. ——清光绪四年（1878）刻本. ——八册. ——费兆钺，生卒年不详，字幼鹤，江苏武进县人，监生，清同治十一年（1872年）任合州知州。程业修，生卒年不详，合州（今重庆合川区）人，清同治十二年（1873）举人. ——首都图书馆、北京大学图书馆、吉林大学图书馆、上海图书馆、南京大学图书馆、四川省图书馆、四川大学图书馆、重庆图书馆、贵州省图书馆。

（光绪）江北厅乡土志不分卷/（□）□□编. ——清末王佩如抄本. ——四川省图书馆、四川大学图书馆。

（光绪）江津县乡土志四卷/（清）□□编. ——清光绪年间抄本. ——四册. ——四川大学图书馆、四川省图书馆。

（光绪）江津县志十二卷附志存一卷/（清）王煌修；（清）袁方城等纂. ——清光绪元年（1875）刻本. ——王煌，生卒年不详，山西荣河县人，清同治十一年至光绪元年（1872—1875）任江津县知县。袁方城，生卒年不详，重庆江津县人，清道光二十四年（1844）举人. ——中国国家图书馆、上海图书馆、四川省图书馆、四川大学图书馆、重庆图书馆、北碚图书馆。

开县李尚书政书八卷/（清）李宗羲撰. ——清光绪十一年（1885）刻本. ——五册. ——李宗羲（1818—1884），号雨亭，重庆开县人. ——中国国家图书馆、北京大学图书馆、复旦大学图书馆、吉林大学图书馆、南开大学图书馆. ——按：是书以年排列，皆属公牍文字，按仕途分为安徽书、湖北书、

两淮书、江宁书、山西书、两江书及归田书，所录多关于当时吏治民生及办洋务文字。后收入《清末民初史料丛书》第41种。

开县志稿不分卷／（清）沈廷辉著．——稿本，已佚．——沈廷辉，生卒年不详，字杏邨，重庆开县人，清末文生．——出自《四川丛书采访书目录》开县部分。

龙多山志八卷／（清）秦宗汉著．——秦氏家藏抄本．——一册．——秦宗汉，生卒年不详，合州（今重庆合川区）人，清末廪生．——出自《民国新修合川县志·掌录十七·艺文一》。

（光绪）南川县志十二卷首一卷／（清）黄际飞等修；（清）周厚光等纂．——清光绪二年（1876）刻本．——黄际飞，生卒年不详，广东文昌县人，监生，清同治八年（1869）任南川县知县，十二年（1873）回任，光绪二年（1876）再回任。周厚光，生卒年不详，南川县（今重庆南川区）人，清同治十二年（1873）拔贡．——中国国家图书馆、中国人民大学图书馆、上海图书馆、天津大学图书馆、南京图书馆、南京大学图书馆、四川省图书馆、四川大学图书馆、重庆图书馆（不全）、北碚图书馆。

（光绪）南川公业图说十二卷首一卷／（清）张涛修；（清）徐大昌，（清）刘藜光纂．——清光绪十五年（1889）刻本．——八册．——张涛，生卒年不详，云南昆明人，清光绪十年（1884）任南川知县。徐大昌，生卒年不详，南川县（今重庆南川区）人，清朝举人。刘藜光，生卒年不详，云南昆明人．——中国国家图书馆。

（光绪）彭水县志四卷首一卷／（清）庄定域等修；（清）支承祜等纂．——清光绪元年（1875）刻本．——庄定域，字范邨，生卒年不详，江苏元和人，清同治十三年至光绪元年（1874—1875）任彭水知县。支承祜，生卒年不详，字福田，彭水县（今重庆彭水苗族土家族自治县）人，清咸丰十一年（1861）拔贡．——中国国家图书馆、北京大学图书馆、上海图书馆、南京大学图书馆、四川省图书馆、四川大学图书馆、重庆图书馆、北碚图书馆。

黔江县乡土志不分卷／（清）□□编．——清光绪末年修，清抄本．——四川省图书馆、四川大学图书馆．——按：记事至光绪三十年（1904）。

（光绪）綦江县续志四卷／（清）戴纶喆纂修. ——清光绪十四年（1888）修民国四年（1915）刻本. ——戴纶喆，生卒年不详，字吉双，綦江县（今重庆綦江区）人，清末举人. ——重庆中国三峡博物馆. ——按：附补遗，记事自光绪至宣统（1875—1911）。

（光绪）黔江县志五卷首一卷／（清）张九章修；（清）陈藩垣纂. ——清光绪二十年（1894）刻本. ——五册. ——张九章，生卒年不详，山西平定州（今平定县）人，清光绪十五年（1889）任黔江知县。陈藩垣，生卒年不详，重庆黔江县人，清末廪生. ——中国国家图书馆、北京大学图书馆、中国人民大学图书馆、北京师范大学图书馆、四川省图书馆、四川大学图书馆、重庆图书馆、北碚图书馆、泸州市图书馆、黔江图书馆、西南民族大学图书馆。

（光绪）奉节县志三十六卷首一卷／（清）曾秀翘修；（清）杨德坤等纂. ——清光绪十九年（1893）刻本. ——曾秀翘，生卒年不详，江西南丰县人，清光绪十八年（1892）任奉节县知县。杨德坤，生卒年不详，长寿县（今重庆长寿区）人，清光绪三年（1877）任奉节县教谕. ——中国国家图书馆、北京大学图书馆、北京师范大学图书馆、上海图书馆、四川大学图书馆、四川师范大学图书馆、西南大学图书馆、四川省图书馆、四川博物院、四川省文史研究馆、涪陵区图书馆、重庆图书馆、北碚图书馆。

渝城图／（清）艾仕元绘制. ——清光绪年间绘刻本. ——艾仕元，生平不详. ——法国国家图书馆. ——按：此本为海内外孤本。

（光绪）重庆府治全图／（清）国璋绘制. ——清光绪十一至十二年（1885—1886）国璋绘刻本. ——国璋，生卒年不详，字了达，蒙古镶黄旗人，清光绪七年（1881）任巴县知县，后又两次任巴县知县. ——中国国家图书馆、日本天理大学图书馆. ——按：该图是目前发现的我国最早、最详细的重庆主城城区地图。

峡江图考一卷／（清）国璋编绘. ——清同治年间刻本. ——一册. ——复旦大学图书馆。

（清）国璋编绘. ——清光绪十五年（1889）石印本. ——二册. ——华东师范大学图书馆。

（清）国璋编绘.——清光绪二十年（1894）上洋袖海山房书局石印本.——二册.——中国国家图书馆、北京师范大学图书馆、吉林大学图书馆、南京大学图书馆、云南大学图书馆。

（光绪）重庆府治全图/（清）张云轩绘制.——清光绪十二年至十七年（1886—1891）张云轩绘刻本.——张云轩，生卒年不详，清河郡（今河北清河县）人，生活于清光绪年间.——中国国家图书馆。

（光绪）增广重庆地舆全图/（清）刘华璋绘制.——清光绪二十四年至二十六（1898—1900）刘华璋绘刻本.——刘华璋（1870—?），字子如，綦江县（今重庆綦江区）人.——重庆中国三峡博物馆、重庆图书馆、大连博物馆。

（宣统）石砫厅乡土志九章/（清）杨应玑，（清）谭永泰，（清）刘青云编.——清宣统元年（1909）刻本.——三册.——杨应玑（1856—1919），别名叔衡，重庆石柱西界沱人，晚清附贡生。谭永泰，生卒年不详，重庆石柱人，清末岁贡生。刘青云，生卒年不详，重庆石柱人，清末附贡生.——北京师范大学图书馆、中国科学院南京地理与湖泊研究所图书馆.——按：此《乡土志》分"历史"、"地理"、"格致"三册，分别由杨应玑、谭永泰、刘青云编。另：何金文撰《四川方志考》（吉林省图书馆学会1985年编印，第19页），认为此书修于清光绪年间，由于未见原书，暂时存疑。

（清）杨应玑，（清）谭永泰，（清）刘青云编.——清末抄本.——四川大学图书馆。

合州乡土志六卷/（清）杨士俊著.——清宣统元年（1909）刻本.——杨士俊，生卒年不详，字超群，合州（今重庆合川区）西里太平场人，清光绪中补州学生，尝受业张森楷门下.——出自《民国新修合川县志·掌录十七·艺文一》。

峡江救生船志二卷附行川必要一卷图考一卷/（清）贺筠臣撰.——清光绪四年（1878）水师新副中营刻本.——四册.——贺筠臣，生平不详，湖南平江人.——中国国家图书馆、北京师范大学图书馆、四川大学图书馆。

治棠史考二卷/（清）丁树诚撰.——清光绪稿本.——一册.——重庆

图书馆。

云阳县乡土志二卷／（清）武丕文，（清）甘桂森编.——清光绪三十二年（1906）修，清抄本.——武丕文，生卒年不详，字伟康，山西平遥人，清光绪三十一年（1905）任云阳知县。甘桂森，生卒年不详，云阳县（今重庆云阳县）人，清光绪二十八年（1902）举人.——四川省图书馆、四川大学图书馆。

云阳县舆地全图一幅／（清）□□绘.——清末彩绘本.——北京大学图书馆。

尊周说□□卷／（清）沈复瑛著.——版本情况不详.——沈复瑛，生卒年不详，字伯温，号慕庐，万县（今重庆万州区）人，清乾隆时人，县生员.——出自《四川丛书采访书目录》万县部分。

左国合编□□卷／（清）郭维藩编.——版本情况不详.——郭维藩，生卒年不详，字价人，璧山县（今重庆璧山区）人，以恩贡入国子监肄业，清嘉庆十年（1805）任永宁县教谕，并主讲本县书院历十八年.——出自民国《续修璧山县志·人物志》，《四川丛书采访书目录》璧山县部分。

左传纪事本末长编二十卷／（清）胡志伊撰.——版本情况不详.——胡志伊，字觉轩，秀山县（今重庆秀山土家族苗族自治县）人，清末诸生.——出自光绪《秀山县志·士女志·谭由萧吴张田胡列传》。

春秋集要□□卷／（清）郭维藩著.——版本情况不详.——郭维藩，生卒年不详，字价人，璧山县（今重庆璧山区）人。以恩贡入国子监肄业，嘉庆十年（1805）任永宁县教谕，并主讲本县书院历十八年.——出自《四川丛书采访书目录》璧山县部分。

春秋大传补说四卷／（清）何志高著.——清光绪十四年（1888）刻本.——何志高，生卒年不详，号西夏，万县（今重庆万州区）人。生活于清代道光、咸丰年间，廪生。著名天文学家。事迹见同治《增修万县志》卷二十九.——中国国家图书馆、南京大学图书馆.——按：是书出自《西夏经义注释》十三种丛书本。

春秋简明录□□卷／（清）周本一撰.——版本情况不详.——周本一

(1839—1914)，字伯贞，长寿县（今重庆长寿区）人，清末著名医家. ——出自民国《长寿县志·人物中》。

春秋左氏补义十卷/（清）萧大士撰. ——版本情况不详. ——萧大士，生卒年不详，字希贤，秀山县（今重庆秀山土家族苗族自治县）人，清道光时诸生. ——出自光绪《秀山县志》卷十《士女志·谭由萧吴张田胡列传》。

华夏史要三十二卷/张森楷撰. ——成都府中学堂讲义本. ——张森楷（1858—1928），原名家楷，字元翰，号式卿，合州（今重庆合川区）人，中国近代著名历史学家. ——出自《民国新修合川县志·掌录十七·艺文一》。

读史平反录□□卷/张森楷撰. ——未成，稿佚. ——出自萧一山编《清代学者著述表》，国立编译馆1943年版，第259页。

二十四史校勘记三百三十七卷/张森楷撰. ——张氏家藏本. ——出自《民国新修合川县志·掌录十七·艺文一》。

历朝履霜录 □□ 卷/张森楷撰. ——张氏家藏稿本，散佚. ——一册. ——出自萧一山编《清代学者著述表》，国立编译馆1943年版，第259页。

（四川）历代地理沿革表一卷/张森楷撰. ——版本情况不详. ——出自《民国新修合川县志》卷首、卷三十三、卷三十四，另见萧一山编《清代学者著述表》，国立编译馆1943年版，第259页。

（四川）历代地理沿革形势险考□□卷/张森楷撰. ——版本情况不详. ——出自《民国新修合川县志》卷首、卷三十三、卷三十四。

历代职官沿革表一卷/张森楷撰. ——版本情况不详. ——出自萧一山编《清代学者著述表》，国立编译馆1943年版，第259页。

历代邦交录一百卷/张森楷撰. ——张氏家藏稿本. ——出自《民国新修合川县志·掌录十七·艺文一》。

历史艺文经籍异同出入存佚表/张森楷撰. ——张氏家藏本. ——出自《民国新修合川县志·掌录十七·艺文一》。

历史舆地沿革表□□卷/张森楷撰. ——版本情况不详. ——出自《民国新修合川县志·掌录十七·艺文一》。

慎密斋丛抄一卷/张森楷撰. ——版本情况不详. ——出自萧一山编《清代学者著述表》，国立编译馆1943年版，第259页。

慎密斋治经偶得一卷/张森楷撰. ——版本情况不详. ——出自萧一山编《清代学者著述表》，国立编译馆1943年版，第259页。

史记新校注一百三十三卷/张森楷撰. ——张氏家藏稿本. ——出自《民国新修合川县志·掌录十七·艺文一》；另见萧一山编《清代学者著述表》，国立编译馆1943年版，第259页。

通史六鉴序例一卷并求友引一卷/张森楷撰. ——张氏家藏稿本. ——出自《民国新修合川县志·掌录十七·艺文一》；另见萧一山编《清代学者著述表》，国立编译馆1943年版，第259页。

通史人表二百九十六卷附姓目方言类编四十八卷纪元韵谱四编三卷职官勋爵进退表四卷序目凡例一卷/张森楷撰. ——张氏家藏稿本. ——出自《民国新修合川县志·掌录十七·艺文一》；另见萧一山编《清代学者著述表》，国立编译馆1943年版，第259页。

通史堂书库目录一卷/张森楷撰. ——张氏家藏稿本. ——出自《民国新修合川县志·掌录十七·艺文一》。

通志余稿题跋一卷/张森楷撰. ——张氏家藏稿本. ——出自《民国新修合川县志·掌录十七·艺文一》。

姓目方音类编四十八卷/张森楷撰. ——张氏家藏稿本. ——出自《民国新修合川县志·掌录十七·艺文一》。

盐源县志序例一卷/张森楷撰. ——张氏家藏稿本. ——出自光绪《盐源县志》。

忠属察学日记一卷/张森楷著. ——张氏家藏稿本. ——出自《民国新修合川县志·掌录十七·艺文一》。

左氏长议校一卷/张森楷撰. ——版本情况不详. ——出自，萧一山编《清代学者著述表》国立编译馆1943年版，第259页。

四库全书书目考四卷/李滋然撰. ——版本情况不详. ——李滋然（1874—1921），字命三，号采薇僧，长寿县（今重庆长寿区）人，清光绪十五年（1889）进士，历任广东电白、揭阳、顺德、文昌、曲江、东莞等县知县. ——出自民国《长寿县志·文征上》。

秦良玉传汇编初集□□卷/秦嵩年编著. ——清宣统三年（1911）羊鸣山房铅印本. ——一册. ——秦嵩年（1886—1946），字山高，号大岳，重庆忠县新生人. ——南京大学图书馆。

读史界说□□卷/杨士钦撰. ——版本情况不详，或未竟，或散佚. ——杨士钦（1861—1914），字鲁丞，江津县（今重庆江津区）人，清光绪年间进士. ——出自民国《江津县志·人物志》，刘泽嘉所撰杨君传记。

汉书校补□□卷/陈季皋撰. ——版本情况不详. ——陈季皋，生卒年不详，字遵默，江北县（今重庆江北区）人，近代著名历史学者，曾任重庆大学教授. ——出自民国《江北县志稿·艺文志》。

盐铁论校释/陈季皋撰. ——版本情况不详. ——出自民国《江北县志稿·艺文志》。

左传疏证□□卷/陈季皋撰. ——版本情况不详. ——出自民国《江北县志稿·艺文志》。

道统图谱二十卷/程尚川撰. ——版本情况不详. ——程尚川，生卒年不详，字孝濂，号璜溪，黔江县（今重庆黔江区）人，清末廪生. ——出自光绪《黔江县志·艺文志》。

地理解惑□□卷/（清）周本一撰. ——版本情况不详. ——周本一（1839—1914），字伯贞，长寿县（今重庆长寿区）人，清末著名医家. ——出自民国《长寿县志·人物中》。

读史摘要□□卷/杨天怀著. ——版本情况不详. ——杨天怀，生平不详. ——出自《四川丛书采访书目录》大足县部分。

读史摘要□□卷/罗文藻著. ——版本情况不详. ——罗文藻，生卒年不详，大足县（今重庆大足区）人，清末文生，优品学. ——出自民国《大足县志·人物上》。

重庆志□□卷/（□）□□著. ——版本情况不详. ——出自《永乐大典》卷七千五百一十三. ——按：《永乐大典·仓廪》（辑本）"广惠君"条有引文：

"广惠君,旧府治谯楼外向西,今为广积仓。"(册八十一、卷七千五百一十三、页十八)

重庆府图志□□卷/(□)□□著.——版本情况不详.——出自《永乐大典》卷二千二百六十七.——按:《永乐大典·湖泊》(辑本)"鉴湖"条有引文:"鉴湖,一在重庆府涪州治上半里,有回沱圆转,故名。"(册二十、卷二千二百六十七、页二十一)

(重庆府涪州)考究图经志书□□卷/(□)□□著.——版本情况不详.——出自《永乐大典》卷一万一千九百八十.——按:《永乐大典·山川》(辑本)"鲤鱼岭"条有引文:"鲤鱼岭,在四川重庆府涪州,去鱼床滩二十余里,在长寿界有石,其状若鱼,故名。"(册一百二十二、卷一万一千九百八十、页十一)。

合阳图经□□卷/(□)□□著.——版本情况不详.——出自同治《璧山县志·杂类志·考辨》。

合州志不分卷/(□)□□著.——清抄本.——四川省图书馆(胶卷)。

开州志□□卷/(□)□□撰.——版本情况不详.——出自《蜀中广记》卷五十七.——按:《蜀中广记》卷五十七《风俗记·上下川东道属》引《开州志》:"俗重田神,男女皆唱竹枝。"说明川东北地区很早就出现了"田歌"(在田间地头吟唱小曲,类似竹枝词)这一风俗。卷六十四《方物记·药石》的"车前子"条,亦引用《开州志》。

夔州考究志□□卷/(□)□□著.——版本情况不详.——出自《永乐大典》(辑本)卷一万一千九百八十.——按:《永乐大典》(辑本)册一百二十二、卷一万一千九百八十有引文:"巴岭,在达县东北。"

夔州路图经五十二卷/(□)□□撰.——版本情况不详,已佚.——出自《绍兴秘书省续到四库阙书目·二》.——按:宋《绍兴秘书省续到四库阙书目·二》载:"《夔州路图经》,五十二卷。"宋郑樵《通志·艺文略四》、明焦竑《国史·经籍志三》亦载有书目。

南川县乡土志不分卷/(□)□□纂.——清光绪年间修,清末抄本.——上海图书馆、四川省图书馆、四川大学图书馆。

（黔州）旧图经□□卷／（□）□□撰．——版本情况不详，散佚．——出自《舆地纪胜》卷一百七十六．——按：黔州，治今重庆彭水县。宋为黔州，绍定元年（1228）改绍庆府，清代改为酉阳直隶州彭水县。《舆地纪胜》卷一百七十六《黔州·风俗形胜》，引《旧图经》五条。《蜀中广记》卷七《名胜记·彭水县》，有引文一条。

黔州图经□□卷／（□）□□撰．——版本情况不详，散佚．——出自《舆地纪胜》卷一百七十六．——按：黔州，治今重庆彭水县。宋为黔州，绍定元年（1228）改绍庆府，清代改为酉阳直隶州彭水县。《舆地纪胜》卷一百七十六《黔州·州沿革》，引《黔州图经》五条，卷一百七十八《思州·州沿革》，引《黔州图经》三条。《蜀中广记》卷五十七《风俗记》，有引文一条。

万州志□□卷／（□）□□著．——版本情况不详．——出自《永乐大典》卷九千七百六十五．——按：《永乐大典》册一百、卷九千七百六十五、页三，有引文一条："下岩石，在万州东。"

（万州）旧经□□卷／（□）□□撰．——版本情况不详，已佚．——出自《舆地纪胜》卷一百七十七。

万州图经□□卷／（□）□□撰．——版本情况不详，已佚．——出自《舆地纪胜》卷一百七十七．——按：《舆地纪胜》卷一百七十七，引十一条。《蜀中广记》卷五十七，引一条。

梓州路图经六十九卷／（□）□□撰．——版本情况不详，已佚．——出自《绍兴秘书省续到四库阙书目·二》．——按：宋《绍兴秘书省续到四库阙书目·二》："《梓州路图经》，六十九卷。"宋郑樵《通志·艺文略四》、明焦竑《国史·经籍志三》皆载有书目。

忠州旧经□□卷／（□）□□撰．——版本情况不详，已佚．——出自《方舆胜览》卷六十一。

左国合编□□卷／（□）祝恩武撰．——版本情况不详．——祝恩武，生平不详．——出自同治《璧山县志·人物志·文苑》。

哲理类

（含宗教、神话、方术）

蜀才易注一卷/（晋）范长生撰. ——清刻本. ——范长生（218—318），又名延九、重九，字元寿，别号蜀才，涪州（今重庆涪陵区）人。范长生博学多能，尤精书法。其笔触豪放，饱满大方，与慕容倍、王猛齐名。在道教中拥有较高的历史地位，旧时四川青城山有"长生宫"，为范长生的纪念之地。宋代诗人陆游曾到此游览，吟诗说："碧天万里月正中，清夜珂节长生宫". ——出自《隋书·经籍志》，光绪《黔江县志》卷四。

麻衣道者正易心法一卷/（□）麻衣道者著；（宋）陈抟注. ——明崇祯间（1628—1644）虞山毛氏汲古阁刻津逮秘书丛书本. ——麻衣道者，生平不详。陈抟（871—989），字图南，自号扶摇子，普州崇龛（今属重庆潼南区崇龛镇）人，一说亳州真源（今属河南鹿邑县）人。宋初著名道士，宋太宗赐号"希夷先生". ——北京大学图书馆。

指玄篇八十一章/（宋）陈抟撰. ——出版情况不详. ——出自《宋史·陈抟传》。

三峰寓言□□卷/（宋）陈抟撰. ——出版情况不详. ——出自《宋史·陈抟传》。

高阳集□□卷/（宋）陈抟撰. ——出版情况不详. ——出自《宋史·陈抟传》。

钓潭集□□卷/（宋）陈抟撰. ——出版情况不详. ——出自《宋史·陈抟传》。

入室还丹诗五十首/（宋）陈抟撰. ——出版情况不详. ——出自《道藏》

第五册《太华希夷志》。

赤松子诫一卷（亦名《赤松子八诫录》）/（宋）陈抟撰.——出版情况不详.——出自《崇文书目》《四库全书总目提要》。

人伦风鉴一卷（亦名《龟鉴》）/（宋）陈抟撰.——出版情况不详.——出自《四库全书总目提要》。

易传□□卷/（宋）谯定撰.——版本情况不详，已佚.——谯定（1023—?），字天授，人称"谯夫子"，涪州（今重庆涪陵区）人.——出自嘉庆《四川通志》卷一百八十三，《经义考》卷二十一。

易论二卷/（宋）冯时行撰.——版本情况不详.——冯时行（1100—1163），字当可，号缙云，恭州巴县乐碛（今属重庆渝北区洛碛镇）人。少时读书巴县之缙云山寺，故号缙云。其籍或作巴县，或作璧山，概因二县境界邻比.——出自《蜀中广记》卷九十一.——按：《蜀中广记》卷九十一、《经义考》卷二十五、同治《璧山县志·杂类志·外纪》载有书目。

存瑞易说□□卷/（宋）阳岊撰.——版本情况不详，已佚.——阳岊，生卒年不详，原名醇，字东翔，号存瑞，合州巴川（今重庆铜梁东南）人，朱熹再传弟子，宋代理学家.——出自《四川丛书采访书目录》合州部分。

大觉禅师语录三卷/（宋）释道隆撰.——日本大正新修大藏经本（第八十册）.——释道隆，生卒年不详，俗姓冉，字兰溪，世称"兰溪道隆"，西蜀涪江（今属重庆涪陵区）人，南宋禅宗临济宗杨岐派下僧人.——中国国家图书馆、上海图书馆、北京大学图书馆。

道藏要旨十卷/（宋）梁成撰.——版本情况不详。——梁成，生卒年不详，永川县（今重庆永川区）人.——出自光绪《永川县志》卷八《人物志》。

老子解二卷/（宋）梁成撰.——版本情况不详.——出自光绪《永川县志》卷八《人物志》。

注阴符经二卷/（宋）梁成撰.——版本情况不详.——出自光绪《永川县志》卷八《人物志》。

性理纂□□卷/（宋）度正撰. ——版本情况不详. ——度正（1166—1235），字周卿，号性善，又号乐活，合州巴川县（今属重庆铜梁区东郭乡）人，南宋绍熙元年（1190）进士。《宋史》卷四百二十二、《宋史翼》卷二十五有传. ——出自光绪《铜梁县志·艺文志》。

易解□□卷/（宋）罗冲志撰. ——版本情况不详，无传本. ——罗冲志，生卒年不详，合州（今重庆合川区）人，精于研究《周易》. ——出自《民国新修合川县志·掌录十七·艺文一》。

易象图说一卷/（宋）阳枋撰. ——版本情况不详. ——阳枋（1187—1267），初名昌朝，字宗骥、正父，号字溪先生，巴川县（今重庆铜梁区）人. ——出自民国《长寿县志·人物上》。

易正说二卷/（宋）阳枋撰. ——版本情况不详，已佚. ——出自《字溪集》卷十二附录《行状》。

易学启蒙小传一卷/（宋）税与权撰. ——版本情况不详. ——税与权，生卒年不详，字巽甫，合州巴川县（今重庆合川区）人，魏了翁门人，南宋理宗朝（1225—1264）进士. ——出自《四库全书·经部·易类》. ——按：《国史·经籍志》卷三十六、《经类·经义考》、《续通志》卷一百五十六、《续通考》卷一百四十二、《通志堂经解·易部》等皆载有书目。关于税与权的籍贯，《重庆府志·人物志》引《巴县志》作巴县人，《艺文志》作巴川县人，《四川通志》亦作巴川县人，今从之。

周礼折衷二卷/（宋）税与权辑. ——版本情况不详. ——出自《宋史·艺文志·经类》. ——按：《直斋书录解题》卷二云"系税与权录，魏了翁有所发明"，另见《文献通考》卷一百八十。是书收入《鹤山大全集》卷一百四、卷一百五。

玉井易说二卷/（宋）巴川阳氏撰. ——版本情况不详，无传本. ——巴川阳氏，生卒年不详，巴川（今重庆铜梁区）人，阳枋五世孙. ——出自《民国新修合川县志·掌录十七·艺文一》。

大易统要不分卷/（明）刘时俊撰. ——版本情况不详. ——刘时俊（？—1629），字尹升，号勿所，原籍四川隆昌，后迁入重庆荣昌. ——出自光

绪《荣昌县志·典籍》。

读易窹言一卷/（明）来知德著．——版本情况不详．——来知德（1525—1604），字矣鲜，号瞿塘，梁山县（今重庆梁平县）人，明代著名理学家．——出自清朱彝尊《经义考》卷五十五。

来瞿唐先生易注十五卷首一卷末一卷/（明）来知德撰；（清）高斅映校．——清康熙十六年（1677）朝爽堂刻本．——十册．——高斅映（1647—1707），字元廓、雪君，别号问米居士，云南姚安人．——武汉大学图书馆、中山大学图书馆、日本东京大学东洋文化研究所。

（明）来知德撰．——清雍正七年（1729）宁远堂刻本．——十二册．——北京师范大学图书馆。

（明）来知德撰．——清积善堂刻本．——十册．——南京师范大学图书馆。

（明）来知德撰．——清嘉庆十四年（1809）睢阳宁远堂符永培刻本．——二十册．——清华大学图书馆。

（明）来知德撰．——清道光二十三年（1843）宁远堂刻本．——二十册．——浙江师范大学图书馆。

理学辨疑□□卷/（明）来知德撰．——版本情况不详．——出自《明史·列传第一百七十一·儒林二》。

心学晦明解□□卷/（明）来知德著．——版本情况不详．——出自《明史·列传第一百七十一·儒林二》，另见《四川丛书采访书目录》梁山县部分。

省觉录□□卷/（明）来知德撰．——版本情况不详．——出自《明史·列传第一百七十一·儒林二》。

易经集注十六卷/（明）来知德注．——清康熙二十七年（1688）平山崔氏宝廉堂刻本．——中国国家图书馆。

（明）来知德注．——清乾隆十一年（1746）三多斋刻本．——六册．——河南大学图书馆。

易经来注十五卷图像一卷首一卷末一卷/（明）来知德撰．——明万历二十九年（1601）郭青螺刻本．——中国国家图书馆。

（明）来知德撰. ——清康熙重刻敦仁堂本. ——中国国家图书馆。

（明）来知德撰. ——清乾隆三十七年至四十七年（1772—1782）四库全书本. ——中国国家图书馆、台湾"国立故宫博物院"图书文献馆、甘肃省图书馆、浙江图书馆。

（明）来知德撰. ——清嘉庆重刻宁远堂本. ——中国国家图书馆。

（明）来知德撰. ——清道光二十六年（1846）萧山来锡蕃刻本. ——十册. ——云南大学图书馆。

（明）来知德撰. ——郑灿整理本. ——中国国家图书馆。

（明）来知德撰. ——重庆善成堂刻本. ——十册. ——中国国家图书馆。

周易集注十六卷/（明）来知德撰. ——明万历二十七年（1599）刻本. ——九册. ——台湾"国家图书馆"。

（明）来知德撰. ——明万历二十九年（1601）郭子章序刻本. ——中国国家图书馆。

（明）来知德撰. ——明万历三十八年（1610）张惟任刻本. ——十册. ——北京师范大学图书馆。

（明）来知德撰. ——民国上海江东书局石印本. ——中国国家图书馆、北京大学图书馆。

易经集解□□卷/（明）经潘颐撰. ——版本情况不详. ——经潘颐，生平不详. ——出自民国《涪陵县续修涪州志·艺文志一》。

圜中图说一卷/（明）刘起宗撰. ——版本情况不详. ——刘起宗，生卒年不详，字宗之，号初泉，巴县（今重庆主城区）人，明嘉靖十七年（1538）进士. ——出自道光《重庆府志·艺文志》。

黄老辩□□卷/（明）何以让撰. ——版本情况不详. ——何以让（1551—1625），字环斗，涪州（今重庆涪陵区）人，明万历十六年（1588）举人. ——出自民国《涪陵县续修涪州志·人物志》。

易注□□卷/（明）蔺希夔撰. ——版本情况不详. ——蔺希夔（1555—1626），号云门，重庆涪州（今重庆涪陵区）人，万历四十六年（1618）副榜. ——出自民国《涪陵县续修涪州志·艺文志一》。

四书易经讲意□□卷/（明）邵仲禄著. ——版本情况不详. ——邵仲禄，奉节县（今重庆奉节县）人，明隆庆元年（1567）举人，后中进士，官至江西巡抚、兵部右侍郎. ——出自光绪《奉节县志·选举》，《四川丛书采访书目录》奉节县部分。

五经注□□卷/（明）郑明郁撰. ——版本情况不详. ——出自民国《长寿县志·人物上》。

语录一卷附楞严大经藏/（清）释铁眉著. ——版本情况不详. ——释铁眉，生卒年不详，全称"铁眉三巴掌慧丽禅师"，忠州（今重庆忠县）人，明末清初高僧. ——出自《四川丛书采访书目录》忠州部分。

周易讲章训诂一卷/（清）陈谟著. ——版本情况不详. ——陈谟，生卒年不详，字麇鹿，垫江县（今重庆垫江县）城南乡人，生活于明万历至清康熙年间，曾任翰林院编修. ——出自道光《垫江县志·选举志》，《四川丛书采访书目录》垫江县部分。

易解□□卷/（清）刘泌撰. ——版本情况不详. ——刘泌，生卒年不详，字晋仲，刘时俊次子，四川富顺人，后迁入重庆荣昌，明崇祯九年（1636）解元，官至兵部右侍郎. ——出自光绪《荣昌县志·典籍》。

四书读钞□□卷/（清）古心著. ——版本情况不详. ——古心，生卒年不详，字貌符，丰都县（今重庆丰都县）人，明崇祯九年（1636）举人. ——出自《四川丛书采访书目录》丰都县部分。

周易辨疑（读易辨疑）四卷/（清）李开先撰. ——清乾隆二十六年（1761）静远堂刻本. ——四册. ——李开先，生卒年不详，字传一，长寿县（今重庆长寿区）人，明崇祯十二年（1639）举人. ——湖南图书馆。

读易辨疑四卷/（清）李开先撰. ——清乾隆二十六年（1761）静远堂刻本. ——出自民国《长寿县志·人物上》。

楞严说通十卷/（清）刘道开撰. ——清康熙七年（1668）刻本. ——十册. ——刘道开（1601—1681），一名远鹏，字非眼，别号了庵居士，巴县（今重庆主城区）人. ——中国国家图书馆、上海图书馆。

（清）刘道开撰. ——清乾隆五十年（1785）宣武门外善果寺刻本. ——

十册. ——中国国家图书馆、北京大学图书馆、清华大学图书馆、浙江师范大学图书馆。

破山明禅师语录二十一卷附年谱一卷/（清）释海明禅师述；（清）释印正编；（清）释印绶阅订. ——清康熙九年（1670）浙江嘉禾楞严寺般若坊嘉兴藏刻本. ——海明禅师（1597—1666），又名通明，俗姓蹇，字万峰，号破山，世称破山祖师，四川大竹人。他在梁山创建的"双桂堂"，成为西南"禅宗祖庭"。释印正，生平不详，海明禅师门徒，著有《玉泉即景六首》。释印绶，生平不详，著有《发芽塔铭》. ——中国国家图书馆、上海图书馆、北京大学图书馆. ——按：嘉禾即今浙江嘉兴市。是书出自《嘉兴藏》第二十六册。

（清）释海明禅师述；（清）释印正编；（清）释印绶阅订. ——清乾隆二十五年（1760）梁山双桂堂禅院刻本. ——梁平双桂堂。

易经参伍错综图□□**卷**/（清）李长祥著. ——版本情况不详. ——出自民国《达县志》卷十八《艺文门》。

道德经顺硃二卷/（清）释圣可禅师撰. ——明神宗至清康熙年间（1589—1676）嘉兴藏刻本. ——释圣可（1628—1701），俗姓王，四川营山县人。后皈依佛门，法名德玉，自署方山、季而氏、华岩老人。破山禅师第十二法嗣，重庆华岩寺开山祖师. ——中国国家图书馆、重庆华岩寺。

华严法幢□□**卷**/（清）释圣可撰. ——版本情况不详. ——出自乾隆《巴县志·人物志·释老》。

困学录□□**卷**/（清）傅良辰撰. ——版本情况不详. ——傅良辰，生卒年不详，字慎全，号潜斋，原籍汉阳（今属湖北武汉），后居巴县（今重庆主城区）. ——出自乾隆《巴县志·人物志·文苑》。

海华语录不分卷/（清）释苍桐撰. ——版本情况不详. ——释苍桐（？—1684），法名海华，綦江（今重庆綦江区）儒家子. ——出自道光《重庆府志·艺文志》。

大易精粹一卷/（清）李楹著. ——版本情况不详. ——李楹，生卒年不详，大足县（今重庆大足区）人，清乾隆时人. ——出自《四川丛书采访书目

录》大足县部分。

性理辑要四卷/（清）李榗著. ——版本情况不详. ——出自《四川丛书采访书目录》大足县部分。

学庸语录一卷/（清）罗景礼撰. ——版本情况不详. ——罗景礼，生卒年不详，字天秩，后改名抡，号守真子，清乾隆二十三年（1758）举人. ——出自光绪《永川县志·著述》。

一得录□□卷/（清）潘治撰. ——版本情况不详. ——潘治，生卒年不详，字子政，江津县（今重庆江津区）人，一作巴县人，清雍正元年（1723）举人，后任陕西咸阳县知县. ——出自道光《重庆府志》卷八、卷九，光绪《江津县志》卷十一，民国《江津县志·人物志》，《江津县乡土志》卷二。

易林注□□卷/（清）王汝璧撰. ——清刻本. ——王汝璧（？—1806），字镇之，铜梁县（今重庆铜梁区）人，清乾隆三十一年（1766）进士. ——出自《国朝正雅集》卷二十五，道光《重庆府志》卷八，光绪《铜梁县志》卷八，《四川丛书采访书目录》铜梁县部分。

菊逸山房易学□□卷/（清）寇宗撰. ——清刻本. ——寇宗，生卒年不详，四川渠县人，清嘉庆十三年（1808）举人，道光七年（1827）任荣昌县（今重庆荣昌区）教谕、成都府教授. ——出自光绪《荣昌县志·典籍》。

地学仁孝渊源录五卷/（清）王达琮撰. ——清刻本. ——王达琮（1803—1866），原名大宗，字屏山，秀山县（今重庆秀山土家族苗族自治县）梅江乡人，清道光二十一年（1841）进士. ——出自光绪《秀山县志·士女志·王达琮列传》。

郭景纯葬经注一卷/（清）王达琮撰. ——清咸丰十年（1860）刻本. ——出自光绪《秀山县志·士女志·王达琮列传》。

易说一卷/（清）王达琮撰. ——版本情况不详. ——出自光绪《秀山县志·士女志·王达琮列传》。

河图洛书精义□□卷/（清）沈复瑛著. ——版本情况不详. ——沈复瑛，生卒年不详，字伯温，号慕庐，万县（今重庆万州区）人，清乾隆时人，县生员. ——出自《四川丛书采访书目录》万县部分。

释太极图说□□卷/（清）沈复瑛著. ——版本情况不详. ——出自《四川丛书采访书目录》万县部分。

理性汇要□□卷/（清）沈复瑛著. ——版本情况不详. ——出自同治《增修万县志》卷二十九，《四川丛书采访书目录》万县部分。

楞园仙书九种九卷/（清）江含春撰. ——清抄本. ——江含春（1804—1856），字海平，自号楞园主人、能箸山人、孝典堂主人等，江津县（今重庆江津区）人. ——上海图书馆. ——按：该丛书包含子目：金丹悟一卷、金丹疑一卷、步天歌图注一卷、龙山纪载一卷、楞园赋说一卷、训诂珠尘一卷、解真篇一卷、试金石二十四咏一卷、楞园诗草一卷。

救生船□□卷/（清）魏光勋著. ——清光绪十三年（1887）刻本. ——魏光勋，生卒年不详，字昆堂，大宁县（今重庆巫溪县）人，清末庠生. ——出自光绪《大宁县志》卷七，另见《四川丛书采访书目录》大宁县部分。

西夏经义□□卷/（清）何志高著. ——清道光十八年（1838）刻本. ——何志高，生卒年不详，号西夏，万县（今重庆万州区）人，生活于清代道光、咸丰年间，廪生。著名天文学家。事迹见同治《增修万县志》卷二十九. ——四川大学图书馆。

释书一卷/（清）何志高著. ——清光绪十四年（1888）刻本. ——中国国家图书馆. ——按：是书出自《西夏经义注释》十三种丛书本。

彀语一卷/（清）何志高著. ——清光绪十四年（1888）刻本. ——中国国家图书馆. ——按：是书出自《西夏经义注释》十三种丛书本。

大象一卷/（清）何志高著. ——清光绪十四年（1888）刻本. ——中国国家图书馆. ——按：是书出自《西夏经义注释》十三种丛书本。

浑天易象一卷/（清）何志高著. ——清光绪十四年（1888）刻本. ——中国国家图书馆. ——按：是书出自《西夏经义注释》十三种丛书本。

将步一卷/（清）何志高著. ——清光绪十四年（1888）刻本. ——中国国家图书馆. ——按：是书出自《西夏经义注释》十三种丛书本。

王道九功一卷/（清）何志高著. ——清光绪十四年（1888）刻本. ——中国国家图书馆. ——按：是书出自《西夏经义注释》十三种丛书本。

通书一卷/（清）何志高著. ——清光绪十四年（1888）刻本. ——中国国家图书馆. ——按：是书出自《西夏经义注释》十三种丛书本。

中庸集注一卷/（清）何志高著. ——清光绪十四年（1888）刻本. ——中国国家图书馆. ——按：是书出自《西夏经义注释》十三种丛书本。

四论解一卷/（清）何志高著. ——清光绪十四年（1888）刻本. ——中国国家图书馆. ——按：是书出自《西夏经义注释》十三种丛书本。

易经本意四卷首一卷末一卷/（清）何志高著. ——清光绪十四年（1888）刻本. ——中国国家图书馆. ——按：是书出自《西夏经义注释》十三种丛书本。

一贯图说□□卷/（清）汪如汉撰. ——版本情况不详. ——汪如汉，生卒年不详，字丹崖，涪州（今重庆涪陵区）人，平生专研理学. ——出自民国《涪陵县续修涪州志》卷十三《艺文志一》。

易经启义不分卷/杨绍曾撰. ——版本情况不详. ——杨绍曾，生卒年不详，长寿县（今重庆长寿区）人. ——出自民国《长寿县志·文征上·专著存目》。

易筌五卷/（清）赵大煊撰. ——清刻本. ——赵大煊，生卒年不详，字云骕，黔江县（今重庆黔江区）人，清同治十二年（1873）拔贡生，后任四川纳溪教谕. ——四川大学图书馆。

（清）赵大煊撰. ——清稿本. ——四川大学图书馆. ——按：光绪《黔江县志·艺文志》、《黔江县乡土志·学问》著录为四卷。

语录不分卷/（清）释实性撰. ——版本情况不详. ——释实性，生平不详. ——出自道光《重庆府志·艺文志》。

周易汇纂四卷/（清）萧大士撰. ——版本情况不详. ——萧大士，生卒年不详，字希贤，秀山县（今重庆秀山土家族苗族自治县）人，清道光时诸生. ——出自光绪《秀山县志》卷十《士女志·谭由萧吴张田胡列传》。

周易集解□□卷/（清）向培元著. ——版本情况不详. ——向培元，生卒年不详，字子厚，璧山县（今重庆璧山区）人，清道光八年（1828）岁贡生. ——出自同治《璧山县志》卷八，《四川丛书采访书目录》璧山县部分。

游峨录一卷/（清）向增元撰. ——版本情况不详. ——向增元，生卒年不详，字子益，璧山县（今重庆璧山区）人，清嘉庆十五年（1810）岁贡生. ——出自同治《璧山县志》卷八《人物志·文苑》。

周易一说□□卷/（清）况正标撰. ——版本情况不详. ——况正标，生平不详. ——出自民国《涪陵县续修涪州志·艺文志一》。

周易易解四卷/（清）易良图撰. ——版本情况不详. ——易良图，生卒年不详，秀山县（今重庆秀山土家族苗族自治县）人，清咸丰时任秀山县学教谕. ——出自光绪《秀山县志·士女志·易良图列传》。

治棠经说七卷/（清）丁树诚撰. ——版本情况不详. ——丁树诚（1835—1902），字至堂、治棠，号仕隐子，合州（今重庆合川区）人，清光绪五年（1879）举人. ——出自《民国新修合川县志》卷四十四《乡贤三》。

（清）丁树诚撰. ——丁氏家藏抄本. ——出自《民国新修合川县志》卷三十四、四十四。

阴符经直解□□卷/（□）潭教正撰. ——铜梁洞道人抄本，已佚. ——潭教正，生平不详. ——出自《民国新修合川县志·掌录十七·艺文二·子部三》。

周易分类解腋□□卷/（□）许廷升著. ——版本情况不详. ——许廷升，生平不详. ——出自民国《南川县志·艺文志·专著目录》。

易学表微□□卷/杨士钦撰. ——版本情况不详，或未竟，或散佚. ——杨士钦（1861—1914），字鲁丞，江津县（今重庆江津区）人，清末拔贡. ——出自民国《江津县志·人物志》。

论语界说□□卷/杨士钦撰. ——版本情况不详，或未竟，或散佚. ——出自民国《江津县志·人物志》。

经子时务杂钞十卷/张森楷撰. ——张氏家藏稿本. ——北京大学图书馆。

明夷待访录纠谬一卷/李滋然撰. ——清宣统元年（1909）铅印本. ——北京大学图书馆、山东大学图书馆、复旦大学图书馆、华东师范大学图书馆。

艺文类

诸葛氏集二十四篇 /（晋）陈寿编. ——版本情况不详. ——出自民国新修《南充县志》卷十五《艺文志》。

李远诗集一卷 /（唐）李远撰. ——清康熙四十五年（1706）扬州诗局全唐诗刻本. ——李远，生卒年不详，字求古、承古，夔州云安（今属重庆奉节县）人。唐代诗人。唐大和五年（831）进士及第. ——中国国家图书馆、上海图书馆、北京大学图书馆、清华大学图书馆、南京图书馆、中国人民大学图书馆。

冯时行文粹□□卷 /（宋）冯时行撰. ——宋庆元三年（1197）书隐斋刻新刊国朝二百家名贤文粹丛书本. ——冯时行（1100—1163），字当可，号缙云，恭州巴县乐碛（今属重庆渝北区洛碛镇）人。少时读书巴县之缙云山寺，故号缙云。其籍或作巴县，或作璧山，概因二县境界邻比. ——上海图书馆。

缙云集四十三卷 /（宋）冯时行撰. ——版本情况不详. ——出自《宋史·艺文志·集类》，另见《舆地纪胜》卷一百七十五。

缙云文集四卷 /（宋）冯时行撰. ——清乾隆三十七年至四十七年（1772—1782）四库全书本. ——四册. ——中国国家图书馆、台湾"国立故宫博物院"图书文献馆、浙江图书馆、甘肃省图书馆。

缙云先生文集四卷附录一卷 /（宋）冯时行撰. ——清赵氏小山堂抄本. ——中国国家图书馆。

柳文评论□□卷 /（宋）冯时行撰. ——版本情况不详. ——出自《五百家注音辨·柳先生集·中》。

晁氏诗解□□卷 /（宋）陈鹏飞撰. ——版本情况不详. ——陈鹏飞，生卒年不详，字少南，昌州永川县（今重庆永川区）人，宋代著名经学家．——出自光绪《永川县志·著述》。

棣华馆小集一卷／（宋）杨甲撰．——版本情况不详．——杨甲，生卒年不详，字鼎卿，又字嗣淵，大足县（今重庆大足区）人，一说四川遂宁人。南宋乾道二年（1166）进士，诗人．——出自光绪《荣昌县志·典籍》。

涪陵记书录□□卷／（宋）度正撰．——版本情况不详．——度正（1166—1235），字周卿，号性善，又号乐活，合州巴川县（今属重庆铜梁区东郭乡）人，绍熙元年（1190）进士。《宋史》卷四百二十二、《宋史翼》卷二十五有传．——出自《四川丛书采访书目录》合州部分。

性善堂稿十五卷／（宋）度正撰．——清乾隆三十七年至四十七年（1772—1782）四库全书本．——中国国家图书馆、台湾"国立故宫博物院"图书文献馆、甘肃省图书馆、浙江图书馆。

蜀碑记十卷／（宋）王象之撰；（清）李调元辑．——清光绪八年（1882）广汉乐道斋刻函海丛书本．——王象之（约1166—1236），字仪夫，婺州金华（今浙江金华）人。李调元（1734—1802），字雨村，号童山，四川绵州罗江县（今属四川绵阳市罗江县调元镇）人，清代戏曲理论家、诗人．——北京大学图书馆、山东大学图书馆、华东师范大学图书馆、浙江师范大学图书馆。

蜀碑记补十卷／（宋）王象之撰；（清）李调元辑．——清乾隆（1736—1795）中绵州李氏万卷楼刻本．——云南大学图书馆。

（宋）王象之撰；（清）李调元辑．——清道光五年（1825）李朝夔刻本．——武汉大学图书馆、辽宁大学图书馆。

（宋）王象之撰；（清）李调元补编．——民国商务印书馆丛书集成初编本．——一册．——云南大学图书馆。

蜀碑记十卷首一卷辨伪考异二卷／（宋）王象之撰．——清同治至光绪（1862—1908）胡凤丹刻金华文萃丛书本．——云南省图书馆。

叙秋韵对三卷／（宋）梁成撰．——版本情况不详．——梁成，宋人，生平不详．——出自光绪《永川县志·著述》。

归全录□□卷／（宋）母梦牛撰．——版本情况不详．——母梦牛，生卒

年不详，巴县（今重庆主城区）人。宋度宗咸淳年间（1265—1274）进士及第. ——出自乾隆《巴县志·人物志·勋业》。

炉峰集三十卷/（宋）陈晔由撰. ——版本情况不详，已佚. ——陈晔由，生卒年不详，名用庚，号香炉峰子，铜梁县（今重庆铜梁区）人，宋宁宗嘉泰二年（1202）进士。——出自《性善堂稿》卷十三《陈晔由墓志铭》。

墨堂记□□**卷**/（宋）何镠相撰. ——版本情况不详. ——何镠相，生平不详. ——出自同治《璧山县志·杂类志·考辨》。

闰余集□□**卷**/（宋）谢慧卿撰. ——版本情况不详，已佚. ——谢慧卿，生卒年不详，巴县（今重庆市主城区）人，宋代诗人. ——出自《补续全蜀艺文志》卷四十四，《宋诗纪事》卷八十七。

师友雅言□□**卷**/（宋）税与权撰. ——版本情况不详. ——税与权，生卒年不详，字巽甫，合州巴川县（今重庆合川区）人，魏了翁门人。南宋理宗朝进士. ——出自道光《重庆府志·艺文志》. ——按：关于税与权的籍贯，《重庆府志·人物志》引《巴县志》作巴县人，《艺文志》作巴川县人，《四川通志》亦作巴川县人，今从之。

变惑正言一卷/（宋）阳枋撰. ——版本情况不详，已佚. ——阳枋（1187—1267），初名昌朝，字宗骥、正父，号字溪先生，巴川县（今重庆铜梁区）人. ——出自《字溪集》卷十二附录《行状》。

字溪集十一卷附录一卷/（宋）阳枋撰 ——明永乐大典本 ——中国国家图书馆（不全）。

（宋）阳枋撰. ——清乾隆三十七年至四十七年（1772—1782）四库全书本. ——中国国家图书馆、台湾"国立故宫博物院"图书文献馆、甘肃省图书馆、浙江图书馆。

记序题跋一卷/（宋）阳枋撰. ——版本情况不详，已佚. ——出自《字溪集》卷十二附录《行状》。

家训一卷/（宋）阳枋撰. ——版本情况不详，已佚. ——出自《字溪集》卷十二附录《行状》。

书说一卷/（宋）阳枋撰. ——版本情况不详，已佚. ——出自《字溪集》

卷十二附录《行状》。

图像问答语一卷/（宋）阳枋撰. ——版本情况不详，已佚. ——出自《字溪集》卷十二附录《行状》。

诗辞一卷/（宋）阳枋撰. ——版本情况不详，已佚. ——出自《字溪集》卷十二附录《行状》。

观光集□□**卷**/（明）江渊撰. ——版本情况不详. ——江渊（1400—1473），字时用，号定庵、可潜，别号竹溪退叟，江津县（今重庆江津区）人，明宣德五年（1430）进士。历工部尚书，加太子少师. ——出自道光《重庆府志·艺文志》。

锦荣集□□**卷**/（明）江渊著. ——版本情况不详. ——出自道光《重庆府志·艺文志》。

胡侍郎集□□**卷**/（明）胡子昭撰. ——版本情况不详. ——胡子昭（1362—1402），字仲常，大足县（今重庆大足区）人，官至刑部侍郎. ——出自《四川丛书采访书目录》大足县部分。

胡金事集□□**卷**/（明）胡子义撰. ——版本情况不详. ——胡子义，生卒年不详，原名志远，大足县（今重庆大足区）人，曾任四川威远儒学训导，按察金事. ——出自《四川丛书采访书目录》大足县部分。

蹇忠定公疏□□**卷**/（明）蹇义撰. ——明崇祯年间平露堂刻皇明经世文编丛书本. ——蹇义（1363—1435），初名瑢，字宜之，巴县（今重庆主城区）人. ——北京大学图书馆、北京大学考古所图书室、南开大学图书馆、南京大学图书馆。

八代文粹□□**卷**/（明）李宾著. ——版本情况不详. ——李宾，生平不详，垫江县（今重庆垫江县）人. ——出自《四川丛书采访书目录》垫江县部分。

釜山集□□**卷**/（明）李宾著. ——版本情况不详. ——出自《四川丛书采访书目录》梁山县部分。

风门偶录□□**卷**/（明）周琳著. ——版本情况不详. ——周琳，生卒年不详，字森玉，号琼林，忠州（今重庆忠县）人，明天顺元年（1457）进士. ——出自《四川丛书采访书目录》忠州部分。

乌台纪事□□卷/（明）周琳著. ——版本情况不详. ——出自《四川丛书采访书目录》忠州部分。

白水集□□卷/（明）黄景夔撰. ——版本情况不详. ——黄景夔，生卒年不详，丰都县（今重庆丰都县）人，明正德二年（1507）进士，曾任户部主事，兵部员外郎. ——出自《丰都文史资料选辑》第2辑，中国人民政治协商会议四川省丰都县委员会文史资料研究委员会1985年编印，第49页。

半研斋文集□□卷/（明）许杰著. ——版本情况不详. ——许杰，生平不详. ——出自《四川丛书采访书目录》忠州部分。

保全集□□卷/（明）邹公敢撰. ——版本情况不详. ——邹公敢，生卒年不详，江津县（今重庆江津区）人，生活于元末明初. ——出自道光《重庆府志·艺文志》。

知命集□□卷/（明）邹公敢撰. ——版本情况不详. ——出自道光《重庆府志·艺文志》。

北山文集□□卷/（明）郑明郁撰. ——版本情况不详. ——郑明郁，生卒年不详，长寿县（今重庆长寿区）人，以乡荐授驸马府学录，深藏有识。旧志作"郭明郁"，据嘉庆《四川通志》改正. ——出自民国《长寿县志·人物上》。

补续全蜀艺文志五十六卷/（明）杜应芳辑. ——明万历刻本. ——杜应芳，生卒年不详，字怀鹤，湖北黄冈人，明万历三十五年（1607）进士. ——四川大学图书馆。

中川集十三卷/（明）陈讲撰. ——版本情况不详. ——陈讲，生卒年不详，名子学，字中川，潼南县（今重庆潼南区）富农乡人，一作遂宁人，明正德十六年（1521）进士，后任翰林院庶吉士、河南布政使、山西巡抚等职. ——出自《明史》卷七十五《艺文志四》。

如鸟集□□卷/（明）陈讲撰. ——版本情况不详. ——出自《遂宁县志》，《新修潼川县志》卷二十一。

春秋笔记□□卷/（明）何以让撰. ——版本情况不详. ——何以让

(1551—1623)，字环斗，涪州（今重庆涪陵区）人，明万历十六年（1588）举人．——出自嘉庆《四川通志》，乾隆《涪州志》等。

答客篇□□卷/（明）何以让撰．——版本情况不详．——出自嘉庆《四川通志》，乾隆《涪州志》等。

南北两都赋□□卷/（明）何以让撰．——版本情况不详．——出自《涪陵文史资料选辑》第三辑，第120页。

春石集□□卷/（明）王应熊撰．——版本情况不详．——王应熊（？—1647），字非熊，号春石，巴县（今重庆主城区）人，明万历四十一年（1613）进士。《明史》有传．——出自民国《巴县志》卷十。

涵园集二十卷/（明）王应熊撰．——版本情况不详．——出自道光《重庆府志·艺文志》。

雪程记二十二卷/（明）王应熊撰．——版本情况不详．——出自傅德岷、李书敏著《巴渝英杰名流》，重庆出版社2004年1月版，第156页。

东山集□□卷/（明）释昌泰撰．——版本情况不详．——释昌泰，生卒年不详，号端居，长寿县（今重庆长寿区）人，卓锡贵州开州禅寺．——出自嘉庆《四川通志》卷一百八十六《经籍·集部》，民国《长寿县志》卷九《人物列传下·方外》。

凤山草堂集□□卷/（明）蹇达撰．——版本情况不详．——蹇达（1542—1608），字汝上，更字汝循，号理庵，巴县（今重庆主城区）人，明嘉靖四十一年（1562）进士．——出自乾隆《巴县志·人物志·勋业》。

凤山集□□卷/（明）刘春撰．——版本情况不详．——刘春（？—1521），字仁仲，巴县（今重庆主城区）人，明成化二十三年（1487）进士。《明史》卷一百八十四有传．——出自乾隆《巴县志·人物志·勋业》。

刘文简文集□□卷/（明）刘春撰．——版本情况不详．——出自乾隆《巴县志·艺文志·序》。

刘氏科第志□□卷/（明）刘春撰．——版本情况不详．——出自道光《重庆府志·艺文志》，同治《巴县志·艺文志·序》。

格致录□□卷/（明）陈琎撰．——版本情况不详．——陈琎，生平不

详.——出自《四川丛书采访书目录》合州部分。

管窥集□□卷/（明）王骥撰.——版本情况不详.——王骥,生卒年不详,荣昌县（今重庆荣昌区）人,明正统三年（1438）举人,后任广东道御史.——出自光绪《荣昌县志·典籍》。

归乐铭□□卷/（明）王骥撰.——版本情况不详.——出自光绪《荣昌县志·典籍》。

存斋文稿□□卷/（明）王骥撰.——版本情况不详.——出自光绪《荣昌县志·典籍》。

贯溪文集□□卷/（明）罗廷唯撰.——版本情况不详.——罗廷唯,生卒年不详,字会甫,号贯溪,永川县（今重庆永川区）人,明嘉靖三十二年（1553）进士.——出自光绪《永川县志》卷八《人物志》。

葵心亭纪闻□□卷/（明）罗廷唯撰.——版本情况不详.——出自光绪《永川县志》卷八《人物志》。

琴音古选□□卷/（明）罗廷唯撰.——版本情况不详.——出自光绪《永川县志》卷八《人物志》。

海峤集□□卷/（明）蹇宗伊撰.——版本情况不详.——蹇宗伊,生卒年不详,字海峤,巴县（今重庆主城区）人,蹇达之子,生活于明嘉靖、万历年间.——出自道光《重庆府志·艺文志》。

何伟诗文集□□卷/（明）何伟撰.——版本情况不详.——何伟,生卒年不详,字汝器,原籍新喻（今江西新余）,寄籍涪州（治今重庆涪陵区）,明万历年间进士.——出自民国《涪陵县续修涪州志·艺文志一》。

浒溪文集三卷/（明）罗洪载撰.——版本情况不详.——罗洪载,生卒年不详,字道兴,号云坞,永川县（今重庆永川区）人,明正德二年（1507）举人,六年（1511）进士.——出自光绪《永川县志》卷八《人物志》。

怀野文集□□卷/（明）李纯朴撰.——版本情况不详.——李纯朴,字文伯,号怀野,重庆府合州定远县（今属四川广安市武胜县）人,明嘉靖四十四年（1565）进士.——出自道光《重庆府志·艺文志》.——按:武胜县,古称定远县,明朝时期属重庆府合州管辖地境。

山居录□□卷/（明）李纯朴撰. ——版本情况不详. ——出自道光《重庆府志·艺文志》。

击辕集□□卷续集□□卷/（明）刘应箕撰. ——版本情况不详. ——刘应箕，巴县（今重庆主城区）人，明嘉靖二十三年（1544）进士. ——出自乾隆《巴县志·人物志·勋业》。

鸡肋集□□卷/（明）朱耀先撰. ——版本情况不详，无传本. ——朱耀先，生卒年不详，明崇祯年间进士，合州（今重庆合川区）人. ——出自《民国新修合川县志·掌录十七·艺文二·集部四》。

寂定诗集□□卷/（明）释寂定著. ——版本情况不详. ——释寂定，生卒年不详，字木方，巴县（今重庆主城区）周氏子，事沙门宏储. ——出自嘉庆《四川通志》卷一百八十六《经籍·集部》，《四川丛书采访书目录》巴县部分。

蜀中人物志记□□卷/（明）江朝宗撰. ——版本情况不详，已佚. ——江朝宗（1425—1506），字东之，号乐轩，重庆府巴县新市镇（今重庆市璧山区八塘乡）人，明景泰二年（1451）进士，后任翰林院庶吉士、编修等职. ——出自道光《重庆府志·艺文志》。

紫轩集□□卷/（明）江朝宗撰. ——版本情况不详. ——出自民国《巴县志·人物列传》。

见闻录□□卷/（明）刘蒇撰. ——版本情况不详. ——刘蒇，生卒年不详，字惟馨、秋佩，涪州（今重庆涪陵区）人，明弘治十二年（1499）进士. ——出自民国《涪陵县续修涪州志·艺文志一》。

秋佩先生遗稿五卷/（明）刘蒇撰. ——明嘉靖四十四年（1565）刻本. ——中国国家图书馆。

蒋云汉文稿□□卷/（明）蒋云汉撰. ——版本情况不详. ——蒋云汉（1434—1506），字天章，号渝渚，巴县（今重庆主城区）人，明天顺元年（1457）进士，曾任兴化知府. ——出自《四川丛书采访书目录》巴县部分。

立斋遗文五卷附录一卷/（明）邹智撰. ——明天启五年（1625）李廷梁刻本. ——二册. ——邹智（1466—1491），字汝愚，号立斋，合州（今重庆

合川区）人. ——北京大学图书馆。

（明）邹智撰. ——清乾隆三十七年至四十七年（1772—1782）四库全书本. ——二册. ——中国国家图书馆、台湾"国立故宫博物院"图书文献馆、甘肃省图书馆、浙江图书馆。

立斋遗文四卷／（明）邹智撰. ——清道光二十八年（1848）泾县潘氏袁江节署刻本. ——一册. ——中国国家图书馆、中国人民大学图书馆。

（明）邹智撰. ——清同治五年（1866）泾县潘氏袁江节署刻本. ——一册. ——中国人民大学图书馆。

（明）邹智撰. ——清光绪元年（1875）泾县潘氏重印本. ——一册. ——中国国家图书馆。

邹公集□□卷／（明）邹智撰. ——版本情况不详. ——出自乾隆《巴县志·艺文志·序》。

邹刘合刻□□卷／（明）邹智，（明）刘蒇撰. ——版本情况不详。刘蒇，生卒年不详，字惟馨、秋佩，涪州（今重庆涪陵区）人，明弘治十二年（1499）进士. ——出自乾隆《巴县志·艺文志》，倪斯蕙撰《邹刘合刻序》。

梅庵集□□卷／（明）江孟纶撰. ——版本情况不详. ——三册. ——江孟纶，生卒年不详，字廷叙，江津县（今重庆江津区）人，国子生，明成化二年（1466）进士. ——出自道光《重庆府志·艺文志》。

全蜀艺文志六十四卷首一卷／（明）杨慎撰. ——明嘉靖二十一年（1542）刻本. ——二十八册. ——杨慎（1488—1559），字用修，号升庵，四川新都（今成都市新都区）人. ——北京大学图书馆。

（明）杨慎撰；（清）朱遏唐重订. ——清嘉庆二十二年（1817）乐山张汝杰读月草堂刻本. ——十六册. ——中国国家图书馆、北京大学图书馆、中国人民大学图书馆、四川大学图书馆、山东大学图书馆、四川省图书馆。

缙云内外集□□卷／（明）王春撰. ——版本情况不详. ——王春，生卒年不详，巴县（今重庆主城区）人，少负才学，尤精于《易》，明嘉靖中以岁荐任安化训导。杨慎过巴时，造其庐考问奇字，为时所重如此. ——出自乾隆《巴县志·人物志·文苑》. ——按：道光《重庆府志·艺文志》作《缙峰内外集》，无卷数。

警心百勿篇□□卷/（明）郭嘉文著．——版本情况不详．——郭嘉文，生卒年不详，大足县（今重庆大足区）人，明嘉靖年间举人，授周至（今属陕西西安）教谕．——出自《四川丛书采访书目录》大足县部分。

絅菴集□□卷/（明）戴锦撰．——版本情况不详．——戴锦，生卒年不详，长寿县（今重庆长寿区）人，明成化十一年（1475）进士，官主事．——出自道光《重庆府志·艺文志》，民国《长寿县志·人物上》。

居来山房集六十五卷/（明）张佳胤撰．——明万历刻本．——张佳胤（1527—1588），字肖甫，号崌崃山人，一作居来山人，铜梁县（今重庆铜梁区）人，明嘉靖二十九年（1550）进士，官至兵部尚书，授太子太保衔。《明史》有传．——中国科学院文献情报中心（国家科学图书馆）、中国国家图书馆（胶卷）。

襄敏公诗集□□卷/（明）张佳胤著．——版本情况不详．——出自《四川丛书采访书目录》铜梁县部分。

重刻来瞿唐先生日录十二卷（内篇七卷外篇五卷）/（明）来知德撰．——明万历三十九年（1611）张惟任刻本．——十二册．——来知德（1525—1604），字矣鲜，号瞿塘，梁山县（今重庆梁平县）人，明代著名理学家．——北京大学图书馆、北京师范大学图书馆（不全）、中国社会科学院考古研究所图书馆、美国国会图书馆、美国哈佛大学哈佛燕京图书馆、日本东京内阁文库。

来瞿唐先生日录十三卷（内篇六卷外篇七卷）/（明）来知德撰．——清道光十一年（1831）刻本．——十四册．——北京师范大学图书馆、复旦大学图书馆、山东大学图书馆、辽宁大学图书馆、云南省图书馆。

（明）来知德撰．——清咸丰元年（1851）张晋斋、杨敬修刻本．——六册．——中国国家图书馆。

泰山庐山记□□卷/（明）来知德撰．——版本情况不详．——出自龙建平主编《梁平县志》，方志出版社1995年版，第714页。

例侠集□□卷/（明）杨世禄著．——版本情况不详．——杨世禄，生卒

年不详，字守知，号寂寥居士，巫山县（今重庆巫山县）人，明万历三十四年（1606）举人. ——出自《四川丛书采访书目录》巫山县部分。

仙掌楼新艺□□卷/（明）杨世禄著. ——版本情况不详. ——出自《四川丛书采访书目录》巫山县部分。

一枝鸣□□卷/（明）杨世禄著. ——版本情况不详. ——出自《四川丛书采访书目录》巫山县部分。

寂寥居士近稿□□卷/（明）杨世禄著. ——版本情况不详，已佚. ——出自《四川丛书采访书目录》巫山县部分。

倪斯蕙集□□卷/（明）倪斯蕙著. ——版本情况不详. ——倪斯蕙，生卒年不详，字尔澹，别号禺同，重庆卫军籍，明万历二十年（1592）进士. ——出自《四川丛书采访书目录》巴县部分。

桥棠诗草□□卷/（明）德铨著. ——版本情况不详. ——德铨，生平不详. ——出自《四川丛书采访书目录》丰都县部分。

琼琚集□□卷/（明）李永宁著. ——版本情况不详. ——八册. ——李永宁，生卒年不详，定远（今属四川武胜）人，明正统十年（1445）进士. ——出自道光《重庆府志·艺文志》. ——按：武胜县，古称定远县，明朝时期属重庆府合州管辖地境。

正庵诗稿□□卷/（明）李永宁著. ——版本情况不详. ——出自道光《重庆府志·艺文志》。

秋英墅诗十三卷/（明）李养德著. ——版本情况不详. ——李养德，生卒年不详，字涵初，铜梁县（今重庆铜梁区）东部乡人，明万历四十七年（1619）进士. ——出自光绪《铜梁县志·艺文志》，《四川丛书采访书目录》铜梁县部分。

少素文集□□卷/（明）夏子云撰. ——版本情况不详. ——夏子云，生卒年不详，涪州（今重庆涪陵区）人，明嘉靖年间举人，官至衡州府同知. ——出自道光《重庆府志·艺文志》。

世德补拙集□□卷/（明）杨应春撰. ——版本情况不详，已佚. ——杨应春，生卒年不详，长寿县（今重庆长寿区）人，明永乐三年（1405）举人，正统时官太仆寺卿．——出自道光《重庆府志·艺文志》，民国《长寿县志》卷九《人物列传》、卷十五《文征上》。

是闲集□□卷／（明）刘台撰．——版本情况不详．——刘台，生卒年不详，字衡季，号是闲，巴县冷水场（今属重庆市九龙坡区）人，明弘治五年（1492）乡试鼎甲．——出自乾隆《巴县志·人物志·文苑》。

释道潜集□□卷／（明）释道潜撰．——版本情况不详．——释道潜，生卒年不详，字问石，江津县（今重庆江津区）人，住君山禅寺．——出自道光《重庆府志·艺文志》。

问石诗集□□卷／（明）释道潜撰．——版本情况不详．——出自《四川丛书采访书目录》江津县部分。

四川名胜记四卷／（明）何振卿撰．——清光绪十六年（1890）蜀僧寒澈雪堂刻本．——三册．——何振卿，生卒年不详，名锃，号宾岩，处州卫（今属浙江丽水）人，明嘉靖二十六年（1547）进士．——南京大学图书馆。

蜀藻幽胜录四卷／（明）傅振商撰．——明刻本．——傅振商（1573—1640），字君雨，河南汝阳（今汝南）人．——中国国家图书馆、重庆图书馆。

蜀中广记一百八卷／（明）曹学佺撰．——明刻本．——四册．——曹学佺（1574—1646），字能始，号石仓，福建侯官（今属福州）人，明万历二十三年（1595）进士，万历三十九年（1611）任四川按察使．——北京大学图书馆。

（明）曹学佺撰．——清乾隆三十七年至四十七年（1772—1782）四库全书本．——中国国家图书馆、台北"国立故宫博物院"图书文献馆、甘肃省图书馆、浙江图书馆。

蜀中名胜记三十卷／（明）曹学佺撰．——明万历刻本．——中国国家图书馆、北京大学图书馆、云南省图书馆。

（明）曹学佺撰．——清道光元年（1821）四川官印刷局刻本．——八册．——华东师范大学图书馆。

（明）曹学佺撰．——清光绪元年（1875）南海伍氏刻本．——北京大学图书馆、北京师范大学图书馆、辽宁大学图书馆、浙江师范大学图书馆、中山

大学图书馆。

蜀中诗话一卷/（明）曹学佺撰. ——明心远堂刻本. ——中国国家图书馆。

（明）曹学佺撰. ——清顺治三年（1646）两浙督学周南、李际期宛委山堂刻本. ——中国国家图书馆、北京大学图书馆、美国哈佛大学哈佛燕京图书馆。

（明）曹学佺撰. ——清得榭楼杂录抄本. ——中国国家图书馆。

思过堂稿□□卷/（明）释本坚撰. ——版本情况不详. ——释本坚，生卒年不详，字损曲，号仔磨，巴县（今重庆主城区）人，明代僧人. ——出自道光《重庆府志·艺文志》。

万竹园集□□卷/（清）邓璜撰. ——版本情况不详. ——邓璜，生卒年不详，字佐之，巴县（今重庆主城区）人，明崇祯元年（1628）会试副榜. ——出自道光《重庆府志·艺文志》。

小宛山房纪游草□□卷/（明）沈本义著. ——版本情况不详. ——沈本义，生平不详. ——出自《四川丛书采访书目录》开县部分。

虚庵集□□卷/（明）李实著. ——版本情况不详. ——李实，生卒年不详，字孟诚，号虚庵，合州（今重庆合川区）人，明正统七年（1442）进士. ——出自《民国新修合川县志·乡贤一》。

渳石集□□卷/（明）吴嘉宾撰. ——版本情况不详. ——吴嘉宾，生卒年不详，巴县（今重庆主城区）人，明万历四十四年（1616）进士. ——出自乾隆《巴县志·人物志·勋业》。

一笑草□□卷/（明）释见初著. ——版本情况不详. ——释见初，生卒年不详，本名傅复，字见初，号一笑头陀，开县（今重庆开县）人，明代诗僧. ——出自《四川丛书采访书目录》开县部分。

怡云阁诗一卷/（明）王淑著. ——版本情况不详. ——王淑，生平不详. ——出自《四川丛书采访书目录》大宁县部分。

袁氏立命篇功过格注□□卷/（明）何朝宗撰. ——版本情况不详. ——何朝宗，生平不详，长寿县（今重庆长寿区）人. ——出自民国《长寿县志·

文征上》。

约斋诗文集□□卷/（明）费广撰. ——版本情况不详，或散佚. ——费广，生卒年不详，字孟博，号约斋，合州（今重庆合川区）人，清末进士. ——出自《民国新修合川县志·掌录十七·艺文二·集部四》。

月文宪诗集□□卷/（明）月文宪著. ——版本情况不详. ——月文宪，巴县（今重庆主城区）人，明洪武初年，以明经授武昌训导. ——出自道光《重庆府志·艺文志》，另见出自《四川丛书采访书目录》巴县部分。

云山翁诗集□□卷/（明）陈德荣撰. ——版本情况不详. ——陈德荣，生卒年不详，原名万三，号德荣，晚号云山翁，璧山县（今重庆璧山区）人。元末明初时人。清嘉庆《四川通志》、乾隆《璧山县志》等书云其"笃志儒术，英迈雄辩，尤娴武事"，深得元末农民起义领袖明玉珍器重. ——出自道光《重庆府志·艺文志》。

知非集□□卷附**碧云庄诗**□□卷/（明）李昌撰. ——版本情况不详. ——李昌，生平不详. ——出自民国《江津县志·文学》。

各梦草□□卷/（清）刘道开著. ——版本情况不详. ——刘道开（1601—1681），一名远鹏，字非眼，别号了庵居士，巴县（今重庆主城区）人. ——出自《国朝全蜀诗钞》卷一，《四川丛书采访书目录》巴县部分。

拟寒山诗□□卷/（清）刘道开撰. ——版本情况不详. ——出自《四川丛书采访书目录》巴县部分。

痛定录□□卷/（清）刘道开撰. ——版本情况不详，已佚. ——出自乾隆《巴县志·人物志·文苑》。

蜀人物志四卷/（清）刘道开撰. ——版本情况不详. ——出自道光《重庆府志·艺文志》。

自怡轩诗文集□□卷/（清）刘道开撰. ——版本情况不详. ——出自乾隆《巴县志》卷九，道光《重庆府志·艺文志》。

八大家抄选□□卷/（清）龚懋熙撰. ——版本情况不详. ——龚懋熙，生卒年不详，四川江津县（今重庆江津区）人，明崇祯十三年（1640）进士. ——出自民国《江津县志·人物志·行谊》。

古唐明诗归选□□卷/（清）龚懋熙撰. ——版本情况不详. ——出自民国《江津县志·人物志上·行谊》。

古文五删选□□卷/（清）龚懋熙撰. ——版本情况不详. ——出自民国《江津县志·人物志上·行谊》。

历朝八股制艺选□□卷/（清）龚懋熙撰. ——版本情况不详. ——出自民国《江津县志·人物志上·行谊》。

梧竹居草诗文集□□卷/（清）龚懋熙撰. ——版本情况不详. ——出自民国《江津县志·人物志上·行谊》。

天问阁集三卷/（清）李长祥撰. ——清光绪六年（1880）会稽赵氏刻本. ——李长祥（1609—1673），字研斋，又字子发，自号石井道人，夔州府达州（今属四川达州市）人，明崇祯十六年（1643）进士。南明著名抗清将领. ——二册. ——北京大学图书馆、山东大学图书馆、浙江师范大学图书馆、华东师范大学图书馆. ——出自《仰视千七百二十九鹤斋丛书》第二集。

天问阁文集四卷/（清）李长祥撰. ——清刻本. ——六册. ——中国人民大学图书馆、宁夏大学图书馆、南开大学图书馆。

崇祯遗事不分卷/（清）李长祥著. ——清初稿本. ——一册. ——朱希祖先生旧藏。

杜诗编年十八卷/（唐）杜甫撰；（清）李长祥，（清）杨大鲲编. ——清刻本. ——四册. ——北京师范大学图书馆、上海图书馆、成都杜甫草堂博物馆（胶卷）。

入蜀集二卷/（清）宋琬撰. ——清乾隆三十一年（1766）刻本. ——一册. ——宋琬（1614—1673），字玉叔，号荔裳，山东莱阳人. ——北京大学图书馆、四川大学图书馆、华东师范大学图书馆。

铎音□□卷/（清）潘绂著. ——版本情况不详. ——潘绂，生卒年不详，字朱来，大足县（今重庆大足区）人，明崇祯九年（1636）举人. ——出自民国《大足县志·人物上》。

天布斋稿□□卷/（清）潘绂著. ——版本情况不详. ——出自民国《大足县志·人物上》。

盎中鸣集□□卷/（清）潘绂著. ——版本情况不详. ——出自民国《大足县志·人物上》。

长庵集□□卷/（清）刘泌撰. ——版本情况不详. ——刘泌，生卒年不详，字晋仲，刘时俊次子，四川富顺人，后迁入重庆荣昌。明崇祯九年（1636）解元，官至兵部右侍郎. ——出自光绪《荣昌县志·典籍》。

旅啸集□□卷/（清）刘泌撰. ——版本情况不详. ——出自光绪《荣昌县志·典籍》。

八股窍□□卷/（清）李开先撰. ——版本情况不详. ——李开先，生卒年不详，字传一，长寿县（今重庆长寿区）人，明崇祯十二年（1639）举人。不久，明朝灭亡，清朝建立。李开先则隐居彭水，终日以诗酒自娱。《重庆府志》、《长寿县志》有传. ——出自民国《长寿县志·文征上》。

罗村岁时记□□卷/（清）李开先著. ——版本情况不详. ——出自民国《长寿县志·文征上》。

盘餐录□□卷/（清）李开先撰. ——版本情况不详. ——出自民国《长寿县志·文征上》。

诗文杂集□□卷/（清）李开先撰. ——版本情况不详. ——出自民国《长寿县志·文征上》。

思齐录□□卷/（清）李开先撰. ——版本情况不详. ——出自民国《长寿县志·文征上》。

天台山房集□□卷/（清）李开先撰. ——版本情况不详. ——二册. ——出自民国《长寿县志·文征上》。

卧游录□□卷/（清）李开先撰. ——版本情况不详. ——出自民国《长寿县志·文征上》。

训儿篇□□卷/（清）李开先撰. ——版本情况不详. ——出自民国《长寿县志·文征上》。

玉海新经□□卷/（清）李开先撰. ——版本情况不详. ——出自民国《长寿县志·文征上》。

橘园诗□□卷/（清）余子龙撰. ——版本情况不详. ——余子龙，生卒

年不详，明末清初时人，寓居渝州，无心仕途，以授徒为业．——出自乾隆《巴县志·艺文志》，董佩笈撰《橘园诗序》。

归里诗集二卷文集二卷/（清）凌夫惇撰．——版本情况不详．——凌夫惇，生卒年不详，永川县（今重庆永川区）人，明崇祯十五年（1642）举人．——出自光绪《永川县志》卷八《人物志》。

巴字园诗集□□卷/（清）林明俊撰．——版本情况不详．——林明俊，生卒年不详，字位旂，一作汇旂，重庆丰都县人，明末岁贡生．——出自康熙《丰都县志》卷五，嘉庆《丰都县志》卷二，同治《巴县志》卷四，光绪《丰都县志》卷二，《国朝全蜀诗钞》卷四，民国《重修丰都县志》卷十四。

澹远堂文集/（清）林明俊撰．——版本情况不详，已佚．——出自康熙《丰都县志》卷五，嘉庆《丰都县志》卷二，光绪《丰都县志》卷二，《国朝全蜀诗钞》卷四，民国《重修丰都县志》卷十四。

梧桐居近集□□卷/（清）林明俊著．——版本情况不详．——出自康熙《丰都县志》卷五，嘉庆《丰都县志》卷二，光绪《丰都县志》卷二，《国朝全蜀诗钞》卷四，民国《重修丰都县志》卷十四。

潜书二卷/（清）唐甄著；（清）王闻远编．——清光绪九年（1883）中江李氏刻本．——唐甄（1630—1704），初名大陶，字铸万，号圃亭，达县（今属四川达州）人，明末清初思想家、政论家．——四册．——中国国家图书馆、上海图书馆、北京大学图书馆、四川大学图书馆、复旦大学图书馆、南京大学图书馆、南京师范大学图书馆、辽宁大学图书馆、吉林大学图书馆、华东师范大学图书馆。

遂宁张文端公全集七卷首一卷/（清）张鹏翮著；（清）罗景辑；（清）刘廷玑等校．——清光绪三年（1877）张氏刻本．——八册．——张鹏翮（1649—1725），字运青，号宽宇、信阳子，四川遂宁三汇（今属重庆潼南）人，清康熙九年（1670）进士，官至文华殿大学士，人称"贤相"，又为"治河名臣"，谥号"文端"。《清史稿》卷二百七十九有传。罗景，生卒年不详，字星瞻，襄平（今属辽宁省辽阳市）人，清康熙年间南阳太守。刘廷玑（1654—？）字玉衡，号在园，河南开封人．——北京师范大学图书馆。

（清）张鹏翮著；（清）罗景辑；（清）刘廷玑等校. ——清光绪七年（1881）张氏刻本. ——八册. ——中国国家图书馆、上海图书馆、南京图书馆、安徽省图书馆、山东省图书馆、中国科学院文献情报中心（国家科学图书馆）、中国人民大学图书馆、天津师范大学图书馆、华东师范大学图书馆、四川大学图书馆、台湾"中央研究院历史语言研究所"图书馆、日本国立国会图书馆。

（清）张鹏翮著；（清）罗景辑；（清）刘廷玑等校. ——清光绪八年（1882）刻本. ——八册. ——中国国家图书馆、复旦大学图书馆、南京大学图书馆、四川大学图书馆。

松龄老人笔记□□卷/（清）张烺撰. ——版本情况不详. ——张烺，字仲寰，四川遂宁三汇（今属重庆潼南区）人，清康熙时人，以子张鹏翮贵，累赠至文华殿大学士. ——出自光绪《新修潼川县志》卷十六，民国《遂宁县志》卷五。

陈中诗文集□□卷/（清）陈中著. ——版本情况不详. ——陈中（1696—?），字用其，垫江县（今重庆垫江县）人，清雍正八年（1730）进士，任翰林院检讨，后改任河南新郑县知县、贵州正安知州. ——出自嘉庆《四川通志》卷一百八十七，《四川丛书采访书目录》垫江县部分。

橘园集□□卷/（清）余德中撰. ——版本情况不详. ——余德中，生卒年不详，奉节县（今重庆奉节县）人，清康熙二十年（1681年）举人. ——出自乾隆《巴县志·人物志·流寓》。

白邻草堂文集□□卷/（清）成文运著. ——版本情况不详. ——成文运，生卒年不详，字在东，号白邻，忠州（今重庆忠县）人，清康熙三十六年（1697）进士. ——出自道光《忠州直隶州志》卷八，同治《忠州直隶州志》卷十，《四川丛书采访书目录》忠州部分。

巴吟集□□卷/（清）王尔鉴撰. ——版本情况不详. ——王尔鉴（1703—1766），字在兹，号熊峰，河南卢氏县人，清乾隆年间任巴县知县. ——出自乾隆《巴县志·艺文志·序》。

出剑集诗□□卷/（清）王尔鉴撰. ——版本情况不详. ——出自乾隆

《巴县志·艺文志·序》。

蜀道吟集□□卷／（清）王尔鉴撰. ——版本情况不详. ——云南省图书馆。

蜀游草一卷附归田集（铁臂老人诗）／（清）杨周冕撰. ——钞本. ——一册. ——杨周冕，字冠卿，号古华，又号铁臂老人，云南赵州凤仪（今属大理）人，清乾隆元年（1736）举人，历官四川罗江知县、巴州知州，颇有政声. ——云南省图书馆。

海东集二卷／（清）周煌撰. ——清乾隆二十七年（1762）刻本. ——周煌（1714—1785），字景垣，号海山，涪州（今重庆涪陵区）人，清乾隆二年（1737）进士，授翰林院编修，官至兵部尚书，进太子太傅。《清史稿》有传. ——中国国家图书馆。

海山存稿二十卷／（清）周煌撰. ——清乾隆五十八年（1793）涪陵周氏葆素家塾刻本. ——四册. ——中国国家图书馆、北京大学图书馆、北京师范大学图书馆、四川大学图书馆。

湖海集□□卷／（清）周煌撰. ——版本情况不详. ——出自道光《重庆府志》卷九，民国《涪陵县续修涪州志》卷十九。

诗林韶濩选二十卷／（清）顾嗣立原辑；（清）周煌重编. ——清乾隆二十九年（1764）潄润堂刻本. ——六册. ——顾嗣立（1665—1722），字侠君，号闾丘，江苏长洲（今苏州）人，清康熙五十一年（1712）进士，清代著名学者. ——中国国家图书馆、北京大学图书馆、清华大学图书馆、四川大学图书馆、辽宁大学图书馆。

（清）周煌重选. ——清乾隆三十一年（1766）刻本. ——四册. ——南开大学图书馆。

（清）顾嗣立，（清）周煌辑. ——清乾隆五十六年（1791）周兴岱刻本. ——吉林大学图书馆、华东师范大学图书馆。

蜀道吟□□卷／（清）周煌撰. ——版本情况不详. ——出自道光《重庆府志》卷九，民国《涪陵县续修涪州志》卷十九。

应制集□□卷／（清）周煌撰. ——版本情况不详. ——出自道光《重庆

府志》卷九，民国《涪陵县续修涪州志》卷十九。

豫章集□□卷/（清）周煌撰．——版本情况不详．——出自道光《重庆府志》卷九，民国《涪陵县续修涪州志》卷十九。

八柱集八卷/（清）周绍尧辑．——版本情况不详．——周绍尧，生卒年不详，字福堂，南川县（今重庆南川区）人，清末监生．——出自民国《重修南川县志》卷十二《艺文志·专著目录》。

巴船纪程一卷/（清）洪良品撰．——清光绪十四年（1888）王锡祺小方壶斋舆地丛钞铅印本．——洪良品（1827—1897），字叙澄，号右臣，别号龙冈山人，黄州（今湖北黄冈）人，清代学者．——中国国家图书馆、北京大学图书馆。

（清）洪良品撰．——清光绪十七年（1891）上海著易堂铅印本．——北京大学图书馆。

巴蜀旧影□□卷/〔日〕山川早水撰．——日本明治四十二年（1909）东京成文馆刻本．——一册．——山川早水，生卒年不详，日本人，清末来华，担任四川高等学堂日文教师。清光绪三十一年（1905）在四川境内考察，写下详细游记，即为此书．——西南大学图书馆。

白云山居合集十一卷/（清）释明真撰．——清刻本．——释明真，生平不详．——出自《民国新修合川县志·掌录十七·艺文二·集部四》。

百梅诗集□□卷/（清）敖彤臣撰．——版本情况不详．——敖彤臣，生卒年不详，字珥卿，荣昌县（今重庆荣昌区）人，清道光二十五年（1845）进士，官浙江温州府知府．——出自光绪《荣昌县志》卷二十二《典籍》。

初学文药□□卷/（清）敖彤臣撰．——版本情况不详．——出自光绪《荣昌县志》卷二十二《典籍》。

桐阴诗集□□卷/（清）敖彤臣撰．——版本情况不详．——出自光绪《荣昌县志》卷二十二《典籍》。

半课堂遗稿一卷/（清）苟文燨撰．——苟氏谱抄存本．——苟文燨，生平不详．——出自《民国新修合川县志·掌录十七·艺文二·集部四》。

半农吟草二卷/（清）吴熙奎著．——版本情况不详，已佚．——吴熙奎，生卒年不详，字亮亭，秀山县（今重庆秀山土家族苗族自治县）人，清道光时诸生，监酉阳屯田局事二十年，年六十四卒.——出自光绪《秀山县志》卷十《士女志·谭由萧吴张田胡列传》，另见《四川丛书采访书目录》秀山县部分。

传忠录三卷/（清）吴熙奎撰.——版本情况不详.——出自光绪《秀山县志》卷十《士女志·谭由萧吴张田胡列传》，另见《四川丛书采访书目录》秀山县部分。

爱晚山房诗集□□卷/（清）康作霖著.——版本情况不详.——康作霖，生卒年不详，字雨仁（一作雨人），南川县（今重庆南川区）人，清道光十二年（1832）举人.——出自民国《南川县志·艺文志·专著目录》。

北上集□□卷/（清）陈援世撰.——版本情况不详.——陈援世，生卒年不详，涪州（今重庆涪陵区）人，曾任江南蒙城县（今属安徽亳州）知县，后升任寿州知州，未仕.——出自民国《涪陵县续修涪州志·艺文志一》。

浪游小草□□卷/（清）陈援世撰.——版本情况不详.——出自民国《涪陵县续修涪州志·艺文志一》。

南游集□□卷/（清）陈援世撰.——版本情况不详.——出自民国《涪陵县续修涪州志·艺文志一》。

皖道蝉音□□卷/（清）陈援世撰.——版本情况不详.——出自民国《涪陵县续修涪州志·艺文志一》。

笔批会真记不分卷/（清）丁树诚撰.——版本情况不详.——丁树诚（1835—1902），字至堂、治棠，号仕隐子，合州（今重庆合川区）人，清光绪五年（1879）举人.——出自《合川文史资料选辑》第五辑，中国人民政治协商会议四川省合川县委员会文史资料研究委员会1988年11月编印，第113—120页，丁禹孝遗著《丁治棠年谱》一文。

笔批礼记笺注不分卷/（清）丁树诚撰.——版本情况不详.——出处同上。

笔批诗经笺注不分卷/（清）丁树诚撰.——版本情况不详.——出处同上。

初度入京日记四卷/（清）丁树诚撰.——版本情况不详.——出处同上。

悼亡集一卷／（清）丁树诚撰． ——版本情况不详． ——出处同上。

纪程诗一卷／（清）丁树诚撰． ——版本情况不详． ——出处同上。

晋省回籍日记四卷／（清）丁树诚撰． ——版本情况不详． ——出自戴蕃瑨撰《丁文简公著日记三种序》。

联语集二卷／（清）丁树诚撰． ——版本情况不详． ——出自《合川文史资料选辑》第五辑，中国人民政治协商会议四川省合川县委员会文史资料研究委员会 1988 年 11 月编印，第 113—120 页，丁禹孝遗著《丁治棠年谱》一文。

入京纪行杂诗一卷／（清）丁树诚撰． ——版本情况不详． ——出自《丁治棠纪行四种》卷二。

仕隐斋涉笔八卷／（清）丁树诚撰． ——丁氏家藏钞本． ——出自《民国新修合川县志》卷四十四《乡贤三》。

治棠诗集六卷／（清）丁树诚撰． ——丁氏家藏稿本． ——一册． ——出自《民国新修合川县志》卷三十四、四十四。

治棠文集四卷／（清）丁树诚撰． ——丁氏家藏稿本． ——出自《民国新修合川县志》卷三十四、四十四。

往留录八卷／（清）丁树诚撰． ——版本情况不详． ——出自《丁治棠纪行四种》，四川人民出版社 1984 年版。

文简公诗文补遗二卷／（清）丁树诚撰． ——版本情况不详． ——出自《合川文史资料选辑》第五辑，中国人民政治协商会议四川省合川县委员会文史资料研究委员会 1988 年 11 月编印，第 113—120 页，丁禹孝遗著《丁治棠年谱》一文。

仪陇集四卷／（清）丁树诚撰． ——版本情况不详． ——出处同上。

楹联集联二卷／（清）丁树诚撰． ——版本情况不详． ——出自《四川丛书采访书目录》忠州部分。

苾园集不分卷□□卷／（清）韩芳撰． ——版本情况不详． ——韩芳，生卒年不详，字若盛，长寿县（今重庆长寿区）人，清乾隆十五年（1750）举人，后任甘肃碾伯县知县． ——出自道光《重庆府志》卷八，光绪《长寿县志》卷七，民国《长寿县志·人物中》． ——按：民国《长寿县志》卷十五

（民国三十三年铅印本）将是书著录为其子韩鼎晋所作。韩鼎晋，生卒年不详，字峙霍，号树屏，清乾隆五十一年（1786）举人。

碧云草□□卷／（清）易卜年撰．——版本情况不详．——易卜年，生卒年不详，字修龄，江津县（今重庆江津区）人，无心仕途，以廪生终老．——出自道光《重庆府志》卷九，光绪《江津县志》卷十一，民国《江津县志·文学》．——按：该书题名，亦作《碧云诗草》。

西沤全集十卷外集八卷／（清）李惺撰．——清同治五年（1866）眉州刘鸿典等刻本．——十六册．——李惺（1787—1864），字伯子，号西沤，垫江县（今重庆垫江县）人，清嘉庆二十二年（1817）进士，授翰林院检讨．——南京大学图书馆、北京师范大学图书馆、中国人民大学图书馆、四川大学图书馆、复旦大学图书馆、厦门大学图书馆。

（清）李惺撰．——清同治七年（1868）垫江李氏刻本．——十六册．——北京大学图书馆、郑州大学图书馆、吉林大学图书馆、南开大学图书馆、武汉大学图书馆、中国人民大学图书馆、四川大学图书馆。

冰言一卷冰言补一卷／（清）李惺撰．——清光绪三十三年（1907）江苏提学署刻本．——南开大学图书馆、复旦大学图书馆、北京师范大学图书馆、云南省图书馆．——按：出自《西沤全集》第十三、十四册。

铜豹馆劄书二卷补二卷／（清）李惺撰．——清同治七年（1868）垫江李氏刻民国七年（1918）增刻西沤全集本．——二册．——中国国家图书馆、北京大学图书馆、南京大学图书馆、北京师范大学图书馆、南开大学图书馆、吉林大学图书馆、云南省图书馆．——按：出自《西沤全集》第十五、十六册。

书补附老学究语二卷／（清）李惺撰；（清）童槭，（清）宋宝槭辑；（清）刘鸿典校．——清同治七年（1868）四川李氏家刻本．——北京大学图书馆、武汉大学图书馆、四川大学图书馆、云南省图书馆．——按：出自《西沤全集》第十七至十八册。

药言一卷药言賸稿一卷／（清）李惺撰．——清同治七年（1868）垫江李氏刻西沤全集本．——一册．——中国国家图书馆、北京大学图书馆、南京大学图书馆、北京师范大学图书馆、南开大学图书馆、吉林大学图书馆、云南省图书馆. ——按：出自《西沤全集》第十一册、第十二册。

懒园集□□卷／（清）李惺著. ——版本情况不详. ——出自《四川丛书采访书目录》彭水县部分。

别诗钞一卷／（清）潘泰行撰. ——版本情况不详. ——潘泰行（1806—?），字芷泉，江津县（今重庆江津区）人，清末举人，曾任井研教谕. ——出自民国《江津县志·人物志》。

炳南花鸟画谱一卷（50幅）／（清）方炳南绘. ——清末民初刻本. ——方炳南（1841—1911），又名绍廉，自号种菊轩主，梁山县金带乡（今重庆梁平县金带镇）人，清末著名民间画家. ——出自四川省万县市文化局编纂《万县地区文化艺术志》，四川人民出版社1996年版，第510页。

种菊轩画谱四卷／（清）方炳南绘. ——清末民初刻本. ——出处同上。

不及斋文集□□卷／（清）吴鸿恩著. ——版本情况不详. ——吴鸿恩（1829—1903），字春海，铜梁县（今重庆铜梁区）人，清同治元年（1862）进士. ——出自光绪《铜梁县志》卷六。

春圃诗草□□卷／（清）吴鸿恩著. ——版本情况不详. ——出自光绪《铜梁县志》卷六。

石及离文集□□卷／（清）吴鸿恩著. ——版本情况不详. ——出自光绪《铜梁县志》卷六。

铜梁县守城记□□卷／（清）吴鸿恩著. ——版本情况不详. ——出自光绪《铜梁县志》卷六。

菜羹记□□卷／（清）潘治撰. ——版本情况不详. ——潘治，生卒年不详，字子政，江津县（今重庆江津区）人，一作巴县人，清雍正元年（1723）举人，后任陕西咸阳知县. ——出自道光《重庆府志》卷八、卷九，光绪《江津县志》卷十一，民国《江津县志·人物志》，《江津县乡土志》卷二。

婚丧礼说□□卷／（清）潘治撰. ——版本情况不详. ——出自道光《重庆府志》卷八、卷九，光绪《江津县志》卷十一，民国《江津县志·人物志》，《江津县乡土志》卷二。

沧海谈奇□□卷／（清）罗星著. ——版本情况不详. ——罗星，生卒年

不详，字九峰，号春堂，綦江县（今重庆綦江区）人，清道光元年（1821）举人．——出自道光《綦江县志》卷七，《四川丛书采访书目录》綦江县部分。

家训□□卷／（清）罗星著．——手抄本．——出自道光《綦江县志》卷七。

九峰草堂诗集二十八卷／（清）罗星著．——版本情况不详．——出自《四川丛书采访书目录》綦江县部分，《蜀诗续钞》卷一．——按：《蜀诗续钞》作《九峰草堂诗文》。

九峰制艺四卷／（清）罗星著．——版本情况不详．——出自道光《綦江县志》卷七。

诗古文集三十二卷／（清）罗星著．——版本情况不详．——出自道光《綦江县志》卷七，《四川丛书采访书目录》綦江县部分。

诗选便读六卷／（清）罗星著．——版本情况不详．——出自道光《綦江县志》卷七，《四川丛书采访书目录》綦江县部分。

书差福海一卷／（清）罗星著．——版本情况不详．——出自道光《綦江县志》卷七，《四川丛书采访书目录》綦江县部分。

谈锋镜一卷／（清）罗星著．——版本情况不详．——出自道光《綦江县志》卷七。

珍珠舫四卷／（清）罗星著．——版本情况不详．——出自道光《綦江县志》卷七，《四川丛书采访书目录》綦江县部分。

出峡记一卷／（清）张州撰．——清光绪三年（1877）上海著易堂铅印本．——张州，生卒年不详，字莲峰，号南林，陕西武功县人，清乾隆朝进士，知德清县。著有《对雪亭集》．——北京大学图书馆、河南大学图书馆．——按：是书出自《古今游记丛抄》，主要记述作者出夔门峡、巫峡等险滩经历。

晨钟自醒集□□卷／（清）魏光勋著．——版本情况不详．——魏光勋，生卒年不详，字昆堂，大宁县（今重庆巫溪县）人，清末庠生．——出自光绪《大宁县志》卷七，另见《四川丛书采访书目录》大宁县部分。

樗北诗抄□□卷文抄□□卷／（清）刘敦山著．——清末稿本．——刘敦山，生卒年不详，号樗北叟，万县（今重庆万州区）人，活动于清朝同治、光绪年间. ——出自四川省万县市文化局编纂《万县地区文化艺术志》，四川人民出版社1996年版，第159页。

绘事管见□□卷/（清）刘敦山著. ——清刻本. ——出自四川省万县市文化局编纂《万县地区文化艺术志》，四川人民出版社1996年版，第159页。

樗碧山房文集八卷诗钞八卷词钞四卷/（清）李祖培著. ——版本情况不详. ——李祖培，生卒年不详，字栽之，号北山，黔江县（今重庆黔江区）人，清嘉庆年间监生，捐任浙江钱塘县县丞，后任黔江候补知县. ——出自同治《续增黔江县志》卷一，光绪《黔江县志·艺文志》，《黔江县乡土志·学问》，《四川丛书采访书目录》黔江县部分。

蕉尾启吟试帖□□卷/（清）李祖培撰. ——版本情况不详. ——出自光绪《黔江县志·艺文志》，《黔江县乡土志·学问》。

川北吟一卷/（清）邵鸣喈撰. ——版本情况不详. ——邵鸣喈，生卒年不详，字风皋，永川县（今重庆永川区）人，清同治年间任四川仪陇教谕. ——出自光绪《永川县志》卷八《人物志》。

清意山庄诗集二卷/（清）邵鸣喈撰. ——版本情况不详. ——出自光绪《永川县志》卷八《人物志》。

川主三抚神合传一卷/（清）陈怀仁撰. ——版本情况不详. ——陈怀仁，生卒年不详，字含元，号心斋，晚号识箴居士，贵州遵义人，清乾隆五十一年（1786）举人，后任酉阳直隶州（治今重庆酉阳县）同知. ——出自《四川丛书采访书目录》酉阳州部分。

东岳天齐传一卷/（清）陈怀仁撰. ——版本情况不详. ——出自《四川丛书采访书目录》酉阳州部分。

黑神南将军传一卷/（清）陈怀仁撰. ——版本情况不详. ——出自《四川丛书采访书目录》酉阳州部分。

吹影编□□卷/（清）李珵著. ——版本情况不详. ——李珵，生平不详. ——出自道光《重庆府志·艺文志》。

经过扬子江三峡游记（*Through the Yang-Tse gorges; or, trade and travel in Western China*）/〔英〕阿绮波德·约翰·立德乐著. ——伦敦桑普森楼公司出

版，1888年（London：Sampson Low & Co.，1888）．——阿绮波德·约翰·立德乐（Archibald John Little，1838—1908?），英国商人、冒险家。清末来华，光绪二十四年（1898）沿长江入川，成为首位溯江来渝的外国商人．——英国国家图书馆。

穿蓝色长袍的国度（*The land of blue gown*）/〔英〕阿绮波德·立德乐著．——英国伦敦铅印本，1902年（London：T. Fisher Unwin，1902）．——阿绮波德·立德乐（Afterwards Little，1845—1926），英国著名商人立德乐之妻，清末与立德乐一同来华，为废除中国的裹脚陋习做出了积极努力．——英国国家图书馆．——按：该书第10节《丰都：中国的冥府》，专门记述作者在重庆丰都"天下名山"的见闻感获。

北游记□□卷/刘德萃撰．——版本情况不详，已佚．——刘德萃，生卒年不详，字雪樵，江津县（今重庆江津区）人，清末增生。光绪三十年（1904）赴日，毕业于日本宏文学院示范班，归国后任重庆体育校校长．——出自民国《江津县志·文学》。

传家宝□□卷/（清）周本一撰．——版本情况不详．——周本一（1839—1914），字伯贞，长寿县（今重庆长寿区）人，清末著名医家．——出自民国《长寿县志·人物中》。

程中丞全集六种二十九卷/程德全撰．——清宣统年间铅印本．——十册．——程德全（1860—1930），字纯如，号雪楼，云阳县（今重庆云阳县）人，清末廪生，曾任黑龙江巡抚、江苏巡抚。民国元年（1912），为南京都督．——复旦大学图书馆、吉林大学图书馆、辽宁大学图书馆、哈尔滨市图书馆、齐齐哈尔市图书馆．——按：该丛书含六种子目：程中丞奏稿十九卷附录一卷、两淮案牍钞存不分卷、庚子交涉偶录一卷、抚东政略二卷、赐福楼笔记一卷、赐福楼启事四卷。

赐书堂集□□卷/（清）韩鼎晋撰．——版本情况不详．——韩鼎晋，生卒年不详，字峙霍，号树屏，长寿县（今重庆长寿区）人，清乾隆五十一年（1786）举人．——出自民国《长寿县志·人物中》。

蕊园集□□卷/（清）韩鼎晋著．——版本情况不详．——出自政协长寿县委员会编《长寿风情》，第70页，杨远华撰《进士韩鼎晋》一文。

翠柏轩诗文集□□卷／（清）罗尊五撰．——版本情况不详．——罗尊五，生卒年不详，黔江县（今重庆黔江区）人，清光绪时廪生，以公正举为保正．——出自光绪《黔江县志·艺文志》，《黔江县乡土志·学问》。

翠和堂诗集一卷／（清）任其昌撰．——版本情况不详．——任其昌，生平不详．——出自道光《重庆府志·艺文志》。

答猿诗草八卷／（清）陈汝燮撰．——清刻本．——陈汝燮（约1830—1902），字达泉，号答猿，酉阳直隶州（今重庆酉阳土家族苗族自治县）人，土家族诗人．——出自同治《增修酉阳直隶州总志·艺文志》。

达言一卷／（清）江含通撰．——版本情况不详．——江含通，生卒年不详，字达人，江津县（今重庆江津区）人，清道光时人．——出自民国《江津县志·人物志上·行谊》。

达言一卷／（清）张乃孚撰．——版本情况不详．——张乃孚（1759—1825），字西村，号闲宾，合州（今重庆合川区）人，一作铜梁（今重庆铜梁区）人，清乾隆四十八年（1783）举人，官花县知县、蓬州学正．——出自《四川丛书采访书目录》江津县部分。

闲滨余草前编诗十二卷续编诗八卷附诗律一卷／（清）张乃孚著．——版本情况不详．——出自道光《重庆府志·艺文志》。

小白华山人诗抄十二卷／（清）张乃孚撰．——清道光二年（1822）张氏半舫书屋刻本．——四川省图书馆。

小白华山人诗抄续编八卷附试帖诗一卷／（清）张乃孚撰．——清道光六年（1826）张氏半舫书屋刻本．——四川省图书馆。

岱松诗集一卷／（清）秦大恒撰．——清抄本．——秦大恒，生卒年不详，字安溪，号岱松，合州（今重庆合川区）人，清末国子监生．——出自《民国新修合川县志·掌录十七·艺文二·集部四》。

丹兴琐记二卷／（清）赵大煊撰．——版本情况不详．——赵大煊，生卒年不详，字云驷，黔江县（今重庆黔江区）人，清同治十二年（1873）拔贡生，后任四川纳溪教谕．——出自光绪《黔江县志·艺文志》，《黔江县乡土志·学问》。

穉学编四卷/（清）赵大煊撰.——清稿本.——四册.——出自光绪《黔江县志·艺文志》,《黔江县乡土志·学问》。

澹音阁词一卷/（清）赵书卿撰.——清光绪二十二年（1896）南陵徐氏小檀栾室汇刻闺秀词刻本.——赵书卿,生卒年不详,字友兰,号佩芳、佩芸,江苏武进人,清末随父入川,寓居重庆铜梁.——中国国家图书馆、北京大学图书馆、河南大学图书馆.——按：是书出自《小檀栾室汇刻闺秀词》第一函第三集第二册,徐乃昌编。

道腴室遗稿二卷/（清）江怀廷撰.——清光绪二十一年（1895）重庆刻本.——一册.——江怀廷,生卒年不详,福建长汀人,清咸丰二年（1852）进士,曾任重庆璧山知县.——复旦大学图书馆。

灯下旧闻□□卷/（清）罗珍著.——版本情况不详.——罗珍,生卒年不详,字佛崖,四川威远县人,清道光四年（1824）任开县盛山书院山长.——出自《四川丛书采访书目录》开县部分。

佛崖古文外集□□卷/（清）罗珍著.——版本情况不详.——出自《四川丛书采访书目录》开县部分。

佛崖诗稿□□卷/（清）罗珍著.——版本情况不详.——出自《四川丛书采访书目录》开县部分。

佛崖文集□□卷/（清）罗珍著.——版本情况不详.——出自《四川丛书采访书目录》开县部分。

删余赘语□□卷/（清）罗珍著.——版本情况不详.——出自《四川丛书采访书目录》开县部分。

瑶笔摘录□□卷/（清）罗珍著.——版本情况不详.——出自《四川丛书采访书目录》开县部分。

棣萼堂遗稿一卷/（清）苟文燡撰.——苟氏谱摘钞本.——苟文燡,生卒年不详,字汉照,合州（今重庆合川区）人,清末增广生.——出自《民国新修合川县志·掌录十七·艺文二·集部四》。

滇行日记□□卷/（清）刘慈撰.——版本情况不详.——刘慈,生卒年不详，字康成，号鹭溪，巴县（今重庆主城区）人，清康熙四十一年（1702）举人. ——出自道光《重庆府志·艺文志》。

刘鹭谿日记/（清）刘慈撰. ——版本情况不详. ——出自乾隆《巴县志·艺文志》徐旋撰《刘鹭谿日记序》。

鹭溪集□□**卷**/（清）刘慈撰. ——版本情况不详. ——出自乾隆《巴县志·人物志·文苑》。

云篆山人诗□□**卷**/（清）刘慈著. ——版本情况不详. ——出自乾隆《巴县志·艺文志》，徐旋撰《云篆山人诗序》。

丁母行述万言□□**卷**/丁慕韩撰. ——版本情况不详. ——丁慕韩，生卒年不详，字剑秋，江津县（今重庆江津区）人，丁永斋子。清光绪末年，丁氏在四川陆军武备学堂、日本陆军士官学校学军事. ——出自民国《江津县志·列女传下》。

东谷诗草□□**卷**/（清）萧盛昱著. ——版本情况不详. ——萧盛昱（1663—1727），字晓舆，号东谷，垫江县（今重庆垫江县）人，清康熙二十六年（1687）举人. ——出自光绪《垫江县志》卷八，《四川丛书采访书目录》垫江县部分。

流江杂录□□**卷**/（清）萧盛昱著. ——版本情况不详. ——出自光绪《垫江县志》卷八，《四川丛书采访书目录》垫江县部分。

闲窗赋□□**卷**/（清）萧盛昱著. ——版本情况不详. ——出自光绪《垫江县志》卷八，《四川丛书采访书目录》垫江县部分。

读书轩诗草□□**卷**/（清）朱稽撰. ——版本情况不详. ——朱稽，生平不详. ——出自《四川丛书采访书目录》巴县部分。

敦行堂文集五卷/（清）晏嘉宾撰. ——版本情况不详. ——晏嘉宾，生卒年不详，永川县（今重庆永川区）人，清道光十九年（1839）举人. ——出自光绪《永川县志》卷十。

鄂不楼待定稿二卷/（清）杨进蕃撰. ——杨氏家藏抄本. ——杨进蕃，生卒年不详，字笠台，又字渔侪，祖籍湖南绥宁，后迁入重庆合川。清同治光绪年间，悬壶济世，有美名. ——出自《民国新修合川县志·掌录十七·艺文

二·集部四》。

二柳山房杂著□□卷/（清）冉广燏撰. ——版本情况不详. ——冉广燏，生卒年不详，字綱庵，号栎溪，酉阳直隶州（今重庆酉阳）人，一作巴县（今重庆主城区）人，清乾隆三十一年（1766）举人，三十七年（1772）进士. ——出自道光《重庆府志》卷八，同治《增修酉阳直隶州总志》卷十七，民国《巴县志》卷十，《民国新修合川县志》卷三十四《掌录十七·艺文二·子部三》。

张船山书札不分卷/（清）张问陶撰. ——清稿本. ——中国国家图书馆。

张船山手书诗稿一卷/（清）张问陶撰. ——稿本. ——四川省图书馆。

京朝集三卷/（清）张问陶撰. ——稿本. ——上海图书馆. ——按：有陈用光、吴嵩梁评。

张船山诗选□□卷/（清）张问陶撰. ——抄本. ——香港中文大学图书馆。

张船山诗选六卷/（清）张问陶撰. ——影印本. ——江西省图书馆。

张船山手稿一卷/（清）张问陶撰. ——清乾隆遂宁张氏手抄袖珍本. ——四川省图书馆. ——按：有钤印"虎痴记语"、"唐百川印"。

张船山先生诗钞一卷/（清）张问陶撰. ——清同治三年（1864）抄本. ——上海图书馆。

船山诗钞一卷/（清）张问陶撰. ——日本江户广獭建轩写本. ——日本国立国会图书馆。

船山诗钞□□卷/（清）张问陶撰. ——清钞本. ——韩国延世大学图书馆。

船山诗草二十卷补遗六卷/（清）张问陶撰. ——清嘉庆十三年（1808）山西河东道廨刻本. ——中国国家图书馆、江西省图书馆、辽宁省图书馆、广东省立中山图书馆、山东大学图书馆、南京大学图书馆。

（清）张问陶撰. ——清嘉庆二十年（1815）石韫玉刻本. ——中国国家图书馆、上海图书馆、南京图书馆、安徽省图书馆、四川省图书馆、辽宁省图书馆、湖南图书馆、河南省图书馆、北京大学图书馆、南开大学图书馆、中国人民大学图书馆、华南师范大学图书馆、日本国立国会图书馆。

（清）张问陶撰. ——清嘉庆二十年（1815）刻道光二十九年（1849）增刻本. ——浙江省图书馆、上海图书馆。

（清）张问陶撰. ——清同治九年（1870）珍山馆刻本. ——北京大学图书馆。

（清）张问陶撰. ——清同治十三年（1874）味经堂刻本. ——中国国家图书馆、南京图书馆、上海图书馆、安徽省图书馆、广东省立中山图书馆、辽宁省图书馆、北京大学图书馆、复旦大学图书馆、台湾东海大学图书馆。

（清）张问陶撰. ——清同治十三年（1874）绾绣阁序刻本. ——日本国立国会图书馆。

（清）张问陶撰. ——清光绪十年（1884）刻本. ——南京图书馆。

（清）张问陶撰. ——清光绪十八年（1892）宏道堂刻本. ——河南省图书馆、四川省图书馆、安徽省图书馆、华东师范大学图书馆。

张船山诗草初集三卷二集六卷／（清）张问陶撰. ——日本嘉永元年（1848）京都山城屋佐兵卫等刻本. ——南京图书馆、辽宁省图书馆、大连市图书馆。

（清）张问陶撰. ——日本嘉永三年（1850）京都山城屋佐兵卫等刻本. ——辽宁省图书馆。

（清）张问陶撰. ——日本上野圭庵筱崎长平点嘉永元皇都山田茂助刻本. ——日本国立国会图书馆。

寓庸堂文稿□□卷／（清）冉广燏撰. ——版本情况不详. ——出自道光《重庆府志》卷八，同治《增修酉阳直隶州总志》卷十七，民国《巴县志》卷十，《民国新修合川县志·掌录十七·艺文二·子部三》）。

二酉纪闻十六卷／（清）冉崇文撰. ——版本情况不详. ——冉崇文（1810—1857），字右之，号蠹夫，酉阳直隶州（今重庆酉阳土家族苗族自治县）人，清道光时廪生. ——出自同治《增修酉阳直隶州总志·序》. ——按：关于该书作者，有冯壶川之说，待考。

访樵联吟四卷／（清）冉崇文撰. ——版本情况不详. ——出自《冉崇文

传》，清末岁贡生陈骏序撰。

二酉山房诗抄□□卷/（清）冉崇文撰. ——版本情况不详. ——出自《国朝全蜀诗钞》卷五十九，《清诗汇》卷一百六十九。

小酉山房杂录四十卷首一卷/（清）冉崇文撰. ——版本情况不详. ——出自《彭水文史资料》第九辑，第23页。

方溪集四卷/（清）罗守仁撰. ——版本情况不详，传抄本. ——罗守仁，生卒年不详，字用存，号钝汉，合州（今重庆合川区）人，清雍正七年（1729）举人. ——出自《民国新修合川县志·掌录十七·艺文二·子部三》。

方斋诗集十六卷/（清）施义爵撰. ——版本情况不详. ——施义爵，生卒年不详，字方斋，铜梁县（今重庆铜梁区）人，清雍正七年（1729）举人. ——出自道光《重庆府志·艺文志》。

涪陵诗集□□卷/（清）曾德升著. ——版本情况不详. ——曾德升，生卒年不详，字玉峰，一字侣恒，丰都县（今重庆丰都县）人，清康熙四十五年（1706）岁贡生. ——出自《四川丛书采访书目录》丰都县部分。

梅竹轩诗集□□卷/（清）曾德升著. ——版本情况不详. ——出自《四川丛书采访书目录》丰都县部分。

琼瑶诗集□□卷/（清）曾德升著. ——版本情况不详. ——出自《四川丛书采访书目录》丰都县部分。

三省堂文集□□卷/（清）曾德升著. ——版本情况不详. ——出自《四川丛书采访书目录》丰都县部分。

石竹园诗集□□卷/（清）曾德升著. ——版本情况不详. ——一册. ——出自《四川丛书采访书目录》丰都县部分。

附西窗谈话四卷/（清）熊正伦撰. ——熊氏家藏稿本. ——熊正伦，生平不详. ——出自《民国新修合川县志·掌录十七·艺文二·子部三》。

覆瓿锁录四卷/（清）杨进笏撰. ——杨氏家藏抄本. ——杨进笏，生卒年不详，合州（今重庆合川区）人，清末文生. ——出自《民国新修合川县志·掌录十七·艺文二·子部三》。

馥堂诗稿□□卷/（清）赖松云著. ——版本情况不详，未梓. ——赖松云，生卒年不详，字馥堂，南川县（今重庆南川区）人，清光绪时人，附贡生。——出自民国《南川县志》卷十二《艺文志》。

馥元堂诗草□□卷／（清）彭应桂撰．——彭氏家藏稿本．——彭应桂，生卒年不详，一名应柱，涪州（今重庆涪陵区）人，生活于清乾隆时期．——出自民国《涪陵县续修涪州志》卷十三《人物志三·文苑》、卷十九《艺文志一》。

高县学宫谶碑歌□□卷／（清）王昌年撰．——版本情况不详．——王昌年，生卒年不详，号东山，江津县（今重庆江津区）人，清末庠生．——出自民国《江津县志·文学》。

拱北堂诗文集□□卷／（清）潘一仑撰．——潘氏家藏本．——潘一仑，生平不详．——出自《民国新修合川县志·掌录十七·艺文二·子部三》。

古人遗铎□□卷／（清）汤琼撰．——版本情况不详．——汤琼，生卒年不详，浙江嘉兴人，明末清初随父到重庆，寓居黔江县（今重庆黔江区）．——出自光绪《黔江县志·艺文志》。

古诗文钞续集□□卷／（清）陈昆著．——版本情况不详，已佚．——陈昆（1809—1873），又名枝竹，号友松，开县（今重庆开县）人，清道光二十五年（1845）进士．——出自咸丰《开县志》卷十一、卷二十五。

畸园诗文话□□卷／（清）陈昆著．——版本情况不详，已佚．——出自咸丰《开县志》卷十一、卷二十五。

小桃溪馆诗钞六卷文钞十五卷／（清）陈昆著．——清同治十一年（1872）刻本．——六册．——华东师范大学图书馆。

古文□□卷／（清）周石兰撰．——版本情况不详．——周石兰，生卒年不详，南川县（今重庆南川区）人，清乾隆六十年（1795）举人．——出自民国《涪陵县续修涪州志》，民国《南川县志·艺文志·专著目录》。

海天阁古文二卷／（清）周石兰撰．——版本情况不详．——出自民国《涪陵县续修涪州志》，民国《南川县志·艺文志·专著目录》。

海天阁诗钞六卷／（清）周石兰撰．——版本情况不详．——出自民国《涪陵县续修涪州志》，民国《南川县志·艺文志·专著目录》。

海天阁诗稿□□卷／（清）周石兰撰． ——版本情况不详． ——出自民国《涪陵县续修涪州志》，民国《南川县志·艺文志·专著目录》。

古香吟馆诗存□□卷／（清）陈骧瀚撰． ——抄本． ——陈骧瀚，生卒年不详，字嵩泉，号海螭、古艻子，涪州（今重庆涪陵区）人，清光绪年间廪生． ——首都图书馆。

古艻吟馆杂说□□卷／（清）陈骧瀚撰． ——版本情况不详． ——出自民国《涪陵县续修涪州志》卷十三《艺文志一·存目》。

骇痴谫谈二卷／（清）陈骧瀚著． ——清末民初申昌书局刻本． ——出自民国《涪陵县续修涪州志》卷十三。

四元通变□□卷／（清）陈骧瀚撰． ——版本情况不详． ——出自民国《涪陵县续修涪州志》卷十三。

归实斋集□□卷／（清）刘泳之撰． ——版本情况不详． ——刘泳之（1809—1847），字彦冲，号梁壑、梁壑子，梁山县（今重庆梁平县）人，清代著名画家． ——出自清潘曾莹《墨缘小录》。

桂山文集□□卷／（清）陈士杰著． ——版本情况不详． ——陈士杰，生平不详． ——出自《四川丛书采访书目录》万县部分。

桂溪耆旧集十二卷／（清）李炳灵撰． ——清光绪十一年（1885）垫江刻本． ——二册． ——李炳灵，生卒年不详，字可渔，垫江县（今重庆垫江县）人，清光绪五年（1879）举人，后任四川德阳县教谕 ——中国国家图书馆。

国朝全蜀诗钞六十四卷／（清）孙桐生撰． ——清光绪五年（1879）长沙刻本． ——孙桐生（1824—1904），字筱峰，号卧云主人，四川绵州（今绵阳）人． ——中国国家图书馆、北京大学图书馆、南京大学图书馆、四川大学图书馆。

海上吟一卷／（清）刘邦炳著． ——版本情况不详． ——刘邦炳，字握亭，号寅谷，涪州（今重庆涪陵区）人，清嘉庆十三年（1808）进士． ——出自民国《涪陵县续修涪州志·艺文志一》。

和斋诗稿□□卷／（清）韦同著． ——版本情况不详． ——韦同，生卒年不详，字和斋，南川县（今重庆南川区）人，清末庠生． ——出自光绪《南川县志》卷八，（民国）《南川县志》卷十二《艺文志》。

恒言□□卷／（清）黄之玖撰. ——版本情况不详. ——黄之玖，生卒年不详，字贻我，长寿县（今重庆长寿区）人，清康熙五十九年（1720）举人. ——出自民国《长寿县志·人物中》。

家训□□卷／（清）黄之玖撰. ——版本情况不详. ——出自民国《长寿县志·人物中》。

红豆山房诗集一卷／（清）龙昌光撰. ——版本情况不详. ——龙昌光，生卒年不详，字朴轩，永川县（今重庆永川区）人，清末文生. ——出自光绪《永川县志》卷八《人物志》。

新刻红椒山房笔记七卷／（清）冯镇峦撰. ——清道光二十四年（1844）刻本. ——六册. ——冯镇峦（1760—1830），字远村，涪州（今重庆涪陵区）人，清乾隆五十七年（1792）举人. ——中国国家图书馆。

聊斋志异评□□卷／（清）蒲松龄著；（清）冯镇峦评. ——清光绪十七年（1891）合阳喻焜刻本. ——蒲松龄（1640—1715），字留仙，号柳泉居士，世称聊斋先生，山东淄川（今属淄博）人，清代文学家. ——四川省图书馆、重庆图书馆。

晴云山房文集十六卷书牍一卷补遗二卷诗集三卷补遗一卷红椒山房笔记七卷／（清）冯镇峦撰；（清）苟锺汉，（清）苟培初辑. ——清道光二十四年（1844）刻本. ——十二册. ——苟锺汉、苟培初，生平不详. ——中国国家图书馆（不全）、四川省图书馆、南京大学图书馆、中山大学图书馆（不全）。

晴云山房丛钞六十卷／（清）冯镇峦撰. ——冯氏家藏本，存佚情况不详. ——出自《民国新修合川县志·掌录十七·艺文二·子部三》。

远村诗文集十八卷／（清）冯镇峦撰. ——版本情况不详. ——出自道光《重庆府志·艺文志》。

鸿爪留痕集□□卷／（清）曾炜撰. ——版本情况不详. ——曾炜，生卒年不详，字乙垣，酉阳直隶州（今重庆酉阳土家族苗族自治县）人，曾任贵州试用县丞. ——出自《国朝全蜀诗钞》卷五十九。

候虫吟草十六卷／（清）冯世瀛撰. ——清同治十年（1871）冯氏味无味

斋刻本. ——八册. ——冯世瀛，生卒年不详，号壶川，自称味无味斋主人，酉阳直隶州（今重庆酉阳土家族苗族自治县）人，清道光十一年（1831）举人，后任四川金堂训导. ——南京大学图书馆、四川大学图书馆。

全川诗草□□卷/（清）冯世瀛著. ——版本情况不详. ——出自《四川丛书采访书目录》酉阳州部分。

华萼文集□□卷/（清）张国均，（清）张国坤撰. ——版本情况不详. ——张国均、张国坤，生平不详. ——出自光绪《永川县志》卷八《人物志》。

华蓥山樵诗稿六卷/（清）禹湛撰. ——抄本. ——七册. ——禹湛（1792—1862），字注元，号虹江，合州（今重庆合川区）人. ——出自《民国新修合川县志·掌录十七·艺文二·集部四》。

画家三昧二卷/（清）释竹禅撰并绘. ——清光绪十年（1884）安禅堂刻本. ——一册. ——释竹禅（1825—1901），俗姓王氏，号熹公，梁山县（今重庆梁平县）人，报国寺僧，工画人物. ——中国国家图书馆。

选本十八罗汉一卷/（清）释竹禅绘. ——清末石刻拓本. ——岐山县博物馆。

话雨轩诗草二卷/（清）谈昌达撰. ——版本情况不详. ——谈昌达，生卒年不详，字荣卿，铜梁县（今重庆铜梁区）人，清末廪生，咸丰间人，年四十九卒. ——出自光绪《铜梁县志》卷八。

护兰轩诗草□□卷/（清）周湘兰著. ——版本情况不详. ——周湘兰，生卒年不详，女，字纫秋，河南祥符人，生活于清同治、光绪年间，后嫁四川巫山县（今重庆巫山县）儒生邵凭阳（字子坚）。性温和，工诗，有才名. ——出自《国朝全蜀诗钞》《诗缘正编》，另见《四川丛书采访书目录》巫山县部分。

浣斋小草□□卷/（清）冯大观著. ——版本情况不详. ——冯大观，生卒年不详，字浣斋，大宁县（今重庆巫溪县）人，清道光三十年（1850）岁贡生. ——出自光绪《大宁县志》卷七，《四川丛书采访书目录》大宁县部分。

训子略言□□卷/（清）冯大观著. ——版本情况不详. ——出自《四川

丛书采访书目录》大宁县部分。

潢溪文集□□卷/（清）程尚川撰．——版本情况不详．——程尚川，生卒年不详，字孝濂，号璜溪，重庆黔江县人，清末廪生．——出自光绪《黔江县志·艺文志》。

螅蛄声集□□卷/（清）冉永涵撰．——版本情况不详．——冉永涵，生卒年不详，字芳林，号竹田，酉阳直隶州（今重庆酉阳土家族苗族自治县）人，酉阳土司冉永沛之弟，明末贡生．——出自《酉阳土家族冉土司家谱·忠孝谱·杂著》．——按：是书前有林碓、王长德所作序文。

畸庐稗说□□卷/（清）陈遹声著．——版本情况不详．——陈遹声，生卒年不详，字蓉曙，浙江诸暨人，清光绪进士，后任川东兵备道道台．——出自民国《江北县志·著述》。

集唐诗钞一卷/（清）刘助杰，（清）鱼溪氏撰．——版本情况不详．——刘助杰、鱼溪氏，生平不详．——出自光绪《永川县志》卷八《人物志》。

砚田草梅影轩文庄汇稿□□卷/（清）王家驹撰．——版本情况不详．——王家驹（1713—?），字子昂，一字子昇，江津县（今重庆江津区）高牙铺人，清乾隆二十五年（1760）进士，后任广西平乐县知县、夔州府教授．——出自光绪《江津县志》卷十一，另见民国《江津县志·文学》。

几江课草诗文□□卷/（清）王家驹撰．——版本情况不详．——出自民国《江津县志·艺文志·文学》。

寄吾庐文钞□□卷/（清）李赞唐撰．——版本情况不详．——李赞唐，生平不详．——出自光绪《秀山县志·士女志·王傅李列传》。

诗钞四卷/（清）李赞唐撰．——版本情况不详．——出自光绪《秀山县志·士女志·王傅李列传》。

继藜堂诗集□□卷/（清）刘炳旭著．——版本情况不详．——刘炳旭，生卒年不详，大足县（今重庆大足区）人，清末廪贡．——出自民国《大足县志·人物上》。

纪难行□□卷/（清）胡定远著．——版本情况不详．——胡定远，生卒年不详，合州（今重庆合川区）人，清代人，官贵州副将．——出自《四川丛

书采访书目录》合州部分。

济美堂文稿二卷/（清）董湘著.——版本情况不详.——董湘，生卒年不详，忠州垫江县（今重庆垫江县）人，清咸丰三年（1853）任浙江严州府桐庐县知县.——出自《四川丛书采访书目录》垫江县部分。

家庭格言一卷/（清）胡培森撰.——胡作荃手抄本.——胡培森，生卒年不详，合州（今重庆合川区）人，清末贡生，官新宁县（今四川开江县）教谕.——出自《民国新修合川县志·掌录十七·艺文二·子部三》。

家训□□卷/（清）叶玉著.——版本情况不详.——叶玉，生平不详.——出自《四川丛书采访书目录》梁山县部分。

家训□□卷/（清）罗文藻著.——版本情况不详.——罗文藻，生卒年不详，大足县（今重庆大足区）人，清末文生，优品学.——出自民国《大足县志·人物上》。

假鸣集诗稿□□卷/（清）韦登峰著.——版本情况不详.——韦登峰，生卒年不详，南川县（今重庆南川区）人，约生活于清同治、光绪年间.——出自民国《南川县重修县志·艺文·专著目录》。

假斋文存一卷诗存一卷/（清）杜焕南撰.——清末稿本.——杜焕南，生卒年不详，字棠村，万县（今重庆万州区）人，清末诸生，诗人，官蓝翎训导.——复旦大学图书馆。

假斋遗集二卷/（清）杜焕南撰；（清）杜焕章编次.——清末稿本。杜焕章，生卒年不详，字成轩，晚号畬经老人，清光绪二十八年（1902）举人.——复旦大学图书馆。

见山堂诗文集□□卷/（清）覃为谷撰.——版本情况不详.——覃为谷，生卒年不详，字馨宜，号颖长，巴县（今重庆主城区）人，清康熙五十二年（1713）举人.——出自乾隆《巴县志·人物志·文苑》。

见所见斋文钞二卷/（清）蒋璧方撰.——清末双鹤寺刻本.——蒋璧方（1830—1884），初名道成，字辑亭、集廷，合州（今重庆合川区）人，清同治十三年（1874）进士.——出自《民国新修合川县志·掌录十七·艺文二·子部三》。

（清）蒋璧方撰. ——清光绪十年（1884）合州蒋氏刻本. ——二册. ——出自《民国新修合川县志·掌录十七·艺文二·子部三》。

剑阁芳华集□□卷/（清）邓子仪撰. ——版本情况不详. ——邓子仪，生卒年不详，字伯鸿，巴县（今重庆主城区）人，贡生。清康熙初年，为丹棱、宜宾训导. ——出自道光《重庆府志·艺文志》。

涧谷寱言十二篇/（清）江敬修撰. ——版本情况不详. ——江敬修，生卒年不详，字甸澂，江津县（今重庆江津区）人，清末增生. ——出自民国《江津县志·人物志上·行谊》。

详注船山诗草□□卷/（清）江敬修撰. ——版本情况不详. ——出自民国《江津县志·人物志上·行谊》。

荐香遗稿三卷/（清）秦代馨撰. ——清光绪四年（1878）贵阳强学簃刻本. ——一册. ——秦代馨（1844—1869），字荐香、剑湘，合州（今重庆合川区）人. ——清华大学图书馆。

江津守城日记□□卷/（清）康斌撰；（清）江含春校刊. ——版本情况不详. ——康斌，生平不详。江含春（1804—1856），字海平，自号楞园主人、能箐山人、孝典堂主人等，江津县（今重庆江津区）人. ——出自民国《江津县志·人物志上·行谊》。

蕉窗腾课□□卷/（清）刘彝著. ——版本情况不详. ——刘彝，生卒年不详，号序伦，江北县（今重庆江北区）人，清光绪十七年（1891）举人，副榜，候选训导。曾任江北厅嘉陵书院山长. ——出自民国《江北县志·著述》。

蕉月山房遗稿一卷/（清）张大昌著. ——版本情况不详. ——张大昌，生卒年不详，名子蓉，原籍贵州，生活于巴县（今重庆主城区）。捐郎中，又改捐州牧. ——出自王培荀《听雨楼随笔》，另见《四川丛书采访书目录》巴县部分。

荆坊书屋试帖□□卷/（清）韦杰生著. ——版本情况不详. ——韦杰生，生卒年不详，字紫航，南川县（今重庆南川区）人，清道光十四年（1834）举人. ——出自民国《南川县志·艺文志·专著目录》。

贻经堂文集□□卷/（清）韦杰生著. ——版本情况不详. ——出自光绪

《南川县志》卷八，另见民国《重修南川县志》卷十一《艺文志》。

远山时艺□□卷/（清）韦杰生著．——版本情况不详．——出自光绪《南川县志》卷八，民国《重修南川县志》卷十一《艺文志》。

静远轩文稿□□卷/（清）王谟撰．——版本情况不详．——王谟，生卒年不详，荣昌县（今重庆荣昌区）人，清嘉庆二十三年（1818）举人．——出自光绪《荣昌县志·典籍》。

儗云集一卷/（清）陈谟著．——版本情况不详．——陈谟，生卒年不详，字赓鹿，垫江县（今重庆垫江县）城南乡人，生活于明万历至清康熙年间，曾任翰林院编修．——出自道光《垫江县志·选举志》，《四川丛书采访书目录》垫江县部分。

居易堂诗钞十卷/（清）李天英著．——清嘉庆六年（1801）刻本．——四册．——李天英，生卒年不详，字星九，号约庵，永川县（今重庆永川区）人，清乾隆二十一年（1756）举人．——中国国家图书馆、北京大学图书馆、南京大学图书馆。

居易堂续集二卷/（清）李天英撰．——版本情况不详．——出自光绪《永川县志》卷八《人物志》。

平山堂唱和诗一卷/（清）李天英等著．——版本情况不详——出自光绪《永川县志》卷八《人物志》。

驹如诗草二卷附纱笼集一卷缄扎一卷/（清）释隆昂撰．——清光绪三十一年（1905）刻本．——二册．——释隆昂，生卒年不详，俗姓张，名益谦，别号驹如，合州（今重庆合川区）人，清光绪年间著名诗僧．——四川大学图书馆。

哀鸽集□□卷/（清）杨为城撰．——版本情况不详．——杨为城，生卒年不详，江津县（今重庆江津区）人，清光绪时人．——出自民国《江津县志·人物志·行谊》。

卷澜余稿词二卷/（清）萧望崧撰．——版本情况不详．——萧望崧，生卒年不详，字钟岳，号子高、翰双，亦称小白华山馆主，合州（今重庆合川区）人，清末岁贡生．——出自《民国新修合川县志》卷三十三、卷四十四。

秋吟回文百首一卷/（清）萧望崧撰. ——版本情况不详. ——出自《民国新修合川县志》卷三十三、卷四十四。

师俭斋遗诗六卷/（清）萧望崧撰. ——版本情况不详. ——北京大学图书馆。

衔石集一卷/（清）萧望崧撰. ——版本情况不详. ——出自《民国新修合川县志》卷三十三、卷四十四。

觉初制义诗钞□□卷/（清）刘臻理撰. ——版本情况不详. ——刘臻理，生卒年不详，原名笃胜，号厚荞，璧山县（今重庆璧山区）人，清乾隆五十四年（1789）举人，历任江西信丰、赣县，贵州仁怀等地知县. ——出自同治《璧山县志·人物志·宦绩》。

义泉治略说存□□卷/（清）刘臻理撰. ——版本情况不详. ——出自同治《璧山县志·人物志·宦绩》。

觉世箴规一卷/（清）王文选撰. ——版本情况不详. ——王文选（1808—1888），字锡鑫，号亚拙，又号席珍子、同仁，祖籍湖北石首，定居万县（今重庆万州区）。清末著名中医. ——出自万县卫生局志办撰《清代医学家王文选传略》，载于《方志通讯》1988年第2期，第41—42页。

军余纪咏一卷/（清）胡超撰. ——清道光二十二年（1842）蜀东胡超刻本. ——一册. ——胡超（1776—1849），长寿县（今重庆长寿区）人，行伍出身，有战功。清嘉庆十九年（1814），擢陕西循化营参将，二十三年（1818）迁凤翔府西凤营参将。道光七年（1827）授重庆镇总兵，次年诰封"振威将军". ——中国国家图书馆。

考古随笔二卷/（清）李尚滋撰. ——李氏家藏本. ——李尚滋，生卒年不详，合州（今重庆合川区）人，清末时人. ——出自《民国新修合川县志·掌录十七·艺文二·子部三》。

课蒙举隅二卷/（清）杜成章编辑. ——清光绪二十六年（1900）渝南辅仁讲舍刻本. ——二册. ——杜成章（1868—1924），字少瑶，晚号退庵居士，巴县（今重庆市主城区）人. ——北京师范大学图书馆、华东师范大学图书馆。

苦竹诗□□卷/（清）糜奇瑾著. ——版本情况不详. ——糜奇瑾, 生卒年不详, 字玉圃, 秀山县（今重庆秀山土家族苗族自治县）人, 清嘉庆初年岁贡生. ——出自《四川丛书采访书目录》秀山县部分。

夔行纪程一卷/（清）陈明申撰. ——清光绪三年（1877）上海著易堂铅印本. ——陈明申, 生平不详, 清嘉庆、道光时人. ——河南大学图书馆。

（清）陈明申撰. ——清光绪十七年（1891）上海著易堂铅印本. ——中国国家图书馆、北京大学图书馆. ——按: 出自《小方壶斋舆地丛钞》。

来雅堂遗稿□□卷/（清）苟文炎撰. ——苟氏谱摘抄本. ——苟文炎, 生卒年不详, 合州（今重庆合川区）人, 清代贡生. ——出自《民国新修合川县志·掌录十七·艺文二·子部三》。

兰楼诗草□□卷/（清）袁虞初撰. ——版本情况不详. ——袁虞初, 生卒年不详, 江津县（今重庆江津区）人, 清末廪生. ——出自民国《江津县志·文学》。

微尘集□□卷/（清）袁虞初撰. ——版本情况不详. ——出自民国《江津县志·文学》。

兰田馆琴谱三卷/（清）李光塽撰. ——清乾隆二十年（1755）刻本. ——十六册. ——李光塽, 生卒年不详, 字爽卿, 福建安溪人, 清乾隆二年（1737）任彭水知县, 十五年（1750）擢任酉阳知州. ——出自《琴曲集成》第16册, 影印本。

浪吟狂徒稿四卷/（清）曹因培著. ——版本情况不详, 未梓. ——曹因培, 生平不详, 南川县（今重庆南川区）人. ——出自民国《南川县志·艺文志·专著目录》。

乐翁诗稿三卷/（清）康敷政著. ——版本情况不详, 未梓. ——康敷政, 生卒年不详, 南川县（今重庆南川区）人, 清末贡生. ——出自民国《南川县志·艺文志·专著目录》。

乐意堂文稿□□卷/（清）余光撰. ——版本情况不详. ——余光, 生卒年不详, 字莲峰, 长寿县（今重庆长寿区）人, 清乾隆二十一年（1756）举人, 晚年主讲凤山书院. ——出自民国《长寿县志·人物中》。

楞园诗草一卷／（清）江含春撰．——楞园仙书丛书抄本．——江含春（1804—1856），字海平，自号楞园主人、能箐山人、孝典堂主人等，江津县（今重庆江津区）人．——上海图书馆。

梓里丛谈三卷／（清）江含春撰．——版本情况不详．——出自《江津县乡土志》卷二．——按：光绪《江津县志》卷十一，民国《江津县志·文学》未注明卷数。

笠盦诗钞十卷／（清）杜翰藩著．——版本情况不详．——杜翰藩，生卒年不详，字诗笠，号笠盦，四川万县（今重庆万州区）人，清光绪十九年（1893）举人．——出自《蜀诗续钞》卷五。

历朝典故类钞□□卷／（清）陈于夏著．——版本情况不详．——陈于夏，生平不详．——出自《四川丛书采访书目录》江津县部分。

隶准草字汇四卷／（清）张述祖书．——版本情况不详．——张述祖，生卒年不详，永川县（今重庆永川区）人，清末拔贡、书法家．——出自王洪华、郭汝魁主编《重庆文化艺术志》，西南师范大学出版社2001年版，第454页。

友碗山房名帖二卷／（清）张述祖书．——清刻本．——出自王洪华、郭汝魁主编《重庆文化艺术志》，西南师范大学出版社2001年版，第454页。

辽海集一卷／（清）傅作楫撰．——清康熙五十七年（1718）刻本．——傅作楫，生卒年不详，字济庵，号雪堂，奉节县（今重庆奉节县）人，清康熙二十六年（1687）举人．——复旦大学图书馆。

南征集一卷／（清）傅作楫撰．——清康熙年间夔州府傅氏家刻本．——出自《国朝全蜀诗钞》卷七。

西征集一卷／（清）傅作楫撰．——版本情况不详．——出自《国朝全蜀诗钞》卷七。

雪堂诗集四卷／（清）傅作楫撰．——清康熙五十七年（1718）武林寓斋刻本．——一册．——复旦大学图书馆。

（清）傅作楫撰．——清乾隆五十九年（1794）刻本．——一册．——四川省图书馆。

雪堂诗赋四卷／（清）傅作楫撰．——清康熙年间夔州傅作楫家刻本．——一册．——广东省立中山图书馆、郑州市图书馆、复旦大学图书馆。

燕山集一卷／（清）傅作楫撰．——清康熙五十七年（1718）武林寓斋刻本．——一册．——复旦大学图书馆。

筑云楼诗集□□卷／（清）傅作楫著．——版本情况不详．——出自光绪《奉节县志》卷二十八，《国朝全蜀诗钞》卷七；另见《四川丛书采访书目录》奉节县部分。

六事箴言六卷／（清）周立恭著．——版本情况不详．——周立恭，生卒年不详，号鹤田，后更名伯寅，南川县（今重庆南川区）人，清乾隆五十九年（1794）举人．——出自光绪《南川县志》卷八，民国《重修南川县志》卷十一，《南川县乡土志·耆旧》。

醒人浅语□□卷／（清）周立恭著．——版本情况不详．——出自光绪《南川县志》卷八，民国《重修南川县志》卷十一。

六一集□□卷／（清）杨树葇撰．——版本情况不详．——杨树葇，生平不详．——出自民国《长寿县志·人物中》。

六有斋文集□□卷／（清）陈其杓撰．——版本情况不详．——陈其杓，生卒年不详，黔江县（今重庆黔江区）人，清末举人．——出自光绪《黔江县志·艺文志》。

楼山诗集六卷／（清）王恕撰．——清光绪二十年（1894）刻本．——三册．——王恕（1682—1742），字中安，又字瑟斋，铜梁县（今重庆铜梁区）人．——北京大学图书馆、中国人民大学图书馆、吉林大学图书馆、南开大学图书馆、南京大学图书馆。

（清）王恕撰．——清乾隆年间王氏垂经堂刻本．——三册．——复旦大学图书馆。

绿韵山庄古文□□卷／（清）何浩如撰．——版本情况不详．——何浩如，生卒年不详，字养充，号海门，涪州（今重庆涪陵区）人，清乾隆四十四年（1779）举人，任安化县知县．——出自《涪陵文史资料选辑》第8辑。

绿韵山庄古文□□卷／（清）周汝梅撰．——版本情况不详．——周汝梅，生卒年不详，字雪樵，涪州（今重庆涪陵区）人，清嘉庆九年（1804）举人. ——出自民国《涪陵县续修涪州志·艺文志一》。

江州笔谈二卷/（清）王侃撰. ——清同治四年（1865）光裕堂刻巴山七种本. ——王侃（1795—1862），字迟士，晚号栖清山人，四川温江县人。以贡生授州判，不就，后隐居重庆江津. ——中国国家图书馆、北京大学图书馆、清华大学图书馆、北京师范大学图书馆、山东大学图书馆、四川省图书馆。

罗岳峰诗集□□**卷**/（清）罗岳峰撰. ——版本情况不详. ——罗岳峰，生平不详. ——出自乾隆《巴县志·艺文志》，李为栋所撰《罗岳峰诗集序》。

漫游草□□**卷**/（清）彭光远著. ——版本情况不详. ——彭光远，生卒年不详，长寿县（今重庆长寿区）人，清末举人. ——出自民国《长寿县志·文征上》。

梅峰稿□□**卷**/（清）曾一贯著. ——版本情况不详. ——曾一贯，生卒年不详，丰都县（今重庆丰都县）人，清乾隆三十三年（1768）副贡. ——出自《四川丛书采访书目录》丰都县部分。

梅影轩文庄汇稿□□**卷**/（清）王家驹撰. ——版本情况不详. ——王家驹（1713—?），字子昂，江津县（今重庆江津区）高牙铺人. ——出自民国《江津县志·文学》。

蒙养新编□□**卷**/（清）汪志渊编. ——版本情况不详. ——汪志渊，生卒年不详，江北厅（今重庆江北区）人，约生活于清道光至光绪年间. ——出自民国《江北县志·著述》。

醉月轩诗集十四卷/（清）谢诗纯著. ——版本情况不详. ——谢诗纯，生卒年不详，万县（今重庆万州区）人，清末副贡. ——出自《四川丛书采访书目录》万县部分。

梦寻纪事诗□□**卷**/（清）余价著. ——版本情况不详. ——余价，生平不详. ——出自《四川丛书采访书目录》奉节县部分。

绵潭山馆诗集□□**卷**/（清）刘天成撰. ——版本情况不详. ——刘天成（1733—1797），字乙斋，大足县（今重庆大足区）人，乾隆十九年（1754）进士. ——出自民国《大足县志·人物上》。

明逸民诗集□□卷/（清）陈适声编. ——版本情况不详. ——陈适声，生卒年不详，江北厅（今重庆江北区）人，清末时期任川东兵备道道台. ——出自民国《江北县志·著述》。

鸣鹤堂稿□□卷/（清）陈计长撰. ——版本情况不详. ——陈计长（1599—1677），字三石，涪州（今重庆涪陵区）人，明天启七年（1627）举人，后任江西松江同知、湖南长沙知府. ——出自民国《涪陵县续修涪州志·艺文志一》。

慕林小草诗五卷/（清）支承祜撰. ——版本情况不详. ——支承祜，生卒年不详，字福田，彭水县（今重庆彭水苗族土家族自治县）人，清咸丰十一年（1861）拔贡。主纂光绪《彭水县志》. ——出自《巴蜀文化大典·文学卷》，第861页。

南翁语录□□卷/（清）南翁著. ——版本情况不详. ——南翁，生卒年不详，真实姓名不详，清代佛教居士，康熙年间（1662—1722）游于巴蜀，居大足宝鼎寺. ——出自《四川丛书采访书目录》大足县部分。

盘阿集□□卷/（清）刘君锡撰. ——版本情况不详. ——刘君锡，生卒年不详，长寿县（今重庆长寿区）人，清末岁贡生. ——出自民国《长寿县志·文征上》。

泮溪文稿□□卷/（清）刘志著. ——版本情况不详. ——刘志，生卒年不详，字泮溪，璧山县（今重庆璧山区）人，清乾隆二十二年（1757）进士. ——出自《四川丛书采访书目录》璧山县部分。

培根集□□卷/（清）官清正撰. ——版本情况不详. ——官清正，生卒年不详，江津县（今重庆江津区）人，清末庠生. ——出自民国《江津县志·文学》。

彭氏乔梓诗存一卷/（清）彭世仪，（清）彭懋琪合撰. ——彭世仪，生卒年不详，字象可，合州（今重庆合川区）人，清乾隆时期举人。彭懋琪，生卒年不详，四川成都人. ——出自《民国新修合川县志·掌录十七·艺文二·集部四》。

平武县学约一卷/（清）徐大昌撰. ——版本情况不详. ——徐大昌，生卒年不详，南川县（今重庆南川区）人，清光绪年间任平武训导．——出自民国《南川县志·艺文志·专著目录》。

朴园存稿□□卷／（清）何裕基撰．——版本情况不详．——何裕基，生卒年不详，字竹田，涪州（今重庆涪陵区）人，清乾隆元年（1736）举人．——出自民国《涪陵县续修涪州志·艺文志一》。

乞襄诗草□□卷／（清）张乞襄撰．——版本情况不详．——张乞襄，生卒年不详，江津县（今重庆江津区）人，县学生员．——出自民国《江津县志·文学》。

樵歌牧唱□□卷／（清）罗尚德撰．——版本情况不详．——罗尚德，生平不详．——出自光绪《永川县志》卷八《人物志》。

琴心堂诗集□□卷／（清）陈俊著．——版本情况不详．——陈俊，生平不详．——出自《四川丛书采访书目录》梁山县部分。

青屿诗文集□□卷／（清）张安弦撰．——版本情况不详．——张安弦，生卒年不详，字琴父，号青屿，浙江乌程人，清康熙时随父寓居重庆．——出自乾隆《巴县志·人物志·流寓》。

清溪闲吟等集□□卷／（清）任宣著．——版本情况不详．——任宣，生卒年不详，綦江县（今重庆綦江区）人，清康熙二十三年（1684）岁贡生．——出自《四川丛书采访书目录》綦江县部分。

列朝名宦贤士录一卷／（清）李毓珩纂．——版本情况不详．——李毓珩，生卒年不详，号宝山，綦江县（今重庆綦江区）人，清末诸生．——出自道光《綦江县志》卷十二，《四川丛书采访书目录》綦江县部分。

秋士集诗稿□□卷／（清）邹增吉撰．——版本情况不详．——邹增吉，生卒年不详，字迪邨，一作迪称，涪州（今重庆涪陵区）人，清同治九年（1870）举人．——出自民国《涪陵县续修涪州志·艺文志一》。

求郢吟□□卷／（清）王名符撰．——版本情况不详．——王名符，生卒年不详，字辑瑞，号花史，江津县（今重庆江津区）人，清康熙二十年（1681）举人，后任顺庆、蓬州训导．——出自道光《重庆府志·艺文志》。

粤游草□□卷／（清）王名符撰．——版本情况不详．——出自道光《重

庆府志·艺文志》。

淡墨斋诗集□□卷/（清）王名符撰.——版本情况不详.——出自道光《重庆府志·艺文志》。

淡墨诗集□□卷/（清）王名符撰.——版本情况不详.——出自光绪《江津县志》卷十一，民国《江津县志·人物志》。

劝规录六卷/（清）徐作式撰.——版本情况不详.——徐作式，生卒年不详，南川县（今重庆南川区）人，清末岁贡生.——出自民国《南川县志·艺文志·专著目录》。

染学斋诗文集□□卷/（清）陈昌著.——版本情况不详.——陈昌（1828—1914），字世五，铜梁县（今重庆铜梁区）人，清同治三年（1864）举人，十三年（1874）进士.——出自光绪《铜梁县志》卷六。

仁知格言稿一卷/（清）周礼撰.——周氏家藏稿本.——周礼（1849—1901），原名定礼，字制宜，合州（今重庆合川区）人，尤其留心堪舆之学.——出自《民国新修合川县志·掌录十七·艺文二·子部三》。

日慎斋诗草六卷外集一卷/（清）李嗣元著.——清同治十年（1871）刻本.——二册.——李嗣元（1821—1858），字春圃，一作春甫，江津县（今重庆江津区）人，清道光三十年（1850）进士，选翰林院庶吉士.——中国国家图书馆、北京大学图书馆、四川大学图书馆。

榕窗小草二卷/（清）郭和熙著.——版本情况不详.——郭和熙，生卒年不详，字伯融，号琴舟，铜梁县（今重庆铜梁区）人，清道光元年（1821）举人.——出自光绪《铜梁县志》卷八。

台登集一卷/（清）郭和熙著.——版本情况不详.——出自光绪《铜梁县志》卷八。

友竹山房时文二卷/（清）郭和熙著.——版本情况不详.——出自光绪《铜梁县志》卷八。

三君子堂文集□□卷/（清）石彦恬撰.——版本情况不详.——石彦恬，生卒年不详，字麟士，晚号素翁，涪州（今重庆涪陵区）人，清嘉庆二十一年（1816）举人.——出自民国《涪陵县续修涪州志·艺文志一》。

三鱣堂文集□□卷/（清）杨德坤撰. ——版本情况不详. ——杨德坤，生卒年不详，长寿县（今重庆长寿区）人，清光绪三年（1877）任奉节县教谕. ——出自民国《长寿县志·人物中》。

三余诗草八卷文钞一卷/（清）朱圻撰. ——章氏堂刻本. ——朱圻，生卒年不详，字素存，号默斋，合州（今重庆合川区）人，清康熙二十七年（1688）庠生. ——出自《民国新修合川县志·掌录十七·艺文二·集部四》。

森玉堂文集□□卷/（清）高继光撰. ——版本情况不详. ——高继光，生卒年不详，字熙载，巴县（今重庆主城区）人，清乾隆二年（1737）进士. ——出自道光《重庆府志·艺文志》。

山居纪难编一卷/（清）胡其俨撰. ——胡氏传抄本. ——胡其俨，生卒年不详，合州（今重庆合川区）人，清初任福建漳平知县. ——出自《民国新修合川县志·掌录十七·艺文二·集部四》。

尚友诗集□□卷/（清）杨德坤撰. ——版本情况不详. ——杨德坤，生卒年不详，长寿县（今重庆长寿区）人，清光绪三十年（1904）恩科举人. ——出自民国《长寿县志·人物中》。

尚志斋稿□□卷/（清）龚三级撰. ——版本情况不详. ——龚三级，生卒年不详，江津县（今重庆江津区）人，明崇祯年间岁荐生. ——出自《四川丛书采访书目录》江津县部分。

慎独斋诗草□□卷/（清）江载愔撰. ——版本情况不详. ——江载愔，生卒年不详，一名载英，字星垣，号式琴，江津县（今重庆江津区）人，清道光十七年（1837）举人. ——出自光绪《江津县志》卷十一，民国《江津县志》卷七《人物志》。

慎思斋文稿□□卷/（清）向瀛撰. ——版本情况不详. ——向瀛，生卒年不详，长寿县（今重庆长寿区）人，清嘉庆二十三年（1818）举人. ——出自民国《长寿县志·文征上》。

师竹轩诗草二卷文赋一卷时艺一卷/（清）朱奂撰. ——版本情况不详. ——朱奂，生卒年不详，合州（今重庆合川区）人，清道光二十六年（1846）举人. ——出自《民国新修合川县志·掌录十七·艺文二·集部四》。

诗集□□卷／（清）王绳祖著．——版本情况不详．——王绳祖，生卒年不详，字元圃，秀山县（今重庆秀山土家族苗族自治县）人，清同治十二年（1873）举人，江西候补知县．——出自《四川丛书采访书目录》酉阳州部分。

诗集□□卷／（清）袁蔼如著．——版本情况不详．——袁蔼如，生卒年不详，亦作袁霭如，南川县（今重庆南川区）人，清道光十九年（1839）举人．——出自《四川丛书采访书目录》南川县部分。

诗经纶旨□□卷／（清）冯之□著．——版本情况不详．——冯之□，生卒年不详，字迟松，梁山县（今重庆梁平县）人，清康熙年间岁贡生．——出自光绪《梁山县志·艺文志》，另见《四川丛书采访书目录》忠州部分。

诗铄□□卷／（清）周开丰撰．——版本情况不详．——周开丰，生卒年不详，字骏声，巴县（今重庆主城区）人，清乾隆年间举人，善诗文．——出自道光《重庆府志·艺文志》。

诗影□□卷／（清）周开丰撰．——版本情况不详．——出自道光《重庆府志·艺文志》。

诗文集□□卷／（清）向培元著．——版本情况不详．——向培元，生卒年不详，字子厚，璧山县（今重庆璧山区）人，清道光八年（1828）岁贡生．——出自同治《璧山县志》卷八，《四川丛书采访书目录》璧山县部分。

释诗一卷／（清）何志高著．——清光绪十四年（1888）刻本．——何志高，生卒年不详，号西夏，万县（今重庆万州区）人，生活于清道光、咸丰年间，廪生．著名天文学家．事迹见同治《增修万县志》卷二十九．——中国国家图书馆．——按：是书出自《西夏经义注释》十三种丛书本。

首善篇□□卷／（清）王凤岐撰．——版本情况不详．——王凤岐，生平不详，黔江县（今重庆黔江区）人．——出自光绪《黔江县志·艺文志》．——按：是书采纳古代孝子事实为四言句，使童蒙诵习力行。

书空录□□卷／（清）夏琪撰．——版本情况不详．——夏琪，生卒年不详，江津县（今重庆江津区）人，清康熙九年（1670）岁贡生，年八十一卒．——出自道光《重庆府志·艺文志》，民国《江津县志·文学》。

蜀都碎事四卷艺文补遗二卷／（清）陈祥裔撰．——清康熙刻本．——六册．——陈祥裔，生卒年不详，字耦渔，原姓乔氏，顺天府（治今北京市）人，清康熙年间官成都府督捕通判．——北京大学图书馆。

（清）陈祥裔撰．——清乾隆三十七年至四十七年（1772—1782）四库全书本．——中国国家图书馆、台湾"国立故宫博物院"图书文献馆、浙江图书馆、甘肃省图书馆。

蜀景汇览十四卷附蜀景汇览赋一卷／（清）钟登甲撰．——清光绪八年（1882）广汉乐道斋刻本．——十二册．——钟登甲（1852—1929），谱名钟启和，字多寿，一字宴林，四川广汉人．——中国国家图书馆、四川大学图书馆、南京大学图书馆。

蜀景汇考十九卷／（清）钟登甲撰．——清光绪十一年（1885）乐道斋刻本．——四册．——中国国家图书馆、北京大学图书馆、中国人民大学图书馆、吉林大学图书馆、南京大学图书馆、华东师范大学图书馆。

蜀文征存三十卷／（清）钟登甲辑．——清光绪十四年（1888）乐道斋刊本．——二十八册．——中国国家图书馆、北京大学图书馆。

蜀诗十五卷／（清）费经虞等辑．——清道光十三年（1833）岷阳孙氏古棠书屋刻本．——四册．——费经虞，生卒年不详，字仲若，新繁（今属四川新都）人，明崇祯十二年（1639）举人．——中国国家图书馆、北京大学图书馆、清华大学图书馆、复旦大学图书馆、吉林大学图书馆、四川大学图书馆、武汉大学图书馆、南开大学图书馆。

蜀秀集九卷／（清）谭宗浚辑．——清光绪五年（1889）成都试院刻本．——十册．——谭宗浚（1846—1888），字叔裕，广东南海人，清光绪二年（1876）任四川学政．——中国国家图书馆、北京大学图书馆、南京大学图书馆、吉林大学图书馆、复旦大学图书馆、北京师范大学图书馆、云南省图书馆。

蜀学编二卷／（清）方守道初辑；（清）高庚恩续辑．——清光绪十四年（1888）成都尊经书局刻本．——二册．——方守道，生卒年不详，字廉史，四川成都人，清末廪生。高庚恩（1840—1917），字曦亭，天津人，清光绪年间任四川学政．——北京师范大学图书馆、复旦大学图书馆、华东师范大学图书馆。

（清）方守道初辑，（清）高庚恩续辑．——清光绪二十七年（1901）刻本．——二册．——南京大学图书馆、南开大学图书馆、四川大学图书馆。

蜀雅十六卷/（清）李调元撰．——清乾隆四十六年（1781）亿书楼刻本．——四册．——李调元（1734—1802），字雨村，号童山，绵州罗江县（今属四川德阳市）人，清代戏曲理论家、诗人．——北京大学图书馆、南京大学图书馆、中国人民大学图书馆、中山大学图书馆。

蜀雅二十卷/（清）李调元撰．——清乾隆中（1736—1795）绵州李氏万卷楼刻本．——二册．——中国国家图书馆、北京大学图书馆、四川大学图书馆、云南省图书馆。

（清）李调元撰．——清道光五年（1825）绵州李朝夔万卷楼刻本．——中国国家图书馆、北京大学图书馆、辽宁大学图书馆、武汉大学图书馆。

蜀游草□□卷/（清）陈杏昌著．——版本情况不详．——陈杏昌，生卒年不详，湖北蒲圻人，清末贡生。曾因避难寓居大宁县（今重庆巫溪县）．——出自《四川丛书采访书目录》大宁县部分。

蜀游日记一卷/（清）黄勤业撰．——清咸丰元年（1851）姑苏毛丽川刻本．——一册．——黄勤业，生卒年不详，江西金溪人，清末岁贡，入蜀仕宦．——复旦大学图书馆、吉林大学图书馆、云南省图书馆。

（清）黄勤业撰．——清光绪三年（1877）上海著易堂铅印本．——河南大学图书馆。

（清）黄勤业撰．——清光绪十七年（1891）上海著易堂铅印本．——北京大学图书馆。

蜀輶日记四卷/（清）陶澍著．——清道光七年（1827）刻本．——二册．——陶澍（1779—1839），字子霖，号云汀，湖南安化人，清嘉庆七年（1802）进士，二十四年（1819）任川东兵备道道台．——中国国家图书馆、北京大学图书馆、复旦大学图书馆、郑州大学图书馆、中国人民大学图书馆。

（清）陶澍著．——清光绪七年（1881）江州官舍刻本．——二册．——中国国家图书馆、北京大学图书馆、北京师范大学图书馆、辽宁大学图书馆、南开大学图书馆、河南大学图书馆、云南省图书馆。

（清）陶澍著. ——清光绪十七年（1891）上海著易堂铅印本. ——北京大学图书馆。

率真堂诗文集□□卷/（清）伍绍曾撰. ——版本情况不详. ——伍绍曾（1763—?），字燕堂，号率真子，綦江县（今重庆綦江区）人. ——出自《国朝全蜀诗钞》卷三十三。

一说小开山集□□卷/（清）伍绍曾撰. ——版本情况不详. ——出自《国朝全蜀诗钞》卷三十三。

摘明文小题钞□□卷/（清）伍绍曾撰. ——版本情况不详. ——出自道光《綦江县志》卷七。

双山诗集□□卷/（清）王五桂著. ——版本情况不详. ——王五桂，生卒年不详，字双山，丰都县（今重庆丰都县）人，清道光年间岁贡生. ——出自《四川丛书采访书目录》丰都县部分。

水月间轩课草六卷/（清）潘时钰撰. ——版本情况不详. ——潘时钰，生卒年不详，号相亭，江津县（今重庆江津区）人，清嘉庆十八年（1813）中副榜，候选教谕。主讲几水书院、桂林书院. ——出自光绪《江津县志》卷十一，民国《江津县志·文学》。

诗草一卷/（清）潘时钰撰. ——版本情况不详. ——出自光绪《江津县志》卷十一，民国《江津县志·文学》。

睡鹤山庄诗集四卷/（清）由升堂撰. ——版本情况不详. ——由升堂，生卒年不详，字石糯，秀山县（今重庆秀山土家族苗族自治县）人，清道光十五年（1835）岁贡生. ——出自光绪《秀山县志·士女志·谭由萧吴张田胡列传》。

思及堂诗文集□□卷/（清）张克镇撰. ——版本情况不详. ——张克镇，生卒年不详，字重夫，涪州（今重庆涪陵区）人，清末贡生. ——出自民国《涪陵县续修涪州志·艺文志一》。

思无邪斋诗赋文稿□□卷/（清）周立椿著. ——版本情况不详. ——周立椿，生卒年不详，号篁村，南川县（今重庆南川区）人，清道光五年（1825）拔贡. ——出自民国《南川县志·艺文志·专著目录》。

思贻堂草稿□□卷/（清）陈梓著.——版本情况不详.——陈梓，生卒年不详，字君木，号君牧，涪州（今重庆涪陵区）人，清末贡生.——出自民国《涪陵县续修涪州志·艺文志一》。

松风阁诗集十卷/（清）周立矩著.——版本情况不详.——周立矩，生卒年不详，字石书，南川县（今重庆南川区）人，清乾隆五十一年（1786）举人.——出自民国《南川县志·艺文志·专著目录》，《四川丛书采访书目录》南川县部分。

松云集□□卷/（清）李丹生著.——版本情况不详.——李丹生，生卒年不详，垫江县（今重庆垫江县）人，清末秀才.——出自《四川丛书采访书目录》垫江县部分。

随身诗集□□卷/（清）周伯胤撰.——版本情况不详.——周伯胤，生卒年不详，一作伯印，江津县（今重庆江津区）人，清顺治十七年（1660）举人，任嘉定州学正.——出自光绪《江津县志》卷十一，民国《江津县志·人物志》。

昙花一现集□□卷/（清）程李氏撰；（清）李廷采梓行.——版本情况不详.——程李氏，号然仙，江津县（今重庆江津区）人。程师泌妻，约生活于清嘉庆道光年间。李廷采，程李氏侄孙.——出自民国《江津县志·列女传下》。

棠香文稿□□卷/（清）甘雨施撰.——版本情况不详.——甘雨施（？—1850），字百生，号岱云，荣昌县（今重庆荣昌区）人.——出自光绪《荣昌县志·典籍》。

陶村诗集□□卷/（清）程伯銮撰.——版本情况不详.——程伯銮（1780—1826），原名中铮，字次坡，号陶村，垫江县（今重庆垫江县）人，清嘉庆十年（1805）进士，授翰林院编修.——出自光绪《垫江县志》。

天补楼行记一卷/（清）李士棻撰.——清光绪十一年（1885）木活字本.——一册.——李士棻（1821—1885），字芋仙，忠州（今重庆忠县）人，清道光二十九年（1849）拔贡.——中国国家图书馆、北京大学图书馆、复旦大学图书馆、河南大学图书馆。

天瘦阁诗半六卷/（清）李士棻撰.——清光绪十一年（1885）木活字

本. ——四册. ——中国国家图书馆、北京大学图书馆、清华大学图书馆、北京师范大学图书馆、吉林大学图书馆。

同讴馆随笔八卷／（清）李士棻撰. ——稿本. ——出自王群生主编《重庆历史名人典》，第15页。

遗诗□□卷／（清）李士棻著. ——版本情况不详. ——出自《四川丛书采访书目录》忠州部分。

天风海水楼诗文集□□卷／（清）邹增祜撰. ——版本情况不详. ——邹增祜（1851—1910），字受丞，涪州（今重庆涪陵区）人，清光绪二十一年（1895）进士. ——出自民国《涪陵县续修涪州志·艺文志一》。

铁檠山房诗集□□卷／（清）魏瀚撰. ——版本情况不详. ——魏瀚，生卒年不详，字海槎、载山，号寄云，云阳县（今重庆云阳县）人，清道光二十九年（1849）拔贡生. ——出自《国朝全蜀诗钞》卷五十六。

听雨楼集五卷／（清）胡志伊撰. ——版本情况不详. ——胡志伊，生卒年不详，字觉轩，秀山县（今重庆秀山土家族苗族自治县）人，清代诸生. ——出自光绪《秀山县志·士女志·谭由萧吴张田胡列传》。

铜梁山人诗集二十三卷／（清）王汝璧撰. ——清嘉庆十五年（1810）刻本. ——三册. ——王汝璧（？—1806），字镇之，铜梁县（今重庆铜梁区）人，清乾隆三十一年（1766）进士. ——上海图书馆、苏州大学图书馆。

（清）王汝璧撰. ——清光绪二十四年（1898）王氏百研楼重刻本. ——河南省图书馆。

铜梁山人诗集二十五卷／（清）王汝璧撰. ——清嘉庆二年（1797）刻本. ——三册. ——上海图书馆、苏州大学图书馆。

（清）王汝璧撰. ——清嘉庆十五年（1810）刻本. ——上海图书馆。

铜梁山人诗集二十五卷词四卷云麓偶存二卷／（清）王汝璧撰. ——清光绪二十年（1894）京师刻本. ——八册. ——中国国家图书馆、上海图书馆、北京大学图书馆、南京大学图书馆、广东省立中山图书馆、四川大学图书馆、郑州大学图书馆. ——按：此本后附王恕《楼山诗集》六卷。

脂玉词一卷莲果词一卷／（清）王汝璧撰. ——版本情况不详. ——出自

道光《重庆府志》卷八，光绪《铜梁县志》卷八，《四川丛书采访书目录》铜梁县部分。

退思轩诗钞六卷/（清）蔡世佑撰. ——版本情况不详. ——蔡世佑（1811—1863），字吉堂，酉阳直隶州（今重庆酉阳土家族苗族自治县）人，清道光二十五年（1845）进士. ——出自《国朝全蜀诗钞》卷五十二。

退溪诗集□□卷/（清）龚有融撰. ——清咸丰二年（1852）龚有晖刻本. ——龚有融（1755—1830），字晴皋，号绥樵，别署绥山樵子，晚号拙老人，巴县（今重庆主城区）人，清乾隆四十四年（1779）举人，选山西崞县知县. ——出自同治《巴县志》卷四上，民国《巴县志》卷十下。

渝州龚晴皋写意山水□□卷/（清）龚有融撰. ——版本情况不详. ——一册. ——云南省图书馆。

退一步斋试帖一卷/（清）潘泰行撰. ——版本情况不详. ——潘泰行（1806—?），字芷泉，江津县（今重庆江津区）人，清道光八年（1828）举人，曾任四川井研教谕. ——出自民国《江津县志·人物志》。

咏历代名臣诗注八卷/（清）潘泰行撰. ——版本情况不详. ——出自光绪《江津县志》卷十一，民国《江津县志·人物志》。

游峨诗记一卷/（清）潘泰行撰. ——版本情况不详. ——出自光绪《江津县志》卷十一，民国《江津县志·人物志》。

橐驼集二卷/（清）龙为霖撰. ——稿本. ——龙为霖（1689—1756），字雨苍，号鹤坪，巴县（今重庆主城区）人，清康熙四十八年（1709）进士. ——出自民国《巴县志》卷十。

荫松堂诗集八卷/（清）龙为霖撰. ——清道光五年（1825）重庆宝泉阁刻本. ——北京大学图书馆、四川省图书馆、广东省立中山图书馆。

宛在山庄诗草□□卷/（清）赖汝弼撰. ——版本情况不详. ——赖汝弼，生卒年不详，字风琴，江津县（今重庆江津区）人，清同治十二年（1873）拔贡生. ——出自民国《江津县志·文学》。

晚晴楼诗草二卷/（清）王劼撰. ——版本情况不详. ——王劼，生卒年不详，字子任，号海楼，巴县（今重庆主城区）人，清嘉庆十八年（1813）举人. ——出自民国《巴县志》卷十下。

晚晴轩诗稿□□卷/（清）王劼撰. ——版本情况不详. ——出自《国朝全蜀诗钞》卷四十。

晚香草堂诗文集四卷/（清）陈维著. ——版本情况不详. ——陈维，生卒年不详，原名维超，字霞轩，垫江县（今重庆垫江县）人，清道光二年（1822）举人. ——出自《垫江县乡土志·历史》，《四川丛书采访书目录》忠州部分。

万邑西南山石刻记二卷附录一卷/（清）况周仪撰. ——清光绪二十九年（1903）万县白岩讲舍刻本. ——一册. ——况周仪，生卒年不详，字夔笙，广西临桂人，清代光绪年间词人、学者、教育家. ——山东大学图书馆、万州区图书馆。

王坪诗选□□卷/（清）黄秉湘抄. ——版本情况不详. ——二册. ——黄秉湘（？—1910），号楚楠，永川县（今重庆永川区）人. ——出自王洪华、郭汝魁主编《重庆文化艺术志》，西南师范大学出版社2001年版，第454页。

薇云山馆杂存□□卷/（清）傅炳墀撰. ——版本情况不详. ——傅炳墀，生卒年不详，字紫卿，一作紫鹃，涪州（今重庆涪陵区）人，清同治四年（1865）进士，授内阁中书. ——出自民国《涪陵县续修涪州志》卷十三。

味禅室诗稿□□卷/（清）胥怀清撰. ——版本情况不详. ——胥怀清，生卒年不详，女，涪州（今重庆涪陵区）人，生活于清代咸丰、同治年间. ——出自民国《涪陵县续修涪州志·艺文志一》。

味醇轩古近体诗十五卷试帖一卷/（清）朱虎臣撰. ——朱砺山家刻本. ——朱虎臣，生卒年不详，字寅士，号春蒲，合州（今重庆合川区）人，清道光时人. ——出自《民国新修合川县志·掌录十七·艺文二·集部四》。

味蔗轩诗钞一卷/（清）龚珪著. ——版本情况不详. ——龚珪，生卒年不详，字介三，巴县（今重庆主城区）人，清嘉庆二十四年（1819）举人，任万县训导. ——出自《国朝全蜀诗钞》卷四十四. ——按：民国《巴县志》卷十下"龚有融"条、《四川丛书采访书目录》重庆府部分，皆著录为《味蔗轩诗钞》。

位中诗文集□□卷/（清）易简著. ——版本情况不详. ——易简，生卒年不详，字位中，号半山，丰都县（今重庆丰都县）人，清康熙五十一年（1712）进士. ——出自《四川丛书采访书目录》丰都县部分。

我我轩诗稿□□卷/（清）刘玉璋著. ——版本情况不详. ——刘玉璋（1842—1915），字特洲，奉节县（今重庆奉节县）人，清同治十二年（1873）举人. ——出自《四川丛书采访书目录》江津县部分。

夔夔堂诗草四卷/（清）刘玉璋著. ——清宣统三年（1911）福州印刷公司铅印本. ——一册. ——北京大学图书馆。

卧云诗草八卷/（清）杨昙撰. ——清同治十三年（1874）江津泉源堂刻本. ——杨昙（？—1838），字卧云，江津县（今重庆江津区）人，清同治八年（1869）拔贡. ——重庆图书馆（不全）、江津区图书馆。

咏古二十四孝试帖□□卷/（清）杨昙撰. ——清同治十三年（1874）江津泉源堂刻本. ——重庆图书馆（不全）、江津区图书馆。

卧云小草□□卷/（清）田世醑撰. ——版本情况不详. ——田世醑，生卒年不详，字砚秋，酉阳直隶州（今重庆酉阳土家族苗族自治县）人，清末岁贡生. ——出自《国朝全蜀诗钞》卷五十九。

五种遗规浅说□□卷/（清）张源深撰. ——版本情况不详. ——张源深，生卒年不详，长寿县（今重庆长寿区）人，清光绪朝举人. ——出自民国《长寿县志·人物中》。

西粤草一卷/（清）苟金薇撰. ——苟氏支祠重刻本. ——苟金薇，生卒年不详，合州（今重庆合川区）人，清康熙年间举人. ——出自《民国新修合川县志·掌录十七·艺文二·集部四》。

曲江吏事纪实一卷/（清）苟金薇撰. ——苟氏支祠刻本. ——出自《民国新修合川县志·掌录十七·艺文一》。

素园寓集一卷/（清）苟金薇撰. ——苟氏支祠刻本. ——出自《民国新修合川县志·掌录十七·艺文二·集部四》。

峡中吟诗稿□□卷/（清）周庄撰. ——版本情况不详. ——周庄，生卒年不详，字六衢，涪州（今重庆涪陵区）人，清咸丰元年（1851）副榜，主讲本邑桂馨书院. ——出自民国《涪陵县续修涪州志·艺文志一》。

燹余诗集□□卷/（清）李瑞鹤撰. ——版本情况不详. ——李瑞鹤, 生卒年不详, 字雪卿, 长寿县（今重庆长寿区）人。李开先胞弟, 明崇祯十二年（1639）举人. ——出自民国《长寿县志·人物上》。

香雪楼诗集八卷/（清）江宏道撰. ——版本情况不详. ——江宏道, 生卒年不详, 字司秘, 大足县（今重庆大足区）人, 清康熙五十九年（1720）进士. ——出自民国《大足县志·人物上》。

云楼诗集□□卷/（清）江宏道撰. ——版本情况不详. ——出自嘉庆《大足县志》卷一, 民国《重修大足县志》卷九。

相山撮要二卷/（清）旷超凡著. ——清道光十八年（1838）一经堂刻本. ——旷超凡, 生卒年不详, 字相山, 合州（今重庆合川区）人, 清嘉庆年间人, 好堪舆之学. ——上海图书馆。

潇湘阁诗集□□卷/（清）沈以淑著. ——版本情况不详. ——沈以淑, 生卒年不详, 女, 大足县（今重庆大足区）人, 清同治、光绪时人。刘御六妻, 工诗词. ——出自民国《大足县志·人物上》。

小峰文集二卷/（清）罗世德撰. ——版本情况不详. ——罗世德, 生卒年不详, 字晓峰, 永川县（今重庆永川区）人, 清嘉庆十六年（1811）进士. ——出自光绪《永川县志·著述》。

晓村诗集四卷/（清）张廷曦撰. ——版本情况不详. ——张廷曦, 生卒年不详, 字晓村, 秀山县（今重庆秀山土家族苗族自治县）人, 清道光十七年（1837）举人. ——出自光绪《秀山县志·士女志·谭由萧吴张田胡列传》。

啸声楼诗草□□卷/（清）任香湄撰. ——版本情况不详. ——任香湄, 生卒年不详, 长寿县（今重庆长寿区）人, 清末进士. ——出自民国《长寿县志·文征上》。

啸堂初集（山晓和尚诗集）二卷/（清）释本晳撰；（清）释寂树等编. ——清顺治十八年（1661）刻本. ——释本晳（1620—1686）, 字山晓, 号啸堂, 长寿县（今重庆长寿区）人. ——上海辞书出版社图书馆。

心法切要一卷/（清）张兴仪撰. ——张氏抄本. ——张兴仪, 生卒年不

详，合州（今重庆合川区）人，清末增生.——出自《民国新修合川县志·掌录十七·艺文二·子部三》。

莘农诗钞□□卷/（清）田尹耕撰.——版本情况不详.——田尹耕，生卒年不详，字莘晨，秀山县（今重庆秀山土家族苗族自治县）人，清末诸生.——出自光绪《秀山县志·士女志·谭由萧吴张田胡列传》。

行程纪略一卷续一卷/（清）李廷馥撰.——版本情况不详.——李廷馥（？—1838），一名廷英，字南村，合州（今重庆合川区）人，清嘉庆三年（1798）举人.——出自《民国新修合川县志·掌录十七·艺文一》。

雄辨学□□卷/（清）吕策撰.——版本情况不详.——吕策，生卒年不详，长寿县（今重庆长寿区）人，清末举人.——出自民国《长寿县志·文征上》。

修竹堂文集□□卷/（清）王清远撰.——版本情况不详.——王清远，生卒年不详，重庆府定远县（今属四川武胜县）人，清乾隆十三年（1748）进士，曾任东川书院（今重庆市第七中学）山长.——出自道光《重庆府志·艺文志》.——按：武胜县，古称定远县，明朝时期属重庆府合州管辖地境。

绣香阁留草□□卷/（清）夏兰滋著.——版本情况不详.——夏兰滋，生卒年不详，女，字畹香，江津县（今重庆江津区）人。新繁诸生潘泰行妻.——出自民国《新繁县志》卷三十。

虚白堂诗草□□卷/（清）范坦著.——版本情况不详.——范坦，生卒年不详，字子宽，巴县（今重庆主城区）人，清咸丰十年（1860）进士，官户部主事。工书画.——出自民国《巴县志》卷十。

绚秋山房□□卷/（清）陈光纶撰.——版本情况不详.——陈光纶，生卒年不详，字少竺，涪州（今重庆涪陵区）人.——出自民国《涪陵县续修涪州志·艺文志一》。

学制拙工录□□卷/（清）陈廷璠撰.——版本情况不详.——陈廷璠（1747—1829），字理存，号六斋，涪州（今重庆涪陵区）人，清乾隆四十五年（1780）举人.——出自民国《涪陵县续修涪州志》卷十二。

雅萃集□□卷/（清）罗衡.——版本情况不详.——罗衡，生卒年不详，原名天衡,字尚柄,号玉亭,合州(今重庆合川区)人,清嘉庆二十一年(1816)举人,道光六年(1826)进士.——出自光绪《合州志》卷十,另见《民国新修合川县志》卷四十四。

砚农诗钞四卷/(清)刘泰山撰.——清道光七年(1827)敬业书屋刻本.——刘泰山,生卒年不详,一作泰三,字鹤坪,号砚农,合州(今重庆合川区)人,清乾隆六十年(1795)恩贡生.——北京大学图书馆。

养性园诗集/(清)王致中著.——版本情况不详.——王致中(?—1858),字极山,荣昌县(今重庆荣昌区)人,清道光八年(1828)举人.——出自光绪《荣昌县志》卷十一。

养源文稿一卷/(清)李遂根撰.——李氏家藏抄本.——李遂根,生卒年不详,合州(今重庆合川区)人,清末贡生.——出自《民国新修合川县志·掌录十七·艺文二·集部四》。

养云书屋诗集(金沙诗草)五卷/(清)彭懋琪著.——版本情况不详.——彭懋琪,生卒年不详,字金沙,合州(今重庆合川区)人,清嘉庆十八年(1813)拔贡生.——出自《民国新修合川县志》卷四十四"彭世仪"条附。

宜春山房古文□□卷/(清)杨荣封著.——版本情况不详.——杨荣封(?—1852),字富三,南川县(今重庆南川区)人,清道光五年(1825)中副榜.——出自光绪《南川县志》卷八、卷十一,另见民国《重修南川县志》卷十一《艺文志》。

修竹轩吟稿□□卷/韩述敏撰.——版本情况不详,未梓.——韩述敏,生平不详.——出自民国《长寿县志·文征上》。

彝欢堂诗文集□□卷/(清)唐锐著.——版本情况不详.——唐锐,生卒年不详,字退庵,南川县(今重庆南川区)人,清末岁贡生.——出自民国《南川县志·艺文志·专著目录》。

彝欢堂时艺□□卷/(清)唐锐著.——版本情况不详.——出自民国《南川县志·艺文志·专著目录》。

彝欢堂试帖□□卷/(清)唐锐著.——版本情况不详.——出自民国

《南川县志·艺文志·专著目录》。

遗稿□□卷/（清）王元曾著．——版本情况不详．——王元曾，生卒年不详，字桂珊，丰都县（今重庆丰都县）人，清咸丰朝举人．——出自《四川丛书采访书目录》丰都县部分。

亦兰居诗集□□卷/（清）王名必撰．——版本情况不详．——王名必，生卒年不详，字时可，江津县（今重庆江津区）人，清末太学生．——出自道光《重庆府志》卷八，另见民国《江津县志·文学》。

瀛草札笔□□卷/（清）邓钰廷撰．——版本情况不详．——邓钰廷，生卒年不详，綦江县（今重庆綦江区）人，生活于清同治、光绪至民国初年。曾在綦江育英书院授业．——出自《綦江县文史资料》第5辑，第23页。

迎翠堂文集□□卷/（清）吴学凤著．——版本情况不详．——吴学凤，生卒年不详，字鸣岐，忠州直隶州（今重庆忠县）人，清乾隆十八年（1753）举人．——出自道光《忠州直隶州志》卷八，同治《忠州直隶州》卷十；另见《四川丛书采访书目录》忠州部分。

元明诗钞□□卷/（清）吴学凤辑．——版本情况不详．——出自道光《忠州直隶州志》卷八，同治《忠州直隶州》卷十；另见《四川丛书采访书目录》忠州部分。

映雪山房稿□□卷/（清）孙荣毓撰．——版本情况不详．——孙荣毓，生卒年不详，号蜀芝，江津县（今重庆江津区）人，清光绪元年（1875）举人。曾主事育才书院．——出自民国《江津县志·文学》。

庸斋文稿□□卷/（清）熊炳著．——版本情况不详．——熊炳，生卒年不详，字庸斋，合州（今重庆合川区）人，清嘉庆六年（1801）举人．——出自《民国新修合川县志》卷四十四。

永言随笔□□卷/（清）何铠撰．——版本情况不详．——何铠，生卒年不详，字元章，涪州（今重庆涪陵区）人，清康熙四十四年（1705）举人，官夏津（今属山东德州市）知县．——出自道光《重庆府志·艺文志》。

咏史诗草□□卷/（清）杨维翰撰．——版本情况不详．——杨维翰，号墨斋，江津县（今重庆江津区）人，清道光二十五年（1845），以同知分云南，后回籍创办桂林书院. ——出自光绪《江津县志》卷十一, 民国《江津县志·人物志》,《江津县乡土志》卷二。

游峨录一卷/（清）向增元撰. ——版本情况不详. ——向增元, 生卒年不详, 字子益, 璧山县（今重庆璧山区）人, 清末岁贡生. ——出自同治《璧山县志·人物志·文苑》。

游蜀后记二卷/（清）吴焘撰. ——清光绪三年（1877）上海著易堂铅印本. ——吴焘, 生卒年不详, 字子明, 号倦游逸叟, 人称吴四先生。祖籍安徽盱眙, 生于云南保山。清光绪二年（1876）进士. ——河南大学图书馆。

（清）吴焘撰. ——清光绪十七年（1891）上海著易堂铅印本. ——北京大学图书馆。

（清）吴焘撰. ——清抄本. ——二册. ——中国国家图书馆。

游正吟正续稿□□卷/谢家驹撰. ——版本情况不详. ——谢家驹（1891—?）, 字龙文, 号侠生, 南川县（今重庆南川区）人. ——出自民国《南川县志·艺文志·专著目录》。

酉述三十六卷/（清）冉崇文撰. ——清刻本. ——冉崇文（1810—1857）, 字右之, 号蠡夫, 酉阳直隶州（今重庆酉阳土家族苗族自治县）人, 清道光时廪生. ——出自同治《增修酉阳直隶州总志·卷首》。

梦寻纪事诗集□□卷/（清）余君维撰. ——清刻本. ——余君维, 生卒年不详, 巫山县（今重庆巫山县）人, 寓居渝中（今重庆渝中区）. ——出自乾隆《巴县志·艺文志》, 龚懋熙撰《梦寻纪事序》; 另见《四川丛书采访书目录》巫山县部分。

浮香斋一隅草学诗五卷/（清）刘仕伟著. ——清刻本. ——刘仕伟, 生卒年不详, 字信吾, 号鼎隅, 梁山县（今重庆梁平县）人, 清乾隆十年（1745）武进士。嘉庆《梁山县志》有传. ——广东省立中山图书馆、洛阳市图书馆。

毓斋文集二卷/（清）周腾蛟撰. ——版本情况不详. ——周腾蛟, 生卒年不详, 号毓斋, 合州（今重庆合川区）人, 一作永川人, 清道光元年（1821）恩贡生, 后任眉州（今四川眉山市）训导. ——出自道光《永川县志》

卷九，光绪《永川县志》卷十。

月溪课草二卷/（清）魏德牖撰. ——版本情况不详. ——魏德牖，生卒年不详，永川县（今重庆永川区）人，清末举人. ——出自光绪《永川县志·著述》。

岳峰集□□卷/（清）罗醇仁撰. ——版本情况不详. ——罗醇仁，生卒年不详，字济英，号岳峰，巴县（今重庆主城区）人，清乾隆十年（1745）进士. ——出自乾隆《巴县志·人物志·文苑》。

中巴纪闻□□卷/（清）罗醇仁撰. ——版本情况不详. ——出自乾隆《巴县志·人物志·文苑》。

粤游飞鸿诗草□□卷/（清）莫春晖著. ——版本情况不详. ——莫春晖，生卒年不详，字南轩、载阳，号蕴庵，合州（今重庆合川区）人，清嘉庆二十四年（1819）举人. ——出自光绪《合州志》卷十，《民国新修合川县志》卷四十四。

云耕书屋诗文集□□卷/（清）任泰仪著. ——版本情况不详. ——任泰仪，生卒年不详，垫江县（今重庆垫江县）人，清末处士. ——出自《垫江乡土志·历史》。

云南四川踏查记/〔日〕米内山庸夫撰. ——清宣统二年（1910）米内山庸夫手稿本. ——一册. ——米内山庸夫，生卒年不详，日本青森人，清末来华，在上海东亚同文书院学习。1910年7月至11月，米氏来到云南、四川等地进行"大旅行调查"，沿途经过重庆主城、奉节夔门、长江三峡等地，并留下了诸多文字和图像记载。此书即为其调查报告. ——上海图书馆。

〔日〕米内山庸夫撰. ——日本昭和十五年（1940）改造社铅印本. ——一册. ——日本国立国会图书馆、中国国家图书馆。

一得随录二卷/（清）蒋璧方撰. ——清末双鹤寺刻本. ——蒋璧方（1830—1884），初名道成，字辑亭、集廷，四川合州（今重庆合川区）人，清同治十三年（1874）进士. ——出自《民国新修合川县志·掌录十七·艺文二·子部三》。

涪州石鱼题名记一卷/（清）钱保塘编. ——清光绪四年（1878）清风室

刻本. ——钱保塘（约1832—1912），字铁江，号兰伯，浙江海宁人，清咸丰九年（1859）举人，后任四川尊经书院教授. ——北京大学图书馆。

（清）钱保塘编. ——清光绪二十一年（1895）刻本. ——一册. ——四川大学图书馆、中山大学图书馆。

龙脊石题刻一卷／（清）钱保塘编. ——清光绪四年（1878）清风室刻本. ——北京大学图书馆. ——按：龙脊石位于重庆云阳县城南的江水之中，有唐宋以来历代刻石150余段。1987年，云阳县文物普查机构多次前往龙脊石察勘，以当时露出水面的石梁丈量：东西共长346米，南北宽8至16米，总共录得各代题刻143幅，其中北宋元祐三年至靖康元年（1088—1126）8幅，南宋建炎二年至宝祐三年（1128—1255）43幅，元代1幅，明洪武十八年至崇祯十四年（1385—1641）43幅，清康熙十一年至宣统元年（1672—1909）17幅，年代不详者31幅。

云水游集十四卷／（清）程其芝撰. ——清宣统三年（1911）重庆刻本. ——一册. ——程琪芝（1841—1914），号萱亭，黔江县（今重庆黔江区）人。土家族名医. ——程其芝后裔程俊材藏有孤本。

曾几山房诗钞□□卷／（清）薛可园著. ——版本情况不详. ——薛可园，生卒年不详，涪州（今重庆涪陵区）人，清朝人. ——出自民国《涪陵县续修涪州志·艺文志一》。

章水唱和集□□卷／（清）陈永图撰. ——版本情况不详. ——陈永图，生卒年不详，字固庵，涪州（今重庆涪陵区）人，清嘉庆七年（1802）进士，官翰林院庶吉士，任宜章县知县. ——出自同治《重修涪州志》卷十，民国《涪陵县续修涪州志·艺文志一》。

栈云峡雨日记二卷诗草一卷／〔日〕竹添进一郎撰. ——日本明治十二年（1879）奎文堂中溝熊象刻本. ——三册. ——竹添进一郎（1842—1917），讳光鸿，字渐卿，号井井，世人多以"竹添井井"称之。日本汉学家. ——北京大学图书馆、北京师范大学图书馆、华东师范大学图书馆、复旦大学图书馆。

招隐居传奇二卷附火坑莲一卷／（清）钟云舫著. ——清光绪二十年（1894）巴县吴氏刻本. ——三册. ——钟云舫（1847—1911），名祖棻，号铁

汉，又号铮铮居士，江津县（今重庆江津区）人。中国近代著名楹联学家. ——四川大学图书馆。

振振堂四种八卷（文稿二卷诗稿二卷联稿二卷联稿续二卷）/（清）钟云舫撰；（清）郑埙辑注. ——清光绪三十二年（1906）刻本. ——五册. ——中国国家图书馆、四川大学图书馆、南京大学图书馆。

芝田诗稿□□卷/（清）何试撰. ——版本情况不详. ——何试，生卒年不详，字元鼎，涪州（今重庆涪陵区）人，清康熙三十八年（1699）举人. ——出自民国《涪陵县续修涪州志·艺文志一》。

知山诗集□□卷/（清）李专著. ——版本情况不详. ——李专（1656—1737），字知山、知三、艺三，号白云居士，江津县（今重庆江津区）人，后移居贵州遵义，终老黔中。清雍正时参与修纂《四川通志》. ——出自嘉庆《四川通志》卷一百八十七，道光《重庆府志·艺文志》；另见《四川丛书采访书目录》江津县部分。

枳栾集□□卷/（清）杨士瀛撰. ——版本情况不详. ——杨士瀛，生卒年不详，字亮甫，长寿县（今重庆长寿区）人，清道光二十六年（1846）副贡生. ——出自民国《长寿县志·人物中》。

志冰诗草二卷/（清）陈志冰撰. ——何氏竹隐山房刻本. ——陈志冰，生卒年不详，合州（今重庆合川区）人，清末女诗人. ——出自《民国新修合川县志·掌录十七·艺文二·集部四》。

制艺类典□□卷/（清）李灼撰. ——版本情况不详. ——李灼，生卒年不详，黔江县（今重庆黔江区）人，清道光时贡生. ——出自光绪《黔江县志·艺文志》。

质可诗集□□卷/（清）袁州鎏撰. ——版本情况不详. ——袁州鎏，生卒年不详，江津县（今重庆江津区）人，清康熙二十三年（1684）举人，任河南光山县知县. ——出自道光《重庆府志》卷八，光绪《江津县志》卷十一，民国《江津县志》卷七《人物志》。

至性编诗文集□□卷/（清）王椿年著. ——版本情况不详. ——王椿年，生卒年不详，字仙芝，号玉峰，江津县（今重庆江津区）人，清乾隆十七年

(1752)举人,后任苍溪县训导。晚年回籍,主讲几江书院. ——出自光绪《江津县志》卷十一,民国《江津县志》卷七之一,《江津县乡土志》卷二。

中国漫游实记/〔日〕安东不二雄撰. ——日本明治二十五年(1892)东京博文馆刻本. ——安东不二雄,生卒年不详,日本商人,明治二十五年(1892),安东不二郎来到中国考察,撰写了《中国漫游实记》一书。其中有部分篇幅记载了四川、重庆等地的诸多情况. ——中国国家图书馆。

众星堂余草二卷/(清)陈在德,(清)陈在宽撰. ——清光绪二十四年(1898)合州陈氏刻本. ——一册. ——陈在德,生卒年不详,合州(今重庆合川区)人,清末廪生。陈在宽(1802—1882),字敬敷,号裕斋,合州(今重庆合川区)人. ——出自《民国新修合川县志·掌录十七·艺文二·集部四》。

竹香斋拾遗诗稿□□卷/(清)马斗熚著;(清)王萦绪辑. ——清刻本,已佚. ——马斗熚,生卒年不详,字黄星,土家族人,石砫直隶厅(今重庆石柱土家族自治县)土司舍人(地方官职),清康熙年间岁贡生,不求仕进。王萦绪,生卒年不详,字成礼,号天馥,山东诸城人,清代曾任丰都知县. ——出自道光《补辑石砫厅志》卷八,《四川丛书采访书目录》石砫厅部分。

竹轩诗文集□□卷/(清)王怡著. ——版本情况不详. ——王怡,生卒年不详,字远亭,一字致和,丰都县(今重庆丰都县)人,清乾隆九年(1744)举人. ——出自嘉庆《丰都县志》卷二。

竹院吟二卷/(清)释万松撰. ——版本情况不详. ——释万松,生卒年不详,字履云,酉阳直隶州(今重庆酉阳土家族苗族自治县)人。曾任天龙寺住持,晚年移锡湖南龙山县桂塘坝. ——出自《国朝全蜀诗钞》卷六十三,《四川丛书采访书目录》酉阳州部分. ——按:《蜀诗续钞》卷八作《竹院闲吟》二卷。

字川文稿二卷/(清)魏傲祖撰. ——版本情况不详. ——魏傲祖,生卒年不详,字字川,永川县(今重庆永川区)人,清乾隆四十六年(1781)进士,后任贵州修文县令. ——出自光绪《永川县志》卷十。

北游草□□卷/(□)王孟卿撰. ——版本情况不详. ——王孟卿,生平不详. ——出自民国《江津县志·文学》。

栢香竹映山房骈体文□□卷/（□）张湜著. ——版本情况不详. ——张湜，生平不详. ——出自《四川丛书采访书目录》开县部分。

杨五湖先生集□□卷/（□）□□著. ——版本情况不详. ——出自《四川丛书采访书目录》丰都县部分。

蜀事答问一卷/（□）天眉著. ——清末刻寒杉馆丛书本. ——一册. ——天眉，生平不详. ——复旦大学图书馆、吉林大学图书馆、中国人民大学图书馆、云南省图书馆。

诗钞义□□卷/（□）刘臻辉著. ——版本情况不详. ——刘臻辉，生平不详. ——出自《四川丛书采访书目录》大足县部分。

燕山学约□□卷/（□）燕山散人著. ——版本情况不详. ——燕山散人，生平不详. ——出自民国《大足县志·人物上》。

小渠偶吟草□□卷/（□）张湜著. ——版本情况不详. ——张湜，生平不详. ——出自《四川丛书采访书目录》开县部分。

听露轩诗□□卷/（□）刘斌撰. ——版本情况不详. ——刘斌，生平不详. ——出自《四川丛书采访书目录》荣昌县部分。

管窥集□□卷/（□）黎应第著. ——版本情况不详. ——黎应第，生平不详，大足县（今重庆大足区）人. ——出自民国《大足县志·人物上》。

闲窗赋□□卷/（□）袁锦著. ——版本情况不详. ——袁锦，生平不详. ——出自《四川丛书采访书目录》垫江县部分。

管窥集□□卷/（□）唐棣著. ——版本情况不详. ——唐棣，生平不详. ——出自《四川丛书采访书目录》大足县部分。

崇兰室诗话□□卷/（□）罗安慧撰. ——版本情况不详. ——罗安慧，生平不详. ——出自民国《江津县志·文学》。

广舆记□□卷/（□）□□著. ——版本情况不详. ——出自乾隆《巴县志·人物志·忠义》。

读书约□□卷/（□）沈本义著. ——版本情况不详. ——沈本义，生平不详，重庆开县人。撰有《向晚登开州城赋呈张活渠明府》《开州城楼晚眺》

等文. ——出自《四川丛书采访书目录》开县部分。

水月山房笔记□□卷/（□）李文澜撰. ——版本情况不详. ——李文澜，生平不详. ——出自《四川丛书采访书目录》綦江县部分。

国风串略集□□卷/（□）江梦奎撰. ——版本情况不详. ——江梦奎，生平不详. ——出自民国《江津县志·人物志上·行谊》。

家训□□卷/（□）杨天怀著. ——版本情况不详. ——杨天怀，生平不详. ——出自《四川丛书采访书目录》大足县部分。

直声者□□卷/（□）丁氏撰. ——版本情况不详. ——丁氏，江世成妻，生平不详. ——出自民国《江津县志·列女传下》。

行己篇□□卷/（□）喻守先著. ——版本情况不详. ——喻守先，生平不详. ——出自《四川丛书采访书目录》长寿县部分。

竹林居集□□卷/（□）余仕彬撰. ——版本情况不详. ——余仕彬，生平不详. ——出自民国《涪陵县续修涪州志·艺文志一》。

寄庐草诗集□□卷/（□）罗安慧撰. ——版本情况不详. ——罗安慧，生平不详. ——出自民国《江津县志·艺文志·文学》。

寄情草□□卷/（□）王孟卿撰. ——版本情况不详. ——王孟卿，生平不详. ——出自民国《江津县志·艺文志·文学》。

家常琐语一卷/（□）□□摘录. ——版本情况不详. ——出自民国《南川县志·艺文志·专著目录》。

缙云传胜录□□卷/（□）□□著. ——版本情况不详. ——出自民国《巴县志·古迹》。

可园诗草□□卷/（□）毛诗著. ——版本情况不详. ——毛诗，生平不详. ——出自《四川丛书采访书目录》奉节县部分。

克己编□□卷/（□）何朝宗撰. ——版本情况不详. ——何朝宗，生平不详，长寿县（今重庆长寿区）人. ——出自《四川丛书采访书目录》重庆府部分。

课幼捷诀上下卷□□卷/（□）罗世茂著. ——版本情况不详. ——罗世茂，生平不详. ——出自《四川丛书采访书目录》綦江县部分。

懒□诗集□□卷/（□）释三空著. ——版本情况不详. ——释三空，生平不详. ——出自《四川丛书采访书目录》万县部分。

流江杂录□□卷/（□）袁锦著. ——版本情况不详. ——袁锦，生平不详. ——出自《四川丛书采访书目录》垫江县部分。

龙门诗集□□卷/（□）龚恕撰. ——版本情况不详. ——龚恕，生平不详. ——出自民国《江津县志·人物志上·行谊》。

阵中日记□□卷/（□）吴庶修撰. ——版本情况不详. ——吴庶修，生平不详. ——出自民国《江津县志·先烈》。

黔游草□□卷/（□）王孟卿撰. ——版本情况不详，未梓. ——王孟卿，生平不详. ——出自民国《江津县志·文学》。

怙庐集□□卷/（□）古心著. ——版本情况不详. ——古心，生平不详. ——出自《四川丛书采访书目录》丰都县部分。

磨砚斋诗集□□卷/（□）方正撰. ——版本情况不详. ——方正，生平不详. ——出自民国《涪陵县续修涪州志·艺文志一》。

直省分道属境歌略并图□□卷/（清）潘清荫著. ——清光绪二十七年（1901）刻本. ——潘清荫（1851—1912），字季约、梧冈，原籍湖北蒲圻，生于巴县（今重庆主城区），清同治十二年（1873）举人。曾任忠州（今重庆忠县）白鹿书院、南川专经书院山长. ——中国国家图书馆、北京大学图书馆。

张朝墉诗集六卷/张朝墉著. ——清同治十年（1871）序刻本. ——张朝墉（？—1920），字北墙、白翔，号半园，奉节县（今重庆奉节县）人，清末廪生. ——出自《巴蜀近代诗词》卷二。

白翔先生自抄诗□□卷/张朝墉著. ——清宣统三年（1911）石印本. ——旅顺口区图书馆。

忠属察学日记一卷/张森楷撰. ——版本情况不详，已佚. ——张森楷（1858—1928），原名家楷，字元翰，号式卿，合州（今重庆合川区）人。中国近代著名历史学家. ——出自萧一山编《清代学者著述表》，国立编译馆1943年版，第259页。

师友赠言录一卷/张森楷撰. ——版本情况不详. ——出自《通史人表·

卷首》。

人格商榷书一卷/张森楷撰. ——稿本. ——出自萧一山编《清代学者著述表》,国立编译馆1943年版,第259页;另见杨家骆撰文《四川一大史学家——张石亲先生》,载于《新中华》1943年第11期。

郑知事去思录□□卷/张森楷撰. ——清末民初石印本. ——一册. ——出自《合川文史资料选辑》第七辑,中国人民政治协商会议四川省合川县委员会文史资料委员会1990年编印,第131页,唐唯目《史学家张森楷》一文。

辉萼堂诗文集□□卷/黄坦撰. ——版本情况不详. ——黄坦,生卒年不详,涪州(今重庆涪陵区)人,清光绪二十七年(1901)解元,曾任湖北枣阳知县. ——出自民国《涪陵县续修涪州志·艺文志一》。

沧海遗珠□□卷/秦山高著. ——版本情况不详. ——秦山高(约1876—1943),原名嵩年,字山高,忠州(今重庆忠县)人. ——出自民国《忠县志·人物列传》。

川北纪行诗□□卷/秦山高著. ——版本情况不详. ——出自民国《忠县志·人物列传》。

感知诗□□卷/秦山高著. ——版本情况不详. ——出自民国《忠县志·人物列传》。

燹余诗草□□卷/秦山高著. ——版本情况不详. ——出自民国《忠县志·人物列传》。

龙溪日记□□卷/杨士钦撰. ——版本情况不详. ——杨士钦(1861—1914),字鲁丞,江津县(今重庆江津区)人,清末拔贡. ——出自民国《江津县志·人物志》。

篆隶决嫌录二卷/梅际郁著. ——版本情况不详. ——梅际郁(1873—1934),字黍雨,别号念石,巴县(今重庆主城区)人。民国年间,曾任四川省议会议员,重庆商业高中校长. ——出自民国《巴县志》卷十下。

选梦楼词□□卷/朱德宝撰. ——泸州陶氏铅印本. ——朱德宝,生卒年不详,字虹父,酉阳直隶州(今重庆酉阳土家族苗族自治县)人,清光绪十五年(1889)举人. ——出自李植署检《蜀词人评传》,成都古籍书店1984年8

月复印本，第378页。

碎琴诗钞一卷/戴美渠撰. ——版本情况不详. ——戴美渠（1859—?），字文犀，合州（今重庆合川区）人，工诗词. ——出自薛新力、蒲健夫主编《巴蜀近代诗词选》，重庆出版社2003年7月版，第439页。

痴兰诗话□□卷/陈凤喈撰. ——版本情况不详. ——陈凤喈，生卒年不详，字桐村，涪州（今重庆涪陵区）人，约生活于清末民初. ——出自民国《涪陵县续修涪州志·艺文志一》。

鲫生诡谈□□卷/陈凤喈撰. ——版本情况不详. ——出自民国《涪陵县续修涪州志》卷十三。

海棠香馆诗稿□□卷/朱子镛著. ——清刻本. ——朱子镛（1868—1949），字采卿，铜梁县（今重庆铜梁区）人。家贫辍学，自学成才。民国九年（1920），入川军第三混成旅为军医。民国十一年（1922）起，任广安、珙县、高县征收局长. ——四川省图书馆。

黄宪廷遗稿一卷/黄度撰；华瑞抄. ——华瑞抄本. ——黄度，生卒年不详，字宪廷，合州（今重庆合川区）东里渭溪场人。尝从丰都徐昌绪侍讲，游学于东川书院。民国初年卒，年六十余. ——出自《民国新修合川县志·掌录十七·艺文二·集部四》。

建南诗草二卷/蒋楷撰. ——版本情况不详. ——蒋楷，生卒年不详，永川县（今重庆永川区）人，民国十八年（1929）仟四川开江知事、县长. ——出自光绪《永川县志》卷八《人物志》。

醉经楼诗抄□□卷/张华庭撰. ——稿本，已佚. ——张华庭（1839—1922），字济辉，别号星楣，綦江县（今重庆綦江区）人. ——出自《綦江县文史资料》第10辑，中国人民政治协商会议綦江县委员会文史资料研究委员会1990年编印，第165页，张集新撰《祖父张华庭从政事略》。

文心雕龙校注□□卷/陈季皋撰. ——版本情况不详. ——陈季皋，生卒年不详，字遵默，江北县（今重庆江北区）人，近代著名历史学者，曾任重庆大学教授. ——出自民国《江北县志稿·艺文志》。

瑞霭庐诗集□□卷/曾纪瑞撰. ——稿本. ——曾纪瑞（1872—1942），字吉芝，祖籍江西金溪县，占籍巴县（今重庆主城区）。近代重庆著名教育家．——出自《重庆地方志资料丛刊：重庆辛亥革命时期人物·辛亥革命暨重庆蜀军政府成立七十五周年纪念专辑》，重庆市地方志编纂委员会总编室、重庆市政协文史资料研究委员会、重庆师范学院重庆地方史研究室1986年编印，第93—95页，彭伯通撰《曾纪瑞》一文。

辨善琐言二卷／（□）□□著．——版本情况不详，已佚．——出自民国《南川县志·艺文志·专著目录》。

古往懋集□□卷／（□）□□著．——版本情况不详．——出自《四川丛书采访书目录》梁山县部分。

夷坚志□□卷／（□）□□著．——版本情况不详．——出自同治《璧山县志·杂类志·外纪》。

政经类
（含交通、运输）

历代鸿名录□□**卷** /（唐）李远撰. ——版本情况不详. ——李远，生卒年不详，字求古、承古，夔州云安（今属重庆奉节县）人。唐代诗人。唐大和五年（831）进士及第. ——出自《新唐书·艺文志》。

龙纪圣异历一卷 /（唐）李远撰. ——版本情况不详，已佚. ——出自《新唐书·艺文志》。

武孝经一卷 /（唐）李远撰. ——版本情况不详. ——云南省图书馆。

新孝经一卷 /（唐）李远著. ——版本情况不详. ——出自《四川丛书采访书目录》云阳县部分。

春秋夏时考正二卷 /（宋）阳恪撰. ——版本情况不详. ——阳恪，生卒年不详，字伯强，号以斋，巴川（今重庆铜梁）人。阳枋子。宋理宗景定四年（1263）进士。宋代理学家. ——出自嘉庆《四川通志》卷一百八十二，《经义考》卷二百一十。

谥法一卷 /（宋）崔子方撰. ——版本情况不详，已佚. ——崔子方，生卒年不详，字彦直、伯直，号西畴居士，宋代涪州（今重庆涪陵区）人. ——出自民国《续修涪州志》卷十九。

两朝实录□□**卷** /（明）蹇义撰. ——版本情况不详. ——蹇义（1363—1435），字宜之，初名瑢，巴县（今重庆主城区）人，明洪武十八年（1385）进士，授官中书舍人. ——出自同治《巴县志·艺文志·碑铭·少师兼吏部尚书赠太师忠定蹇公神道碑》。

大明会典□□**卷** /（明）刘春等纂修. ——版本情况不详. ——刘春

（？—1521），字仁仲，巴县（今重庆主城区）人，明成化二十三年（1487）进士.《明史》卷一百八十四有传.——出自同治《巴县志·艺文志·刘文简公记》。

宪宗实录□□**卷**/（明）刘春等纂修.——版本情况不详.——出自同治《巴县志·艺文志·刘文简公记》。

孝宗实录□□**卷**/（明）刘春等修.——版本情况不详.——出自同治《巴县志·艺文志·刘文简公记》。

马政志四卷/（明）陈讲撰.——明嘉靖刻本.——陈讲，生卒年不详，名子学，字中川，潼南县（今重庆潼南区）富农乡人，一作遂宁人，明正德十六年（1521）进士，后任翰林院庶吉士、河南布政使、山西巡抚等职.——北京大学图书馆（存三卷：一、二、四）、四川省图书馆（不全）.——按:《四库全书总目》卷八十四《政书类·存目二》收录是书，其提要云："此书乃其嘉靖三年（1524）以御史巡视陕西马政时所作。凡《茶马》一卷，为目九，纪以茶易番马之制；《盐马》一卷，为目七，纪纳马中盐之制；《牧马》一卷，为目八，纪各寺苑监畜牧之制；《点马》一卷，为目三，记行太仆寺各军卫稽覈马匹之制。撮叙源委颇详。"《续修四库全书》第八百五十九册收录是书。

攻渝纪事一卷/（明）徐如珂撰.——清道光古槐山房木活字印本.——一册.——徐如珂，生卒年不详，字季鸣，吴县（今江苏苏州）人，明万历二十三年（1595）进士.——北京大学图书馆。

（明）徐如珂撰.——清刻本.——一册.——北京大学图书馆。

（明）徐如珂撰；（清）陈湖逸士辑.——清宣统三年（1911）荆驼逸史石印本.——北京大学图书馆。

欸塞录□□**卷**/（明）刘应箕撰.——版本情况不详.——刘应箕，生卒年不详，字维南，巴县（今重庆主城区）人.——出自乾隆《巴县志·人物志·勋业》。

邹刘奏疏合刊□□**卷**/（明）邹智，（明）刘蓘撰.——版本情况不详.——邹智（1466—1491），字汝愚，号立斋，别号秋因子，合州（今重庆合川区）人。刘蓘，生卒年不详，字惟馨、秋佩，涪州（今重庆涪陵区）人，明弘治十二年（1499）进士。谥忠愍.——出自《明史》《涪州志》《刘氏家谱》。

奏议□□卷/（明）刘蒇撰.——版本情况不详.——出自道光《重庆府志·艺文志》。

问刑条例三卷/（明）喻茂坚等修.——明刻本.——喻茂坚（1474—1566），字月梧，荣昌县（今重庆荣昌区）人，明嘉靖朝任刑部尚书.——中国国家图书馆、北京大学图书馆。

（明）喻茂坚等修.——日本享保八年（1723）东京御书物所松会三四郎刻本.——北京大学图书馆、复旦大学图书馆、中国国家图书馆。

梧冈文集□□卷/（明）喻茂坚著.——明刻本.——出自雷礼《国朝列卿记》卷一百，何出光等《兰台法鉴录》卷十四，过廷训《本朝分省人物考》卷五十八。

洗冤录□□卷/（明）田登年著.——版本情况不详.——田登年，生卒年不详，忠州（今重庆忠县）人，明嘉靖十四年（1535）进士，官至大理寺司正.——出自《四川丛书采访书目录》忠州部分。

乡范□□卷/（明）邵仲禄著.——版本情况不详.——邵仲禄，生卒年不详，奉节县（今重庆奉节县）人，明隆庆元年（1567）举人，翌年中进士.——出自《四川丛书采访书目录》奉节县部分。

宰官续知一卷/（明）李士震撰.——版本情况不详.——李士震，生卒年不详，长寿县（今重庆长寿区）人，明末举人，崇祯五年（1632）任翁源知县.——出自《四川丛书采访书目录》长寿县部分。

治谱□□卷/（明）李养德撰.——版本情况不详.——李养德，生卒年不详，字涵初，铜梁县（今重庆铜梁区）人，明万历四十七年（1619）进士，后任工部尚书.——出自道光《重庆府志·艺文志》。

奏议二十二卷/（明）张佳胤撰.——版本情况不详.——张佳胤（1527—1588），字肖甫，号崌崃山人，一作居来山人，铜梁县（今重庆铜梁区）人，明嘉靖二十九年（1550）进士，官至兵部尚书，授太子太保衔。《明史》有传.——出自道光《重庆府志·艺文志》。

念阳徐公定蜀记一卷／（明）文震孟撰. ——清古槐山房木活字本. ——一册. ——文震孟（1574—1636），字文起，江苏吴县人。文征明曾孙. ——北京大学图书馆、四川大学图书馆、云南省图书馆. ——按：出自《荆驼逸史丛书》。卷中有记载重庆石柱土司秦良玉率兵救成都之事。

（明）文震孟撰. ——清宣统三年（1911）石印本. ——一册. ——北京大学图书馆. ——按：出自《荆驼逸史丛书》。

蜀中边防记十卷／（明）曹学佺撰. ——明刻本. ——二册. ——曹学佺（1574—1646），字能始，号石仓，福建侯官（今属福州）人，明万历二十三年（1595）进士，万历三十九年（1611）任四川按察使. ——北京大学图书馆。

（明）曹学佺撰. ——清抄本. ——四册. ——中国国家图书馆。

平蜀纪事一卷／（清）钱谦益撰. ——清古槐山房木活字本. ——钱谦益（1582—1664），字受之，号牧斋，晚号蒙叟，又号东涧遗老，江苏常熟人. ——北京大学图书馆. ——按：出自《荆驼逸史丛书》。卷中记载万历十四年（1586），川东兵备副使徐如珂率领石柱土司秦良玉等，平定四川永宁土司奢崇明、樊龙等人叛乱之事。

（清）钱谦益撰. ——清宣统三年（1911）中国国家图书馆石印本. ——北京大学图书馆. ——按：出自《荆驼逸史丛书》。

勿所刘先生居官水镜四卷／（明）刘时俊撰. ——明刻本. ——八册. ——刘时俊（？—1629），字尹升，号勿所，原籍四川隆昌，后迁重庆荣昌。明万历二十六年（1598）进士. ——北京大学图书馆。

三邑政编□□卷／（明）刘时俊撰. ——旧抄本. ——一册. ——北京大学图书馆（不全）

仕途悬镜□□卷／（明）刘时俊撰. ——版本情况不详. ——出自傅德岷、李书敏著《巴渝英杰名流》，重庆出版社2004年1月版，第155页。

治安文献□□卷／（明）刘时俊撰. ——版本情况不详. ——出自傅德岷、李书敏著《巴渝英杰名流》，重庆出版社2004年1月版，第155页。

六政亿言□□卷／（清）陈计长撰. ——版本情况不详. ——陈计长（1599—1677），字三石，涪州（今重庆涪陵区）人，明天启七年（1627）举

人，后任江西松江同知、湖南长沙知府．——出自民国《涪陵县续修涪州志·艺文志一》。

居丧礼仪□□卷／（清）李开先著．——版本情况不详．——李开先，生卒年不详，字传一，长寿县（今重庆长寿区）人，明崇祯十二年（1639）举人．——出自民国《长寿县志·文征上》。

河防志十二卷／（清）张鹏翮撰．——清雍正三年（1725）刻本．——十二册．——张鹏翮（1649—1725），字运青，号宽宇、信阳子，四川遂宁三汇（今属重庆潼南）人。清康熙九年（1670）进士，官至文华殿大学士，人称"贤相"，又为"治河名臣"，谥号"文端"。《清史稿》卷二七九有传．——北京师范大学图书馆、华东师范大学图书馆、四川大学图书馆。

河防志略□□卷／（清）张鹏翮撰．——清刻本．——一册．——南京大学图书馆。

江防述略一卷／（清）张鹏翮撰．——清道光十一年（1831）六安晁氏木活字印本．——一册．——河南大学图书馆．——按：出自丛书《学海类编·集余二》。

治河全书二十四卷／（清）张鹏翮撰．——清抄本．——十册．——北京大学图书馆（存十卷：一至十）、天津图书馆（不全）。

黄河全图／（清）张鹏翮编绘．——清康熙四十二年（1703）绘本．——中国国家图书馆、天津图书馆、台湾"国立故宫博物院"。

黄河运河全图／（清）张鹏翮编绘．——清嘉庆年间绘本．——中国国家图书馆。

信阳子卓录八卷补遗二卷／（清）张鹏翮撰．——清康熙五十五年（1716）刻本．——上海图书馆、北京大学图书馆、北京师范大学图书馆、陕西省西安市文物管理委员会。

治下河论一卷／（清）张鹏翮撰．——清光绪十七年（1891）上海著易堂小方壶斋舆地丛钞铅印本．——中国国家图书馆、北京大学图书馆、上海图书馆．——按：出自《小方壶斋舆地丛钞》第四帙。

张公奏议二十四卷／（清）张鹏翮撰. ——清嘉庆五年（1800）江南河库道刻本. ——二十四册. ——中国国家图书馆、上海图书馆、北京大学图书馆、清华大学图书馆、中国人民大学图书馆、南京大学图书馆、南开大学图书馆、华东师范大学图书馆、吉林大学图书馆、河南大学图书馆。

治河奇策一卷／（清）张问陶等撰. ——清钞本. ——张问陶（1764—1814），字仲冶、柳门，又字乐祖，号船山，蓬溪人（一说遂宁人）。清乾隆五十五年（1790）进士，后任山东莱州府知府。清代杰出诗人、诗论家、著名书画家. ——北京大学图书馆。

长沙串注方調二卷／（清）邓德敏撰. ——清刻本. ——邓德敏，生卒年不详，字惠光，巴县（今重庆主城区）人，清末著名中医. ——出自《民国新修合川县志·掌录十七·艺文二·子部三》。

楚军马队拱卫炮队操演图二卷十八段／（清）徐邦道撰. ——版本情况不详. ——徐邦道（1834—1895），字见农，涪州（今重庆涪陵区）人，从小习武，清光绪四年（1878）任淮军提督. ——出自民国《涪陵县续修涪州志》。

川船记一卷／（清）谢鸣篁撰. ——清道光十年（1830）长洲顾沅刻赐砚堂丛书新编本. ——一册. ——谢鸣篁，生卒年不详，江西南丰人，生活于清同治、光绪时期. ——中国国家图书馆、北京大学图书馆、华东师范大学图书馆。

封圻扼塞□□卷／（清）李曾白撰. ——版本情况不详. ——李曾白，生卒年不详，一名曾伯，字鲁生，重庆黔江（一作长寿）人，清道光五年（1825）举人，后任黔江教谕. ——出自民国《长寿县志·人物下》。

七省海防□□卷／（清）李曾白撰. ——版本情况不详. ——出自民国《长寿县志·人物下》。

沿江要害□□卷／（清）李曾白撰. ——版本情况不详. ——出自民国《长寿县志·人物下》。

赋役全书□□卷／（清）喻思悃撰. ——版本情况不详，已佚. ——喻思悃（1568—1650），字似枣，荣昌县（今重庆荣昌区）人. ——出自《题伯祖庠生应鹤公墓碑》《杨泗庙钟铭》。

革命军不分卷/（清）邹容撰. ——清光绪二十九年（1903）石印本. ——一册. ——邹容（1885—1905），字蔚丹，亦作威丹，巴县（今重庆主城区）人。近代著名资产阶级革命宣传家. ——中国国家图书馆、中国科学院文献情报中心（国家科学图书馆）、南京大学图书馆、南京图书馆、吴县图书馆、华东师范大学图书馆。

图存编不分卷/（清）邹容撰. ——清光绪三十年（1904）木活字印本. ——一册. ——中国国家图书馆. ——按：本书封面题名《图存编》，是迄今发现最早的《革命军》伪装本。

国法须知一卷/（清）周立恭著. ——清嘉庆年间刻本. ——周立恭，生卒年不详，号鹤田，后更名伯寅，南川县（今重庆南川区）人，清乾隆五十九年（1794）举人. ——出自光绪《南川县志》卷八，民国《重修南川县志》卷十一、十二，《南川县乡土志·耆旧》，《四川丛书采访书目录》南川县部分。

家礼须知一卷/（清）周立恭著. ——版本情况不详. ——出自光绪《南川县志》卷八，民国《重修南川县志》卷十一、十二，《南川县乡土志·耆宿》，《四川丛书采访书目录》南川县部分。

海疆戎务□□卷/（清）罗星著. ——手抄本. ——罗星，生卒年不详，字九峰，号春堂，綦江县（今重庆綦江区）人，清道光元年（1821）举人. ——出自道光《綦江县志》卷七，《四川丛书采访书目录》綦江县部分。

海塘挈要十二卷/（清）杨士鑅著. ——版本情况不详，无传本. ——杨士鑅，一名鑅，字振斋，号绿村，合州（今重庆合川区）人，清乾隆四十八年（1783）举人. ——出自光绪《道光府志》卷九，《民国新修合川县志·掌录十七·艺文一》。

金川从戎事实二卷/（清）刘仕伟著. ——版本情况不详. ——刘仕伟，生卒年不详，字信吾、鼎隅，梁山县（今重庆梁平县）人，清乾隆十年（1745）武进士. ——出自嘉庆《梁山县志》卷十一，嘉庆《四川通志》卷一百八十四，《锦里新编》卷四。

居官法戒两卷/（清）孙宗瑛撰. ——版本情况不详. ——孙宗瑛，生卒年不详，字竹屿，秀山县（今重庆秀山土家族苗族自治县）人，清嘉庆六年

（1801）拔贡生，十三年（1808）中顺天乡试副榜. ——出自光绪《秀山县志·士女志·孙周吴列传》. ——按：关于本书的内容，同治《增修酉阳直隶州总志》卷十七作"五十余条"。

勘定教匪述文□□卷/（清）罗珍著. ——版本情况不详. ——罗珍，生卒年不详，字佛崖，四川威远县人，清道光四年（1824）任开县盛山书院山长. ——出自《四川丛书采访书目录》开县部分。

劳绩纪□□卷/（清）何增元著. ——版本情况不详. ——何增元（1778—1862），字升畬，号申畬，重庆璧山人. ——出自《四川丛书采访书目录》璧山县部分。

礼论一卷/（清）何志高著. ——清光绪十四年（1888）刻本. ——何志高，生卒年不详，号西夏，万县（今重庆万州区）人，生活于清代道光咸丰年间，廪生。著名天文学家。事迹见同治《增修万县志》卷二十九. ——中国国家图书馆. ——按：是书出自《西夏经义注释》十三种丛书本。

历代筹边略八十四卷目录类编三卷附奏议二卷/（清）陈麟图编. ——清光绪二十三年（1897）四川江津陈氏广安州学署刻本. ——四十册. ——陈麟图，生卒年不详，字星槎，江津县（今重庆江津区）人，清光绪五年（1879）举人，官至广安州学正. ——北京大学图书馆、清华大学图书馆、四川大学图书馆（不全）、南开大学图书馆、南京大学图书馆。

切实要务说八十七卷/（清）陈麟图编. ——清光绪二十三年（1897）四川江津陈氏广安州学署刻本. ——四十册. ——出自《江津县乡土志》卷二。

学校孤衷录二卷/（清）陈麟图编. ——清光绪二十三年（1897）四川江津陈氏广安州学署刻本. ——四十册. ——出自《江津县乡土志》卷二。

历代统系纪元考□□卷/（清）朱稑撰. ——版本情况不详. ——朱稑，生卒年不详，字稼轩，号情田，晚号菊叟，巴县（今重庆主城区）人，清乾隆年间岁贡生. ——出自同治《巴县志》卷三上。

历难记□□卷/（清）冯之瑾著. ——版本情况不详. ——冯之瑾，生卒年不详，字迟松，梁山县（今重庆梁平县）人，清康熙年间岁贡生. ——出自光绪《梁山县志·艺文志》，另见《四川丛书采访书目录》忠州部分。

吏治编□□卷/（清）庐焌著.——版本情况不详.——庐焌，生卒年不详，字秉亮，号莹亭，一号晴潭，垫江县（今重庆垫江县）人，清乾隆三十年（1765）举人.——出自光绪《垫江县志》卷八，另见《四川丛书采访书目录》垫江县部分。

牧民迩言一卷/（清）王达琮撰.——版本情况不详.——王达琮（1803—1866），原名大宗，字屏山，秀山县（今重庆秀山土家族苗族自治县）梅江乡人，清道光二十一年（1841）进士.——出自光绪《秀山县志·士女志·王达琮列传》。

平平录十卷续录一卷/（清）杨芳撰.——清道光十三年（1833）刻本.——杨芳（1770—1846），字诚村，秀山县（今重庆秀山土家族苗族自治县）人，清朝名将.——北京大学图书馆、清华大学图书馆、中国人民大学图书馆、复旦大学图书馆、南开大学图书馆、华东师范大学图书馆、山东大学图书馆。

西征笔记二卷/（清）杨芳撰.——版本情况不详，已佚.——出自光绪《秀山县志·士女志·杨芳列传》。

平滩纪略六卷附蜀江指掌一卷/（清）李本忠撰.——清道光二十年（1840）青莲堂刊本.——六册.——李本忠（1818—1869），字实夫，又名庭玉，云南鲁甸县人.——北京大学图书馆、南开大学图书馆、清华大学图书馆。按：《平滩纪略》和《蜀江指掌》两种书都是十分难得的川江航行史料。前者记述李本忠从整治秭归泄滩、牛口开始，历时36年，投资白银18万两，修治了四川奉节（今重庆奉节县）至湖北宜昌一带的险滩48处。后者则是以他数十年上川下楚和整治川江航道的经验，详细记录了长江三峡最著名的25处险滩，从入川第一凶滩——湖北宜昌县境内的"红石子"起，至四川巫山县（今重庆巫山县）境内的"大磨滩"止，包括其地理特点、凶险情况、水文变化，以及整治后如何行舟等，内容翔实，一目了然。

（清）李本忠撰.——清刻本.——六册.——中国国家图书馆。

清咸丰己未庚申川东军务公牍十卷/（清）程祖润撰.——稿本.——一册.——程祖润（1805—1860），原名锡书，字雨琴，江苏镇江人。道光二十四年（1844）进士。历署四川合州知州、江津知县、川东兵备道道员等职. ——出自薛新力编《巴渝古代要籍叙录》，中州古籍出版社2008年版，第195—196页. ——按：是书汇集川东清军前后年余的军务公牍，皆程氏总领川东军务时所为，内容极为详细，包括调遣省兵、调遣夔勇、巴县招勇、催粮拨饷等内容。该书是现存唯一记录川东地区农民起义抗清的第一手历史档案资料，且为手稿本，殊为珍贵。

全蜀节孝录五卷/（清）罗定昌纂辑；（清）熊汉鼎补纂. ——清光绪十八年（1892）成都陕西街节孝总祠刻本. ——五册. ——罗定昌，生卒年不详，字茂亭，四川成都人。熊汉鼎，生平不详. ——四川大学图书馆、南京大学图书馆. ——按：全书内容结构按时代先后顺序排列，以远古先秦始，随后依次为汉、唐、宋、元、明、清朝代，每朝代下再按四川各府、州、县地区展开报录内容，分别记载贞烈女、节孝妇的事迹。书中涉及重庆和川东的府、州、县有重庆府、夔州府、忠州、酉阳州、巴县、江津、长寿、大足、璧山、江北、隆昌、奉节、巫山、万县、云阳、垫江、秀山、彭水、黔江等地区。

三省边防备览十四卷/（清）严如熤撰. ——清道光二年（1822）刻本. ——六册. ——严如熤（1759—1826），字炳文，号乐园，别号苏亭，湖南溆浦人. ——北京大学图书馆、中山大学图书馆、云南省图书馆、华东师范大学图书馆、南京大学图书馆、复旦大学图书馆、吉林大学图书馆、辽宁大学图书馆、湘西自治州图书馆. ——按：该书是一部重要的军事著作，主要记载陕、川、湖三省交界地区的道路、山货、军制等内容，其中亦载有白莲教起义的历史。

（清）严如熤撰. ——清道光十年（1830）来鹿堂刻本. ——十二册. ——辽宁大学图书馆、吉林大学图书馆、中山大学图书馆。

丧礼摘要一卷/（清）李毓珩纂. ——版本情况不详. ——李毓珩，生卒年不详，号宝山，綦江县（今重庆綦江区）人，清末诸生. ——出自道光《綦江县志》卷十二，另见《四川丛书采访书目录》綦江县部分。

□□名宦贤士录一卷/（清）李毓珩纂. ——版本情况不详. ——出自道光《綦江县志》卷十二，另见《四川丛书采访书目录》綦江县部分。

社会改良说□□卷/（清）杨树菜撰. ——版本情况不详. ——杨树菜，生平不详，长寿县（今重庆长寿区）人. ——出自民国《长寿县志·人物中》。

守合州策一卷/（清）朱一桂撰. ——朱幼文家藏抄本. ——朱一桂，生平不详，合州（今重庆合川区）人. ——出自《民国新修合川县志·掌录十七·艺文二·子部三》。

四川忠义总录三十卷附霆军二卷续录二卷/（清）吴庆坻，（清）王之春总纂. ——清光绪二十五年（1899）四川采访总局刻本. ——二十四册. ——吴庆坻（1848—1924），字子脩，一字敬彊，号悔余生，晚号补松老人，浙江钱塘（今杭州市）人。王之春（1842—?），字爵棠，一字芍棠，别署椒生，湖南清泉（今衡阳）人. ——四川大学图书馆。

四书撮要□□卷/（清）易简著. ——版本情况不详. ——易简，生卒年不详，字位中，号半山，丰都县（今重庆丰都县）人，清康熙五十一年（1712）进士，后任渝城书院（一作锦江书院）山长. ——出自《四川丛书采访书目》丰都县部分。

霆军纪略十六卷/（清）陈昌著. ——清光绪八年（1882）上海申报馆铅印本. ——六册. ——陈昌，生卒年不详，铜梁县（今重庆铜梁区）人，清同治十三年（1874）进士. ——清华大学图书馆、北京大学图书馆、中国国家图书馆、北京师范大学图书馆、华东师范大学图书馆（不全）、复旦大学图书馆、河南大学图书馆、吉林大学图书馆、辽宁大学图书馆。

夏鼎录□□卷/（清）江含春撰. ——版本情况不详. ——江含春（1804—1856），字海平，自号楞圌主人、能箐山人、孝典堂主人等，江津县（今重庆江津区）人，清末廪生. ——出自光绪《江津县志》卷十一，民国《江津县志·文学》，《江津县乡土志》卷二。

孝典四卷/（清）杨福琼编. ——版本情况不详. ——杨福琼，生卒年不详，字彩峰，南川县（今重庆南川区）人，清末附生. ——出自民国《重修南川县志·艺文志·专著目录》。

行川必要不分卷/（清）罗缙绅撰. ——清光绪四年（1878）刻本. ——一册. ——罗缙绅，生卒年不详，字筠臣，湖南岳阳人。曾任宜昌水师总兵. ——中国国家图书馆、四川大学图书馆、辽宁省图书馆、大连市图书馆. ——按：该书附刻于《峡江救生船志》之后。

训兵要言一卷/（清）胡超著. ——版本情况不详. ——胡超（1776—1849），长寿县（今重庆长寿区）人，行伍出身，有战功。清嘉庆十九年（1814），擢陕西循化营参将，二十三年（1818）迁凤翔府西凤营参将。道光七年（1827）授重庆镇总兵，次年诰封"振威将军". ——出自道光《重庆府志》卷九。

御侮录一卷/（清）杨进笏撰. ——杨氏家藏本. ——杨进笏，生卒年不详，合州（今重庆合川区）人，清末文生. ——出自《民国新修合川县志·掌录十七·艺文二·子部三》。

治略存说□□卷/（清）刘宇昌著. ——版本情况不详. ——刘宇昌，生卒年不详，璧山县（今重庆璧山区）人，清嘉庆二十三年（1818）举人。次年中进士。《璧山县志》有传. ——出自同治《璧山县志》卷八《人物》。

治台要略一卷/（清）糜奇瑜撰. ——版本情况不详. ——糜奇瑜（1762—1827），字象舆，号朗峰，秀山县（今重庆秀山土家族苗族自治县）人，清乾隆四十五年（1780）拔贡生. ——出自光绪《秀山县志》卷十。

奏议稿□□卷/（清）程伯銮著. ——版本情况不详. ——程伯銮（1779—1862），原名中铮，字次坡，号陶村，垫江县（今重庆垫江县）人. ——出自《四川丛书采访书目录》垫江县部分。

兵览七篇/梅际郇著. ——版本情况不详. ——梅际郇（1873—1934），字黍雨，别号念石，巴县（今重庆主城区）人，民国年间，曾任四川省议会议员，重庆商业高中校长. ——出自民国《巴县志》卷十下。

程中丞奏稿十九卷附录一卷/程德全撰. ——清宣统二年（1910）铅印本. ——十册. ——程德全（1860—1930），字纯如，号雪楼，云阳县（今重庆云阳县）人，清末廪生，曾任黑龙江巡抚、江苏巡抚。民国元年（1912），为南京都督. ——北京大学图书馆、清华大学图书馆、北京师范大学图书馆、中国人民大学图书馆、复旦大学图书馆、南开大学图书馆。

（夔府）学务综核所章程一卷/方旭著. ——清光绪三十三年（1907）重庆

中西书局铅印本. ——一册. ——方旭（1852—1940），字鹤斋，安徽桐城人，清光绪三十年（1904）任夔州知州. ——出自《奉节文史资料选辑》第 3 辑，四川省奉节县政协委员会文史资料委员会 1992 年编印，第 48 页。

川汉水陆程途□□卷/傅樵村撰. ——清光绪坊刻本. ——一册. ——傅樵村（1873—1917），名崇榘，四川简阳人，清末民初报业家. ——出自郑衍林编《近代中国史料丛刊续辑 105：中国边疆图籍录》，台湾文海出版社 1974 年版，第 294 页。

历史邦交录一百卷/张森楷撰. ——稿本. ——张森楷（1858—1928），原名家楷，字元翰，号式卿，合州（今重庆合川区）人。中国近代著名历史学家. ——出自萧一山编《清代学者著述表》，国立编译馆 1943 年版，第 259 页。

形势险要考□□卷/张森楷撰. ——稿本，存佚情况不详. ——出自萧一山编《清代学者著述表》，国立编译馆 1943 年版，第 259 页。

鲁牍存要□□卷/秦山高编著. ——版本情况不详. ——秦山高（约 1876—1943），原名嵩年，字山高，忠州（今重庆忠县）人. ——出自民国《忠县志·人物列传》。

川牍存要□□卷/秦山高编著. ——版本情况不详. ——出自民国《忠县志·人物列传》。

纪元十上书□□卷/秦山高编著. ——版本情况不详. ——出自民国《忠县志·人物列传》。

科技类

本草集方□□卷/（宋）阳枋撰. ——版本情况不详，已佚. ——阳枋（1187—1267），初名昌朝，字宗骥、正父，号字溪先生，巴川县（今重庆铜梁区）人. ——出自《字溪集》卷十二附录《行状》。

类编钱氏小儿方证□□卷/（宋）阳枋撰. ——版本情况不详，已佚. ——出自《字溪集》卷八。

丹砂一点□□卷/（明）经潘颐撰. ——版本情况不详. ——经潘颐，生卒年不详，字少郊，涪州（今重庆涪陵区）人，读书金钟山，以授徒为业. ——出自民国《涪陵县续修涪州志·艺文志一》。

古今医方四卷/（明）李天成. ——版本情况不详. ——李天成，生卒年不详，彭水县（今重庆彭水苗族土家族自治县）人，明代著名中医. ——出自《四川丛书采访书目录》彭水县部分。

王鉴占验二卷/（明）刘泌撰. ——版本情况不详. ——刘泌，生卒年不详，字晋仲，刘时俊次子，四川富顺人，后迁入重庆荣昌。明崇祯九年（1636）解元，官至兵部右侍郎. ——出自光绪《荣昌县志·典籍》。

痧法备旨□□卷/（清）欧阳调律等撰. ——清咸丰二年（1852）苍溪管颂声刻本. ——欧阳调律，生卒年不详，字巘谷，一作巘峪，合州（今重庆合川区）人，明万历三十八年（1610）进士. ——中国中医科学院图书馆、上海中医药大学图书馆. ——按：本书为《治痧要略》（欧阳调律著）与《痧症旨微集》（著者不详）合刻本。

（清）欧阳调律等撰. ——清光绪元年（1875）刻本. ——中国中医科学院图书馆。

医方辑要不分卷／（清）沈复瑛著．——版本情况不详．——出自嘉庆《四川通志》卷一百八十五。

夏小正传考□□卷／（清）王汝璧撰．——版本情况不详．——王汝璧（？—1806），字镇之，铜梁县（今重庆铜梁区）人，清乾隆三十一年（1766）进士．——出自《四川丛书采访书目录》铜梁县部分。

星象勾股□□卷／（清）王汝璧撰．——版本情况不详．——出自道光《重庆府志》卷八，光绪《铜梁县志》卷八。

本经便读一卷（辑本）／（清）黄钰撰；（清）陈念祖辑．——清光绪三十二年（1906）南雅堂医书全集石印本．——一册．——黄钰（1817—1886），字天锦，号宝臣，璧山县（今重庆璧山区）定林乡人，敏而好学，乡试中举。陈念祖，生卒年不详，福建长乐人，清道光时举人，官灵石县知县．——河南大学图书馆。

经方歌括二卷／（清）黄钰撰．——清光绪十九年（1893）芸经堂刻本．——中国中医科学院图书馆、北京中医药大学图书馆。

脉诀归正一卷／（清）黄钰撰．——版本情况不详．——出自《新编璧山县志·人物志》。

伤寒辨证集解五卷／（清）黄钰撰．——清光绪六年（1880）刻本．——云南省图书馆。

蚕桑宝要□□卷／（清）罗犀著．——版本情况不详．——罗犀，字九峰，号春堂，綦江县（今重庆綦江区）人，清道光元年（1821）举人．——出自道光《綦江县志》卷七，《四川丛书采访书目录》綦江县部分。

蚕业白话一卷／（清）朱敏撰．——四川蚕桑公社刻本．——朱敏，生卒年不详，清末民初时人。曾任四川蚕桑公社教习．——出自《民国新修合川县志·掌录十七·艺文二·子部三》。

草木便方一元集二卷／（清）刘善述著．——清同治九年（1870）刻本．——刘善述，生卒年不详，名兴，字善述，以字行，合州（今重庆合川区）人，清同治、光绪时人．——中国国家图书馆。

（清）刘善述著．——清光绪六年（1880）岳池学文堂刻本．——中国国家图书馆。

存存汇集医学易读三种四卷／（清）王文选撰．——清道光二十九年（1849）刻本．——王文选（1808—1888），字锡鑫，号亚拙，又号席珍子、同仁，祖籍湖北石首，定居万县（今重庆万州区）。清末著名中医．——天津市中医药研究院．——按：该书包括《存存汇集》上下两卷、《日月眼科》一卷及《针灸便览》一卷。

（清）王文选撰．——清咸丰宏道堂刻本（巾箱本）．——重庆市中医研究院。

（清）王文选撰．——清光绪万邑魏良久写刻本．——万州区图书馆。

活人心法四卷／（清）王文选撰．——清道光十八年（1838）刻本．——万州区图书馆。

日月眼科□□卷／（清）王文选撰．——清末万邑同仁堂刻本．——一册．——出自《万县文史资料选辑》第3辑，第97页。

寿世医鉴三卷／（清）王文选撰．——清光绪十年（1884）三义公刻本．——河南省图书馆（未见）、万州区大田乡卫生院冯春平家藏。

（清）王文选撰．——清光绪十六年（1890）刻本．——出自《万县文史资料选辑》第3辑，第97页。

（清）王文选撰．——清光绪十七年（1891）刻本．——万州区中医院谭必荣家藏。

遂生外科三卷／（清）王文选撰．——版本情况不详．——巫山县文化体育局陈家顺家藏。

药性炮制歌□□卷／（清）王文选撰．——版本情况不详．——出自《万县文史资料选辑》第3辑，第97页。

医学切要全集六种／（清）王文选撰．——清道光二十七年（1847）重庆饶氏刻本．——中国中医研究院、山西中医研究院、浙江省中医药研究院、四川省中医药科学院、重庆市中医研究院。

（清）王文选撰．——清光绪八年（1882）重庆饶氏刻本．——北京市中医研究所。

（清）王文选撰．——抄本．——上海图书馆。

公余医录抄六卷／（清）陈念祖撰；（清）刘绍熙编．——清光绪二十一年（1895）三槐书局刻本．——陈念祖，生卒年不详，福建长乐人，清道光时举人，官灵石县知县。刘绍熙（1840—1905），字庶咸，合州（今重庆合川区）人，州庠生，后充增广生员．——四川省中医药科学院。

勾股折训一卷／（清）陈炳几撰．——版本情况不详．——陈炳几，生卒年不详，黔江县（今重庆黔江区）人，清末廪贡生，选用训导．——出自光绪《黔江县志·艺文志》《黔江县乡土志·学问》。

开方演草一卷／（清）陈炳几撰．——版本情况不详．——出自光绪《黔江县志·艺文志》《黔江县乡土志·学问》。

元代引蒙一卷／（清）陈炳几撰．——版本情况不详．——出自光绪《黔江县志·艺文志》《黔江县乡土志·学问》。

（新镌）桂林医鉴九卷／（清）王桂林补注．——清光绪十七年（1891）巴邑王氏丛桂堂刻本．——四册．——王桂林，生卒年不详，字小山，巴县（今重庆主城区）人，清末著名中医．——重庆图书馆。

活人秘诀□□卷／（清）曾时中编．——版本情况不详．——曾时中，生卒年不详，铜梁县（今重庆铜梁区）人，清光绪十年（1884）诸生。清末著名中医．——出自铜梁县志编修委员会编《铜梁县志：1911—1985》，重庆大学出版社1991年版，第757页。

简便良方□□卷／（清）周立恭著．——版本情况不详．——周立恭，生卒年不详，号鹤田，后更名伯寅，南川县（今重庆南川区）人，清乾隆五十九年（1794）举人．——出自光绪《南川县志》卷八，民国《重修南川县志》卷十一。

赛金丹□□卷／（清）徐朝宦撰．——清咸丰三年（1853）抄本．——徐朝宦（1802—1878），字炳章，别号半峰，璧山县（今重庆璧山区）三合乡人．——出自《一囊春·序》。

一囊春三卷／（清）徐朝宦纂辑．——清同治十二年（1873）璧山徐氏刊本．——五册．——重庆市中医学校图书馆、成都中医药大学图书馆。

伤寒论翼评语一卷附翼评语一卷/（清）章汝鼎撰. ——版本情况不详. ——章汝鼎（1825—1896），字玉田，合州（今重庆合川区）南津街人，家世业医，贯通医理，有医德. ——出自《民国新修合川县志·艺文》《民国新修合川县志·方术》。

温氏医书三种□□卷/（清）温载之撰. ——清光绪十二年（1886）渝州温氏自刻本. ——温载之，生卒年不详，字存厚，渝州（今重庆主城区）人，清末武官兼医家。治温病颇有心得，于小儿惊风亦多治验. ——上海中医药大学图书馆. ——按：该丛书包括《温氏医案》《温病浅说》《小儿急惊治验》三种。

延生集一卷/（清）刘正德撰. ——刘氏抄本. ——刘正德，生平不详，合州（今重庆合川区）人. ——出自《民国新修合川县志·掌录十七·艺文二·子部三》。

乡团救命书□□卷/（清）徐忠锐撰. ——版本情况不详. ——徐忠锐，生卒年不详，字励堂，潼南县（今重庆潼南区）人，清道光二十九年（1849）举人，咸丰三年（1853）进士，官刑部主事. ——出自《潼南文史资料》，第五辑，第120页。

医书益寿一卷/（清）谢廷献著. ——版本情况不详. ——谢廷献，生卒年不详，荣昌县（今重庆荣昌区）人，清末儒医，生平不详. ——出自光绪《荣昌县志》卷二十二。

医学丛抄□□卷/（清）邹增祜撰. ——版本情况不详. ——邹增祜，（1851—1910），字受丞，涪州（今重庆涪陵区）人，清光绪二十一年（1895）进士. ——出自民国《涪陵县续修涪州志》卷十九。

薏言□□卷/（清）邹增祜撰. ——版本情况不详. ——出自民国《涪陵县续修涪州志》卷十三。

医学探骊二卷/（清）杨进蕃撰. ——杨氏家藏抄本. ——杨进蕃，生卒年不详，字笠台，又字渔侪，祖籍湖南绥宁，后迁入四川合州（今重庆合川区）。清同治、光绪间，悬壶济世. ——出自《民国新修合川县志·掌录十七·艺文二·子部三》。

医学心悟□□卷/（清）般若著.——版本情况不详.——般若，生卒年不详，即玉山竹庵般若灯谱禅师，忠州（今重庆忠县）罗氏子，明末清初时人，著名佛教医学家.——出自《四川丛书采访书目录》忠州部分。

疫痧合编注释□□卷/（清）周述典撰.——版本情况不详.——周述典，生卒年不详，字徽五，永川县（今重庆永川区）人，清代医学家.——出自光绪《永川县志·著述》。

因病制宜方一卷/（清）吴正封撰.——版本情况不详.——吴正封，生卒年不详，字固亭，永川县（今重庆永川区）人，清代名医，笃于孝友.——出自光绪《永川县志·著述》。

指迷医碎二十卷/（清）蔡珅撰.——清咸丰七年（1857）刻本.——十册.——蔡珅（1787—1883），字玉美，号阳和，合州（今重庆合川区）人，清末著名医家.——合川刘继智家藏（不全）。

（清）蔡珅撰.——清同治四年（1865）恒盛堂刻本.——中国科学院文献情报中心（国家科学图书馆）、泸州医学会。

（清）蔡珅撰.——清友杜山房刻本.——十册.——河南省中医药研究院（不全）、吉林图书馆。

本草便读一卷/蒋鸿模撰.——蒋氏家藏抄本.——蒋鸿模（1853—1918），字仲楷，合州（今重庆合川区）人，清代名医.——出自《民国新修合川县志·掌录十七·艺文二·子部三》。

医林辑要□□卷/蒋鸿模撰.——蒋氏家藏本.——出自《民国新修合川县志·掌录十七·艺文二·子部三》。

证治药例一卷/蒋鸿模撰.——蒋氏家藏本.——出自《民国新修合川县志·掌录十七·艺文二·子部三》。

陈氏家传药性歌□□卷/程琪芝著.——版本情况不详.——程琪芝（1841—1914），号萱亭，黔江县（今重庆黔江区）人，清代名医.——出自柏世友等主编《中国长江三峡大辞典》，湖北少年儿童出版社1995年版，第100页。

蚕业白话一卷/张森楷撰.——版本情况不详，已佚.——张森楷

（1858—1928），原名家楷，字元翰，号式卿，合州（今重庆合川区）人。中国近代著名历史学家. ——出自《合川文史资料选辑》第七辑，中国人民政治协商会议四川省合川县委员会文史资料委员会1990年编印，第131页，唐唯目《史学家张森楷》一文。

医方心镜二卷/敖毓薰著. ——版本情况不详. ——敖毓薰，生卒年不详，荣昌县（今重庆荣昌区）人，清末庠生. ——出自道光《荣昌县志》卷八，光绪《荣昌县志》卷十三。

鱼雷图说四卷/刘声元撰. ——版本情况不详，已佚. ——刘声元（1875—1924），字凤书，号历青，万县（今重庆万州区）南门口人，清光绪二十八年（1902）举人. ——出自《万县文史资料选辑》第2辑，中国人民政治协商会议四川省万县委员会文史资料工作委员会1987年编印，第18页，程齐宣撰《刘声元先生传奇式的一生》。

语文类

（含语言、文字、音韵、训诂）

六经释义四卷/（汉）张仲景著；吴继恒释义. ——清光绪三十三年（1907）重庆广益书局铅印本. ——三册. ——吴继恒（1865—1918），字怀成，铜梁县（今重庆铜梁区）人，清代著名中医. ——铜梁区图书馆。

五经解□□卷/（晋）谯周著. ——版本情况不详. ——谯周（201—270），字允南，巴西西充国（今四川西充槐树镇）人。《三国志》有传. ——出自民国新修《南充县志》卷十五《艺文志》。

春秋本例二十卷/（宋）崔子方撰. ——清乾隆三十七年至四十七年（1772—1782）四库全书本. ——崔子方，生卒年不详，字彦直、伯直，号西畴居士，夔州路涪陵郡（今重庆涪陵区）人。主要活动于宋神宗熙宁年间至宋钦宗靖康年间（1068—1127）. ——中国国家图书馆、台湾"国立故宫博物院"图书文献馆、甘肃省图书馆、浙江图书馆。

春秋经解十二卷/（宋）崔子方撰. ——清乾隆三十七年至四十七年（1772—1782）四库全书本. ——中国国家图书馆、台湾"国立故宫博物院"图书文献馆、甘肃省图书馆、浙江图书馆。

春秋例要一卷/（宋）崔子方撰. ——清乾隆三十七年至四十七年（1772—1782）四库全书本. ——中国国家图书馆、台湾"国立故宫博物院"图书文献馆、甘肃省图书馆、浙江图书馆。

西畴居士春秋本例二十卷/（宋）崔子方撰. ——宋刻本. ——上海图书馆。

（宋）崔子方撰. ——清康熙十九年（1680）北京纳兰成德通志堂刻本. ——二册. ——中国国家图书馆、中国人民大学图书馆。

（宋）崔子方撰. ——清乾隆五十年（1785）刻本. ——中国国家图书馆、北京大学图书馆。

（宋）崔子方撰. ——清同治十二年（1873）广东粤东书局通志堂经解刻本. ——二册. ——中国国家图书馆、中国海洋大学图书馆、苏州大学图书馆、厦门大学图书馆、郑州大学图书馆。

春秋集义五十卷／（宋）李明复著；（宋）王梦应刊. ——清乾隆三十七年至四十七年（1772—1782）四库全书本. ——李明复（1174—1234），原名俞，字伯勇，合州（今重庆合川区）人，南宋经学家。王梦应，生卒年不详，铜梁县（今重庆铜梁区）人，南宋嘉定十六年（1223）进士. ——中国国家图书馆、浙江省图书馆、甘肃省图书馆、台北"国立故宫博物院"文献馆。

集孟四箴□□卷／（宋）赵卯发撰. ——版本情况不详，已佚. ——赵卯发，生卒年不详，字汉卿，昌州（今重庆大足）人。宋淳祐年间进士. ——出自《耻堂存稿·赵卯发集孟四箴赞》。

讲义一卷／（宋）阳枋撰. ——版本情况不详，已佚. ——阳枋（1187—1267），初名昌朝，字宗骥、正父，号字溪先生，巴川（今重庆铜梁）人. ——出自《字溪集》卷十二附录《行状》。

中庸说一卷／（宋）阳枋撰. ——版本情况不详，已佚. ——出自《字溪集》卷十二附录《行状》。

论孟俗解□□卷／（宋）李兴宗撰. ——版本情况不详，已佚. ——李兴宗，生卒年不详，字谦斋，忠州（今重庆忠县）人，宋绍兴十八年（1148）进士. ——出自《大明一统志》卷六十九。

孟子注□□卷／（宋）桓渊撰. ——版本情况不详. ——桓渊，生卒年不详，名亚夫，号莲荡先生，涪州（今重庆涪陵区）人，南宋理学家. ——出自《蜀中广记》卷九十一，《经义考》卷二百三十四，民国《涪陵县续修涪州志·艺文志一》。

五经通解□□卷／（宋）陈鹏飞撰. ——版本情况不详. ——陈鹏飞，生卒年不详，字少南，昌州永川县（今属重庆永川区）人，宋代著名经学家。——出自嘉庆《四川通志》，光绪《永川县志》。

蜀语一卷/（明）李实撰；（清）李调元辑。——清乾隆绵州李氏万卷楼刻本。——李实，生卒年不详，字孟诚，号虚庵，合州（今重庆合川区）人，明正统七年（1442）进士。李调元（1734—1803），字美堂，号雨村，别署童山蠢翁，罗江县（今属四川德阳）人。——中国国家图书馆、北京大学图书馆、云南大学图书馆。

（明）李实撰。——清光绪八年（1882）成都乐道斋刻函海丛书本。——北京大学图书馆、山东大学图书馆、华东师范大学图书馆、云南省图书馆。

四川方言录□□**卷**/（明）李实著。——版本情况不详。——出自《民国新修合川县志·乡贤一》。

裒萃汉相如子云集音释□□**卷**/（明）罗廷唯撰。——版本情况不详。——罗廷唯，生卒年不详，字会甫，号贯溪，永川县（今重庆永川区）人，明嘉靖三十二年（1553）进士。——出自光绪《永川县志·著述》。

四书管规录□□**卷**/（明）任学道著。——版本情况不详。——任学道，生卒年不详，忠州（今重庆忠县）人，明万历十七年（1589）任归安（今属浙江湖州）知县。——出自《四川丛书采访书目录》忠州部分。

四书讲义□□**卷**/（明）邵仲禄著。——版本情况不详。——邵仲禄，生卒年不详，字孟廉，号养斋，奉节县（今重庆奉节县）人，明隆庆二年（1568）进士。——出自《四川丛书采访书目录》奉节县部分。

四书启蒙□□**卷**/（明）夏铭撰。——版本情况不详。——夏铭，生卒年不详，涪州（今重庆涪陵区）人，明宣德五年（1430）进士。——出自民国《涪陵县续修涪州志·艺文志一》。

四书遵注□□**卷**/（明）胡洪著。——版本情况不详。——胡洪，生平不详，万县（今重庆万州区）人。——出自《四川丛书采访书目录》万县部分。

庄子注离骚□□**卷**/（明）熊兰征著。——版本情况不详。——熊兰征，生卒年不详，原名元征，字克起，丰都县（今重庆丰都县）人，明末曾中副榜，未出仕。——出自《四川丛书采访书目录》丰都县部分。

广韵考□□卷/（清）李开先撰. ——版本情况不详. ——李开先，生卒年不详，字传一，长寿县（今重庆长寿区）人，明崇祯十二年（1639）举人. ——出自民国《长寿县志·文征上》。

礼记胜金讲章□□卷/（清）李开先撰. ——版本情况不详. ——出自民国《长寿县志·文征上》。

四书简明讲意□□卷/（清）李开先撰. ——版本情况不详. ——出自民国《长寿县志·文征上》。

四书辑解□□卷/（清）龚懋熙著. ——版本情况不详. ——龚懋熙，江津县（今属重庆江津区）人，明崇祯十三年（1640）进士，官太常寺博士. ——出自民国《江津县志·人物志上·行谊》。

四书讲语□□卷/（清）龚懋熙撰. ——版本情况不详. ——出自民国《江津县志·人物志上·行谊》，《江津县乡土志》卷二。

四书大成三十八卷/（清）沈磊，（清）陆阶纂订；（清）沈士靖阅参；（清）张鹏翮鉴定. ——清康熙三十三年（1694）张鹏翮刻本. ——五册. ——沈磊，清人，生平事迹不详。陆阶，字梯霞，浙江钱塘人。生活于明末清初。沈士靖，字正与，号复庵，浙江归安人。张鹏翮（1649—1725），字运青，号宽宇、信阳子，四川遂宁三汇（今属重庆潼南）人。清康熙九年（1670）进士，官至文华殿大学士，人称"贤相"，又为"治河名臣"，谥号"文端"。《清史稿》卷二百七十九有传. ——苏州大学图书馆、美国哈佛大学哈佛燕京图书馆。

大中讲意□□卷/（清）任宣著. ——版本情况不详. ——任宣，生卒年不详，綦江县（今重庆綦江区）人，清康熙二十三年（1684）岁贡生. ——出自《四川丛书采访书目录》綦江县部分。

书经题旨□□卷/（清）任宣著. ——版本情况不详. ——出自《四川丛书采访书目录》綦江县部分。

本韵一得二十卷/（清）龙为霖撰. ——清乾隆十六年（1751）刻本. ——十册. ——龙为霖（1689—1756），字雨苍，号鹤坪，巴县（今重庆主城区）人，清康熙四十八年（1709）进士. ——中国国家图书馆、北京师范

大学图书馆、四川大学图书馆.——按：题名亦作《本韵一得录》。

（清）龙为霖撰.——清道光五年（1825）宝泉阁刻荫松堂全集四种本.——北京大学图书馆。

古文制义□□卷/（清）龙为霖撰.——版本情况不详.——出自乾隆《巴县志·人物志·勋业》。

易书诗三经叶韵□□卷/（清）龙为霖撰.——版本情况不详.——出自乾隆《巴县志·人物志·勋业》。

五经文字恒言□□卷/（清）黄之玖撰.——版本情况不详.——黄之玖，生卒年不详，字贻我，长寿县（今重庆长寿区）人，清雍正五年（1727）进士.——出自道光《重庆府志》卷八，光绪《重修长寿县志》卷七，民国《长寿县志·人物中》。

大学铭□□卷/（清）沈复瑛著.——版本情况不详.——沈复瑛，生卒年不详，字伯温，号慕庐，万县（今重庆万州区）人，清乾隆时人，县生员.——出自《四川丛书采访书目录》万县部分。

四书大意□□卷/（清）沈复瑛著.——版本情况不详.——出自《四川丛书采访书目录》万县部分。

大学中庸讲义□□卷/（清）高秉醇著.——版本情况不详.——高秉醇，生卒年不详，字粹中，号屏山，达县（今属四川达州市）人，清乾隆十八年（1753）副贡生，后选任彭水县教谕.——出自《诗缘正编》，《四川丛书采访书目录》酉阳州部分。

四书摘辨二卷/（清）罗景礼撰.——版本情况不详.——罗景礼，生卒年不详，字天秩，后改名抡优，号守真子，永川县（今重庆永川区）人，清乾隆二十三年（1758）举人.——出自道光《永川县志》卷九，光绪《永川县志》卷八、卷十。

弟子规一卷/（清）萧大士撰.——版本情况不详.——萧大士，生卒年不详，字希贤，秀山县（今重庆秀山土家族苗族自治县）人，清道光时诸生.——出自光绪《秀山县志》卷十《士女志·谭由萧吴张田胡列传》。

家礼述宜二卷/（清）萧大士撰.——版本情况不详.——出处同上。

小学韵语一卷／（清）萧大士撰．——版本情况不详．——出处同上。

尔雅旧书注考证二卷／（清）李曾白考证；李滋然补考．——清光绪三十四年（1908）李滋然刻本．——一册．——李曾白，生卒年不详，一名曾伯，字鲁生，黔江县（今重庆黔江区）人，一作长寿县（今重庆长寿区）人，清道光五年（1825）举人，后任黔江教谕。李滋然（1874—1921），字命三，号采薇僧，长寿县（今重庆长寿区）人，清光绪十五年（1889）进士，历任广东电白、揭阳、顺德、文昌、曲江、东莞等县知县．——中国国家图书馆、北京师范大学图书馆。

纲鉴意旨□□卷／（清）冯之瑾著．——版本情况不详．——冯之瑾，字迟松，梁山县（今重庆梁平县）人，清康熙年间岁贡生．——出自光绪《梁山县志·艺文志》，另见《四川丛书采访书目录》忠州部分。

纲鉴纂要□□卷／（清）王纯极撰．——版本情况不详．——王纯极，生卒年不详，字粹菴，璧山县（今重庆璧山区）人，嘉庆三年（1798）经魁，主讲重璧书院，后任忠州（今重庆忠县）训导．——出自同治《璧山县志·人物志·文苑》。

学庸讲义□□卷／（清）王纯极撰．——版本情况不详．——出自同治《璧山县志·人物志·文苑》。

古大学说一卷／（清）王达琮撰．——版本情况不详．——王达琮（1803—1866），原名大宗，字屏山，秀山县（今重庆秀山土家族苗族自治县）梅江乡人，清道光二十一年（1841）进士．——出自光绪《秀山县志·士女志·王达琮列传》。

孟子管见一卷／（清）王达琮撰．——版本情况不详．——出处同上。

中庸管见一卷／（清）王达琮撰．——版本情况不详．——出处同上。

古诗十九首疏意一卷／（清）潘绂著．——版本情况不详．——潘绂，生卒年不详，字朱来，大足县（今重庆大足区）人，明崇祯九年（1636）举人．——出自《四川丛书采访书目录》大足县部分。

古诗十九首注解一卷／（清）凌夫惇撰．——版本情况不详．——凌夫惇，生卒年不详，字厚子，永川县（今重庆永川区）人，明崇祯十六年（1643）进

士. ——出自光绪《永川县志·著述》。

学庸贯通解二卷/（清）凌夫惇撰. ——版本情况不详. ——出自光绪《永川县志·著述》。

皇朝职官韵略□□卷/（清）陈昌著. ——版本情况不详. ——陈昌（1828—1914），字世五，铜梁县（今重庆铜梁区）人，清同治十三年（1874）进士. ——出自光绪《铜梁县志》卷十二。

仄韵声律启蒙□□卷/（清）陈昌著. ——版本情况不详. ——出自《铜梁县志》卷十二。

鹤邻堂四书讲义□□卷/（清）杜熏著. ——版本情况不详. ——杜熏，生卒年不详，字尧夫，忠州（今重庆忠县）人，清康熙五十二年（1713）恩科进士. ——出自道光《忠州直隶州志》卷八，同治《忠州直隶州志》卷十；另见《四川丛书采访书目录》忠州部分。

经谊四卷/（清）刘先晋著. ——版本情况不详. ——刘先晋，生卒年不详，字凤廷，南川县（今重庆南川区）人，清末廪生，后为贡生，主事育才学院. ——出自民国《重修南川县志》卷十一。

经余摘要一卷/（清）陈炳煊撰. ——陈氏家藏抄本. ——陈炳煊（1838—1899），原名用仪，字春午、春庭，合州（今重庆合川区）人，清光绪三年（1877）进士. ——出自《民国新修合川县志·掌录十七·艺文一》。

矩斋经文二十卷/（清）王劼撰. ——清刻本. ——王劼，生卒年不详，原名驹，字子任，一字海楼，巴县（今属重庆主城区）人，清嘉庆十八年（1813）举人。精于《诗》《书》，专讲《毛诗》. ——出自民国《巴县志》卷十下。

毛诗三十卷附尚书后案驳正二卷/（清）王劼撰. ——清咸丰四年（1854）序刻本. ——日本京都人文科学图书馆。

毛诗序传定本音注三十卷/（清）王劼撰. ——清同治三年（1864）巴县王氏晚晴楼刻本. ——日本京都人文科学图书馆。

周礼存真五卷/（清）王劼撰. ——清刻本. ——出自民国《巴县志》卷十下。

理学纂要四卷 / （清）吴熙奎撰. ——版本情况不详. ——吴熙奎，生卒年不详，字亮亭，秀山县（今重庆秀山土家族苗族自治县）人，清道光时诸生，监酉阳屯田局事二十年，年六十四卒. ——出自光绪《秀山县志》卷十《士女志·谭由萧吴张田胡列传》，另见《四川丛书采访书目录》秀山县部分。

离骚经注□□卷 / （清）高继光撰. ——版本情况不详. ——高继光，生卒年不详，字熙载，号棠溪，巴县（今重庆主城区）人，清乾隆二年（1737）进士. ——出自道光《重庆府志》卷八，同治《巴县志》卷三上，民国《巴县志》卷十下，《四川丛书采访书目录》巴县部分。

青囊经注□□卷 / （清）刘中理著. ——版本情况不详. ——刘中理，生卒年不详，保宁府阆中（今属四川阆中）人，清乾隆四十五年（1780）任黔江（今重庆黔江区）教谕. ——出自咸丰《黔江县志》卷三，《四川丛书采访书目录》酉阳州部分。

易经一说晓□□卷 / （清）刘中理著. ——稿本. ——出自咸丰《黔江县志》卷三，《四川丛书采访书目录》酉阳州部分。

三字节要一卷 / （清）陈三善撰. ——版本情况不详. ——陈三善，生卒年不详，黔江县（今重庆黔江区）人，清末增生. ——出自光绪《黔江县志·艺文志》。

腴词连解一卷 / （清）陈三善撰. ——版本情况不详. ——出自光绪《黔江县志·艺文志》。

诗经音义约编十卷首一卷 / （清）戴元裔撰. ——清咸丰元年（1851）刻本. ——八册. ——戴元裔，生卒年不详，字晴帆，永川县（今重庆永川区）人，清道光年间岁贡生，历任南溪、井研、资阳、夹江、犍为等地教谕. ——四川大学图书馆。

（清）戴元裔撰. ——清同治元年（1862）森宝堂刻本. ——十册. ——中国人民大学图书馆。

诗经纂义十卷 / （清）谭永懋撰. ——版本情况不详. ——谭永懋，生卒年不详，字绩之，秀山县（今重庆秀山土家族苗族自治县）人. ——出自光绪《秀山县志·士女志·谭由萧吴张田胡列传》。

十三经补注□□卷/（清）王绳祖著. ——版本情况不详. ——王绳祖，生卒年不详，秀山县（今重庆秀山土家族苗族自治县）人，清末举人. ——出自《四川丛书采访书目录》酉阳州部分。

式毅斋经义□□卷/（清）王椿年著. ——版本情况不详. ——王椿年，生卒年不详，字仙芝，号玉峰，江津县（今重庆江津区）人，清乾隆十七年（1752）举人，后任苍溪县训导。晚年回籍，主讲于几江书院. ——出自《江津县乡土志》卷二。

说文部首释许一卷/（清）丁树诚撰. ——版本情况不详. ——丁树诚（1835—1902），字至堂、治棠，号仕隐子，合州（今重庆合川区）人，清光绪五年（1879）举人. ——出自《合川文史资料选辑》第五辑，中国人民政治协商会议四川省合川县委员会文史资料研究委员会1988年11月编印，第113—120页，丁禹孝遗著《丁治棠年谱》一文。

小学拾零一卷/（清）丁树诚撰. ——版本情况不详. ——出处同上。

说文答问诗文稿□□卷/（清）王金城著. ——版本情况不详. ——王金城，生卒年不详，字子固，巴县（今重庆主城区）人，清光绪十四年（1888）举人，曾主持字水书院、南川专经书院. ——出自民国《巴县志》卷十。

转注古义考□□卷/（清）王金城著. ——版本情况不详. ——出自民国《巴县志》卷十。

四书衡□□卷/（清）罗宿撰. ——版本情况不详. ——八册. ——罗宿，生卒年不详，字星垣，涪州（今重庆涪陵区）人，清末时人. ——出自民国《涪陵县续修涪州志·艺文志一》。

四书汇解□□卷/（清）简上撰. ——版本情况不详. ——简上，生卒年不详，字谦居，号石谭，一号石湖，巴县（今重庆主城区）人，清顺治八年（1651）举人. ——出自嘉庆《四川通志》卷一百八十三，《锦里新编》卷二，道光《重庆府志》卷九《艺文志》，民国《巴县志》卷十。

四书体认录□□卷/（清）潘治撰. ——版本情况不详. ——潘治，生卒年不详，字子政，江津县（今重庆江津区）人，一作巴县（今重庆主城区）人，清雍正元年（1723）举人，后任陕西咸阳知县. ——出自道光《重庆府志》卷八、卷九，光绪《江津县志》卷十一，民国《江津县志》卷七《人物志》，《江津县乡土志》卷二。

五经辑□□**卷**／（清）潘治撰.——版本情况不详.——出自道光《重庆府志》卷八、卷九，光绪《江津县志》卷十一，民国《江津县志》卷七《人物志》，《江津县乡土志》卷二。

四书臆解□□**卷**／（清）罗珍著.——版本情况不详.——罗珍，生卒年不详，字佛崖，四川威远县人，清道光四年（1824）任开县盛山书院山长.——出自《四川丛书采访书目录》开县部分。

四书约说□□**卷**／（清）钱文炳撰.——版本情况不详.——钱文炳，生卒年不详，号玄真道人，涪州（今重庆涪陵区）人。生活于清末同治、光绪时期.——出自民国《涪陵县续修涪州志·艺文志一》。

五经正讹□□**卷**／（清）李尚滋撰.——版本情况不详.——李尚滋，生卒年不详，合州（今重庆合川区）人，清末时人.——出自《民国新修合川县志·掌录十七·艺文一》。

五经字典一卷／（清）刘实撰.——刘氏家藏稿本.——刘实，生卒年不详，合州（今重庆合川区）人，清末贡生.——出自《民国新修合川县志·掌录十七·艺文一》。

韵学一日能一卷／（清）刘实撰.——刘氏家藏稿本.——出自《民国新修合川县志·掌录十七·艺文一》。

小学韵语□□**卷**／（清）汪志渊著.——版本情况不详.——汪志渊，生卒年不详，重庆江北人，清末时人.——出自道光《江北厅志·艺文志》，民国《江北县志稿·艺文志》。

孝典蒙求四卷／（清）江含春撰.——版本情况不详.——江含春（1804—1856），字海平，自号楞圜主人、能箐山人、孝典堂主人等，江津县（今重庆江津区）人，清末廪生.——出自《江津县乡土志》卷二。——按：光绪《江津县志》卷十一、民国《江津县志·文学》未注明卷数。

孝经注解名□□**卷**／（清）官清正撰.——版本情况不详.——官清正，生卒年不详，江津县（今重庆江津区）人，清末庠生.——出自民国《江津县

志·文学》。

雪樵经解三十一卷/（清）冯世瀛撰. ——清光绪十五年（1889）邛江晋铜古斋铅印本. ——八册. ——冯世瀛，生卒年不详，号壶川，酉阳直隶州（今重庆酉阳土家族苗族自治县）人，清道光十一年（1831）举人. ——复旦大学图书馆、中山大学图书馆。

学庸醒讲二卷/（清）魏傚祖撰. ——版本情况不详. ——魏傚祖，生卒年不详，字字川，永川县（今重庆永川区）人，清乾隆四十六年（1781）进士，官贵州修文县令. ——出自光绪《永川县志》卷十。

易无字书十二卷/（清）由升堂撰. ——版本情况不详. ——由升堂，生卒年不详，字石檽，秀山县（今重庆秀山土家族苗族自治县）人，清道光十五年（1835）岁贡生. ——出自光绪《秀山县志·士女志·谭由萧吴张田胡列传》。

韵语□□卷/（清）叶玉著. ——版本情况不详. ——叶玉，生平不详. ——出自《四川丛书采访书目录》梁山县部分。

中庸解一卷/（清）曾茂著. ——版本情况不详. ——曾茂，生卒年不详，字德音，号圣泉，奉节县（今重庆奉节县）人，清乾隆三十年（1765）拔贡生. ——出自道光《夔州府志》卷二十七，另见《四川丛书采访书目录》奉节县部分。

周礼辑要□□卷/（清）余光撰. ——版本情况不详. ——余光，生卒年不详，字莲峰，长寿县（今重庆长寿区）人，清乾隆二十一年（1756）举人。晚年主讲凤山书院. ——出自道光《重庆府志》卷八，光绪《重修长寿县志》卷七，民国《长寿县志·人物中》。

五经辑要□□卷/（□）余光著. ——版本情况不详. ——出自《四川丛书采访书目录》江津县部分。

春秋集要□□卷/（□）祝恩武撰. ——版本情况不详. ——祝恩武，生平不详. ——出自同治《璧山县志·人物志·文苑》。

春秋左氏解义三卷/（□）□□著. ——版本情况不详. ——出自《四川丛书采访书目录》重庆府部分。

四书便注□□卷/（□）燕山散人著. ——版本情况不详. ——燕山散人，

生平不详. ——出自民国《大足县志·人物上》。

四书集旨六卷/（□）袁凤彩撰. ——版本情况不详. ——袁凤彩，号蓼斋，江津县（今重庆江津区）人，清末诸生. ——出自道光《重庆府志·艺文志》。

学一图说□□卷/（□）李继东著. ——版本情况不详. ——李继东，生平不详. ——出自道光《重庆府志·艺文志》。

孔子集语补遗商正一卷仓颉辑补斠证小笺一卷说文引汉律令补正一卷/李滋然著. ——清光绪三十四年（1908）铅印本. ——一册. ——李滋然（1874—1921），字命三，号采薇僧，长寿县（今重庆长寿区）人，清光绪十五年（1889）进士，历任广东电白、揭阳、顺德、文昌、曲江、东莞等县知县. ——南开大学图书馆、北京师范大学图书馆。

群经纲纪考十八卷/李滋然撰. ——清宣统二年（1910）铅印本. ——中国国家图书馆、日本江户图书馆。

四书朱子集注古义笺六卷/李滋然撰. ——清宣统三年（1911）铅印本. ——三册. ——中国国家图书馆、中国人民大学图书馆。

周礼古学考十一卷/李滋然撰. ——清宣统元年（1909）铅印本. ——三册. ——中国国家图书馆、上海图书馆。

群经大义□□卷/杨士钦撰. ——清光绪三十四年（1908）重庆广益书局铅印本. ——一册. ——杨士钦（1861—1914），字鲁丞，江津县（今重庆江津区）人，清末拔贡. ——吉林大学图书馆。

蜀方言二卷/张慎仪撰. ——清刻本. ——一册. ——张慎仪（1846—1921），字淑威，号蘐园、芋圃，晚号厥叟，四川成都人. ——中国国家图书馆、武汉大学图书馆。

正蒙字义二卷/正蒙公塾辑，朱之洪编. ——清光绪二十七年（1901）重庆正蒙公塾刻本. ——二册. ——朱之洪（1871—1951），字叔痴，巴县鹿角场（今重庆市巴南区南泉镇）人。辛亥革命先驱，近代著名教育家. ——中国人民大学图书馆、北京师范大学图书馆。

正蒙公塾辑. ——清光绪三十年（1904）重庆正蒙公塾刻本. ——二

册. ——北京大学图书馆。

纪元韵谱四编三卷/张森楷撰. ——张氏家藏稿本. ——张森楷（1858—1928），原名家楷，字元翰，号式卿，合州（今重庆合川区）人。中国近代著名历史学家. ——出自《民国新修合川县志·掌录十七·艺文一》。

六书半解三卷/张森楷撰. ——张氏家藏稿本. ——出处同上。

六书音聚□□卷/张森楷撰. ——张氏家藏稿本，已佚. ——出自萧一山编《清代学者著述表》，国立编译馆1943年版，第259页。

六书区□□卷/张森楷撰. ——张氏家藏稿本，已佚. ——出自刘樊《张森楷传》，天津《大公报》1936年8月7日；刘煦熙《观张森楷藏书记》，合川《黎明日报》1932年12月1日至7日；《张森楷先生略历》，《合川文献特刊》1937年石印本。

三国志音义一卷/张森楷撰. ——张氏家藏稿本，散佚. ——出处同上。

三国志音注二十卷/张森楷撰. ——张氏家藏稿本. ——出处同上。

慎密斋治经偶得一卷/张森楷撰. ——张氏家藏稿本. ——出自《民国新修合川县志·掌录十七·艺文一》。

左史长义较一卷/张森楷撰. ——张氏家藏稿本. ——出自《民国新修合川县志·掌录十七·艺文一》。

声律典丽四卷/张森楷撰. ——振东乡校传抄本. ——出自《民国新修合川县志·掌录十七·艺文二·集部四》。

说文新附字驳义一卷/张森楷撰. ——版本情况不详，手稿本. ——出自《合川文史资料选辑》第七辑，中国人民政治协商会议四川省合川县委员会文史资料委员会1990年编印，第132页，唐唯目撰《史学家张森楷》一文；另见萧一山编《清代学者著述表》，国立编译馆1943年版，第259页。

通鉴校勘记十四卷/张森楷撰. ——版本情况不详. ——出自萧一山编《清代学者著述表》，国立编译馆1943年版，第259页。

通鉴校字质疑坿胡注正讹二卷/张森楷撰. ——张氏家藏稿本. ——出自《民国新修合川县志·掌录十七·艺文一》；另见萧一山编《清代学者著述表》，国立编译馆1943年版，第259页。

通俗正名杂字书一卷/张森楷撰. ——版本情况不详. ——出自《民国新修合川县志·掌录十七·艺文一》。

同声字谱十卷/张森楷撰. ——张氏家藏稿本. ——出处同上。

文字类要四卷/张森楷撰. ——版本情况不详. ——出处同上。

文字求源谱□□卷/张森楷撰. ——张氏家藏稿本. ——出处同上。

文字题要四卷/张森楷撰. ——版本情况不详. ——出处同上。

迭韵无双谱一百六卷/张森楷撰. ——张氏家藏稿本. ——出自《民国新修合川县志·掌录十七·艺文二·集部四》；另见《合川文史资料选辑》第七辑，中国人民政治协商会议四川省合川县委员会文史资料委员会1990年编印，第132页，唐唯目撰《史学家张森楷》一文。

音律典四卷/张森楷编. ——版本情况不详. ——张森楷任教振东乡学期间. ——出自《合川县志》，第728页。

（通俗）正名杂字书一卷/张森楷撰. ——版本情况不详. ——出自萧一山编《清代学者著述表》，国立编译馆1943年版，第259页。

周礼名义通释四卷/张森楷撰. ——版本情况不详. ——出处同上。

周礼通考□□卷/张森楷撰. ——手稿本，散佚. ——一册. ——出处同上。

周雨人五均征文校定记一卷/张森楷撰. ——版本情况不详，已成未刊. ——出处同上。

韵学约编□□卷/骆式三著. ——版本情况不详. ——骆式三，生卒年不详，字小瞻，南川县（今重庆南川区）人，生活于清末民初，以布衣终老. ——出自民国《重修南川县志》卷十二。

巴语雅训一卷/梅际郁著. ——版本情况不详. ——梅际郁（1873—1934），字泰雨，别号念石，巴县（今重庆主城区）人。民国年间，曾任四川省议会议员，重庆商业高中校长. ——出自民国《巴县志》卷十下。

目录学□□卷/陈季皋撰. ——版本情况不详. ——陈季皋，生卒年不详，字遵默，江北县（今重庆江北区）人。近代著名历史学者，曾任重庆大学教授. ——出自民国《江北县志稿·艺文志》。

综合类
（含族谱、传略及其他）

周濂溪先生年谱一卷/（宋）度正撰. ——版本情况不详. ——度正（1166—1235），字周卿，号性善，又号乐活，合州巴川县（今属重庆铜梁区东郭乡）人，绍熙元年（1190）进士。《宋史》卷四百二十二、《宋史翼》卷二十五有传. ——出自光绪《铜梁县志》。

周子年谱一卷/（宋）度正撰. ——版本情况不详. ——出自《四库全书总目·史部·传记类·存目》，清嘉庆《四川通志》卷一百八十四，收入《周子全书》。

西里思居沱蒙氏族谱四卷/（清）蒙选撰. ——清刻本. ——蒙选，生卒年不详，字升野，谱名庆云，合州（今重庆合川区）人，清乾隆年间州学附生. ——出自《民国新修合川县志·掌录十七·艺文一》。

（重庆酉阳冉氏）忠孝谱不分卷/（清）冉广燏编修. ——清乾隆五十四年（1789）刻本. ——一册. ——冉广燏，生卒年不详，字綑庵，号栎溪，重庆酉阳（一作巴县）人，清乾隆三十一年（1766）举人，三十七年（1772）进士. ——重庆彭水润溪场上冉正斌、磨寨一碗水冉启富家藏（田野调查）。

李氏族谱□□卷/（清）李光明等修. ——清嘉庆五年（1800）刻本. ——李光明，生平不详. ——重庆南岸区海棠溪街道（田野调查）。

（重庆酉阳）冉氏家谱十三卷/（清）冉肇庭修. ——清同治九年（1870）冉氏敬简堂刻本. ——四册. ——冉肇庭，生平不详. ——南京大学图书馆。

（重庆渝北）曹氏族谱□□卷/（清）曹瑞轩等纂修. ——清同治十二年（1873）武惠堂刻本。曹瑞轩，生平不详. ——重庆中国三峡博物馆。

（重庆荣昌）杨氏族谱□□卷/杨於亭纂修. ——清光绪九年（1883）杨铭文刻本. ——杨於亭，生平不详. ——四川省图书馆（存二卷：一至二）。

安居乡周氏宗谱八卷/（清）周泽霖纂修. ——清光绪十年（1884）重庆铜梁刻本. ——八册. ——周泽霖，生平不详. ——南开大学图书馆。

（重庆江津）夏氏家乘六卷/（清）夏家骥纂修. ——清光绪十年（1884）刻本. ——夏家骥，生平不详，江津县（今重庆江津区）人. ——贵州省档案馆。

东里高石坎李氏族谱三卷/（清）李三清修. ——清刻本. ——李三清，生卒年不详，字封山，合州（今重庆合川区）人，清末时人. ——出自《民国新修合川县志·掌录十七·艺文一》。

东里胡氏族谱□□卷/（清）胡济修. ——清抄本. ——一册. ——胡济，生平不详. ——出自《民国新修合川县志·掌录十七·艺文一》。

东里狮滩桥麒麟庙胡氏家谱□□卷/（清）胡宏岱，（清）胡宏坦修. ——传抄本. ——一册. ——胡宏岱，生卒年不详，字东峰，胡宏坦，生卒年不详，字由之，合州（今重庆合川区）人。生活于清同治、光绪时期. ——出自《民国新修合川县志·掌录十七·艺文一》。

宫傅杨果勇侯自编年谱五卷/（清）杨芳撰. ——清道光二十年（1840）南海傅祥麟宝和堂刻本. ——杨芳（1770—1846），字诚斋、诚村，重庆秀山九江乡（现属贵州松桃县）人. ——中国国家图书馆。

合州易氏族谱□□卷/（清）易玉泽修. ——版本情况不详. ——易玉泽（1799—1852），字金济，号静山，别号伴云山人，合州（今重庆合川区）人，清末州庠生. ——出自《民国新修合川县志》卷四十五，"易安宇"条附。

东里瓦房沟刘氏族谱□□卷/（清）刘崇燨撰. ——清道光二十二年（1842）刻本. ——四册. ——刘崇燨，生卒年不详，原名自绰，字伯能，号裕斋、云庄，合州（今重庆合川区）人，清道光二十年（1840）诸生. ——出自《民国新修合川县志·掌录十七·艺文一》。

管氏族谱□□卷/管应柱等修. ——清咸丰四年（1854）刻本. ——管应柱，生平不详. ——重庆沙坪坝区青木关镇（田野调查）。

东里渭子溪杜氏联合族谱十二卷 /（清）杜绍唐撰. ——清同治八年（1869）刻本. ——杜绍唐，生卒年不详，一作绍堂，字怀赤，号子扬、培庵，合州（今重庆合川区）人，清同治元年（1862）举人. ——出自《民国新修合川县志·掌录十七·艺文一》。

东里小赶漕李氏族谱六卷 /（清）李定所撰. ——清光绪十七年（1891）刻本. ——李定所，原名懋枢，字斗南，合州（今重庆合川区）人，清末时人. ——出自《民国新修合川县志·掌录十七·艺文一》。

合阳刁氏族谱□□卷 /（清）刁大瑁撰. ——版本情况不详. ——刁大瑁，生卒年不详，合州（今重庆合川区）人，与冯镇峦为同时人. ——出自《民国新修合川县志·掌录十七·艺文一》。

合州丁氏族谱二卷 /（清）丁树诚撰. ——版本情况不详. ——丁树诚（1835—1902），字至堂、治棠，号仕隐子，合州（今重庆合川区）人，清光绪五年（1879）举人. ——出自《合川文史资料选辑》第五辑，中国人民政治协商会议四川省合川县委员会文史资料研究委员会1988年11月编印，第113—120页，丁禹孝遗著《丁治棠年谱》一文。

合州左氏同修宗谱六卷 /（清）章炳炎撰. ——清光绪二十六年（1900）刻本. ——章炳炎，生平不详，合州（今重庆合川区）人. ——出自《民国新修合川县志·掌录十七·艺文一》。

胡氏光裕堂族谱□□卷 /（清）胡忠简撰 ——无传本 ——胡忠简，生卒年不详，合州（今重庆合川区）人，明侍郎世赏七代孙，受业于举人冯镇峦. ——出自《民国新修合川县志·掌录十七·艺文一》。

江津涂氏家乘□□卷 /（清）涂尚文，（清）涂肇彬纂. ——清咸丰八年（1858）刻本. ——二册. ——涂尚文，生平不详。涂肇彬，生平不详. ——上海图书馆、湖南省图书馆. ——按：该族始祖朝凤，行万一，元代自湖北迁四川永川县（今重庆永川区）。子友明，字兴一，分居江津杜里桐树坪。十二世传至文广，卜居觉溪左祕中山坝江口。本族谱载"凡例、祭田、世系、服制图、行实"等内容。

江夏堂重修谱牒全部黄氏总谱□□卷 /（清）黄纯玉等修. ——清道光九

年（1829）江夏堂刻本. ——黄纯玉，生平不详. ——二册. ——重庆巫山县起阳乡（田野调查）。

来里二郎庙苏氏谱/（清）苏氏撰. ——清末抄本. ——一册. ——苏氏，生平不详. ——出自《民国新修合川县志·掌录十七·艺文一》。

来里何家沟左氏宗谱六卷/（清）左逢原，（清）左焕烜撰. ——清末抄本. ——一册. ——左逢原，生卒年不详，合州（今重庆合川区）人，清末文生。左焕烜，生卒年不详，合州（今重庆合川区）人，清末廪生. ——出自《民国新修合川县志·掌录十七·艺文一》。

（重庆涪陵）石沱镇涪陵石氏世系考九卷/（清）石作璜纂修. ——清同治七年（1868）刻本（三修本）. ——石作璜，生卒年不详，丰都县（今重庆丰都县）人. ——丰都县档案馆。

来里龙凤场国东山萧氏族谱二卷/（清）萧中佑撰. ——清宣统三年（1911）刻本. ——萧中佑，生平不详. ——出自《民国新修合川县志·掌录十七·艺文一》。

雷氏宗谱□□卷/（清）雷炳新等修. ——清光绪五年（1879）刻本. ——雷炳新，生平不详. ——重庆长寿太平乡（田野调查）。

赖氏族谱□□卷/（清）赖仕兴等修. ——清光绪二十年（1894）刻本. ——赖仕兴，生卒年不详，巴县（今重庆主城区）人，其先祖世居广东兴宁，清乾隆十九年（1754）迁入巴县. ——重庆湖广会馆。

谱例一卷/（清）黄麟元撰. ——版本情况不详. ——黄麟元，生卒年不详，字兆瑞，永川县（今重庆永川区）人，清末贡生，后任直隶州州判. ——出自光绪《永川县志·著述》。

冉氏家谱十二卷/（清）冉崇文撰. ——清同治刻本. ——冉崇文（1810—1857），字右之，号蠡夫，酉阳直隶州（今重庆酉阳土家族苗族自治县）人，清道光时廪生. ——出自《酉阳县志》编纂委员会编《酉阳县志》，重庆出版社2002年版，第483页。

（重庆潼南）石氏宗谱□□卷/（清）石生德等修. ——清道光二十三年（1843）刻本. ——石生德，生平不详. ——重庆潼南县江北新城（田野调查）。

（重庆南川）世善堂解氏家谱□□卷/解先奇修. ——清光绪二年（1876）刻本. ——解先奇，生平不详. ——重庆南川县城（田野调查）。

（重庆涪陵）余氏族谱五卷/（清）余体儒纂. ——清光绪八年（1882）涪陵余氏祠堂刻本. ——五册. ——余体儒，生平不详，涪州（今重庆涪陵区）人. ——重庆图书馆。

（重庆巫山）孙氏族谱□□卷/（清）孙清万等修. ——清同治二年（1863）抄本. ——二册. ——孙清万，生平不详. ——重庆巫山县起阳乡（田野调查）。

（重庆合川）太井湾张氏族谱□□卷/（清）张正春，（清）张天桂，（清）张天柱等修. ——清刻本. ——二册. ——张正春等，生平不详. ——出自《民国新修合川县志·掌录十七·艺文一》。

（重庆开县）唐氏族谱六卷/（清）唐道济纂修. ——清同治十年（1871）开县刻本. ——六册. ——唐道济，生平不详. ——南开大学图书馆。

（重庆南川）唐氏族谱四卷/（清）唐启蔚编. ——版本情况不详. ——唐启蔚，生卒年不详，南川县（今重庆南川区）人，清代书法篆刻家. ——出自民国《南川县志·艺文志·专著目录》。

（重庆万县）万邑牟氏族谱六卷首一卷/（清）牟维升修；（清）牟维淮续修. ——清咸丰五年（1855）修光绪十六年（1890）续刻本. ——三册. ——牟维升，牟维淮，万县（今重庆万州区）人，生平事迹不详. ——重庆图书馆（存三卷：任卷下、恤卷上、首一）、湖北利川档案馆。

韦氏宗谱二十四卷/（清）韦葆初，（清）韦灿编辑. ——版本情况不详. ——韦葆初，生卒年不详，号西崖，南川县（今重庆南川区）人，清末监生。韦灿，生卒年不详，字兰亭，南川县（今重庆南川区）人，清咸丰九年（1859）举人. ——出自民国《重修南川县志·艺文志·专著目录》。

吴氏五修族谱□□卷/（清）吴玉峰等修. ——清咸丰十年（1860）刻本. ——吴玉峰，生平不详. ——万州区档案馆。

西里白沙场东里兴隆场王氏族谱□□卷/（清）王氏撰. ——原刻

本.——一册.——王氏，生平不详.——出自《民国新修合川县志·掌录十七·艺文一》。

西里白沙场苟氏族谱□□卷/（清）苟钟济撰.——清光绪十年（1884）刻本.——六册.——苟钟济，生平不详.——出自《民国新修合川县志·掌录十七·艺文一》。

西里大鳌溪蔡氏续修族谱十五卷/（清）蔡正瑶撰.——清稿本.——三册.——蔡正瑶（1644—1728），贵州遵义人.——出自《民国新修合川县志·掌录十七·艺文一》。

西里福寿场陆氏族谱□□卷/陆庆锟撰.——抄本.——陆庆锟，生平不详.——出自《民国新修合川县志·掌录十七·艺文一》。

西里官渡场龙市镇潘氏族谱二卷/（清）潘开鐍撰.——清末民初刻本.——潘开鐍，生平不详.——出自《民国新修合川县志·掌录十七·艺文一》。

西里马鞍山陈氏族谱二十一卷/（清）陈泽民撰.——清稿本.——十七册.——陈泽民，生平不详.——出自《民国新修合川县志·掌录十七·艺文一》。

西里马头溪孔氏谱□□卷/（清）孔祥珂撰.——清刻本.——一册.——孔祥珂（1848—1876），字则君，号觐堂，山东曲阜人，孔子七十五代嫡孙.——出自《民国新修合川县志·掌录十七·艺文一》。

西里天星桥黄氏族谱□□卷/黄调元，黄世鼎撰.——石印本.——一册.——黄调元、黄世鼎，生平不详.——出自《民国新修合川县志·掌录十七·艺文一》。

西里瓦子山陈氏族谱□□卷/（清）陈云逵撰.——陈氏原刻本.——一册.——陈云逵，生卒年不详，合州（今重庆合川区）人，清末贡生.——出自《民国新修合川县志·掌录十七·艺文一》。

孝思录三卷/（清）吴熙奎撰.——版本情况不详.——吴熙奎，生卒年不详，字亮亭，秀山县（今重庆秀山土家族苗族自治县）人，清道光时诸生，监西阳屯田局事二十年，年六十四卒.——出自光绪《秀山县志》卷十《士女志·谭由萧吴张田胡列传》。

孝子传一卷/（清）吴熙奎撰.——版本情况不详.——出处同上。

正气录三卷/（清）吴熙奎撰.——版本情况不详。——出处同上。

正谊明道录六卷/（清）吴熙奎撰.——版本情况不详。——出处同上。

肖氏族谱□□卷/（清）肖学端等修.——清咸丰十年（1860）刻本.——肖学端，生平不详.——重庆忠县县城（田野调查）。

永里南坝东瑞安家溪秦氏支谱二卷/（清）秦光裕撰.——秦氏家藏写本.——秦光裕，生平不详.——出自《民国新修合川县志·掌录十七·艺文一》。

永里南坝李氏光裕家乘四卷/（清）李廷馘撰.——原刻本.——李廷馘（？—1838），一名廷英，字南村，合州（今重庆合川区）人，清嘉庆三年（1798）举人.——出自《民国新修合川县志·掌录十七·艺文一》。

袁氏族谱□□卷/（清）袁德盛等修.——清同治十二年（1873）抄本.——袁德盛，生平不详.——重庆巫山县起阳乡（田野调查）。

赵氏渊源集十卷/（清）赵默斋编.——清光绪十三年（1887）重庆小古墨斋刻本.——五册.——赵默斋，生卒年不详，清光绪年间曾任綦江知县.——苏州大学图书馆。

德礼堂吴氏家乘一卷/（清）吴鸿恩纂修.——清同治三年（1864）红格稿本.——吴鸿恩（1829—1903），字春海，铜梁县（今重庆铜梁区）人，清同治元年（1862）进士.——重庆铜梁区（田野调查）。

郑氏族谱□□卷/（清）郑传高等修.——清嘉庆二十五年（1820）刻本.——郑传高，生平不详.——重庆大足县复隆镇（田野调查）。

治城营盘街北头陈氏谱□□卷/（清）陈以勤撰.——陈以勤抄本.——陈以勤，生卒年不详，陈炳煊之孙，陈远澍之子，合州（今重庆合川区）人，生活于清末民初.——出自《民国新修合川县志·掌录十七·艺文一》。

治城兆鳣堂杨氏宗谱□□卷/（清）杨永朝撰.——抄本.——一册.——杨永朝，生平不详.——出自《民国新修合川县志·掌录十七·艺文一》。

周氏宗祠族谱□□卷/（清）周维京等修. ——清同治八年（1869）刻本. ——周维京，生平不详. ——重庆荣昌县盘龙镇（田野调查）。

诸葛武侯传□□卷/（清）张烺撰. ——版本情况不详. ——张烺（1627—1715），字冲寰，号松龄，四川蓬溪县人. ——出自《潼南文史资料》第五辑，第119页。

族谱□□卷/（清）高氏撰. ——清道光二十八年（1848）刻本. ——高氏，生平不详. ——出自《彭水文史资料》第七辑，第164页。

兴里虎头寨刘氏族谱八卷/（□）刘景辉撰. ——刻本. ——刘景辉，生平不详. ——出自《民国新修合川县志·掌录十七·艺文一》。

杨氏族谱□□卷/（□）杨思炯撰. ——石印本. ——一册. ——杨思炯，生卒年不详，江津县（今重庆江津区）人. ——出自《民国新修合川县志·掌录十七·艺文一》。

赵氏家谱□□卷/（□）赵连璧等修. ——清光绪六年（1880）刻本. ——赵连璧，生平不详. ——重庆荣昌县城（田野调查）。

王氏宗谱□□卷/（□）王安福撰. ——抄本. ——一册. ——王安福，生平不详. ——出自《民国新修合川县志·掌录十七·艺文一》。

重庆巫山奉节渝北龚氏族谱□□卷/（□）龚绍颜，（□）龚绍珍等纂修. ——清光绪十六年（1890）双和堂刻本. ——龚绍颜、龚绍珍，生平不详. ——重庆中国三峡博物馆。

（重庆酉阳）冉氏家谱二卷首一卷/（□）冉学续修. ——清末冉氏宗祠刊本. ——冉学，生平不详. ——中央民族大学图书馆（存二卷：二、首一）。

艾氏族谱不分卷/（□）□□修. ——清光绪间刻本. ——一册. ——四川省图书馆。

（重庆长寿）龚氏族谱一卷/（□）□□修. ——清末抄本. ——重庆长寿区沙石乡河清村罗家湾（田野调查）。

重庆开县李氏家谱一卷/（□）□□修. ——清嘉庆十年（1805）抄本. ——族谱现存四川宣汉县西北乡四村（田野调查）。

（重庆巫溪）凌氏宗谱□□卷/（□）□□修. ——版本情况不详. ——

巫溪县图书馆（存三卷：五、六、十一）。

邓氏族谱□□卷/（□）□□修. ——清道光二十五年（1845）刻本. ——重庆湖广会馆。

何氏族谱□□卷/（□）□□修. ——清刻本. ——重庆北碚区复兴路（田野调查）。

刘氏族谱□□卷/（□）□□著. ——版本情况不详. ——出自同治《巴县志·艺文志·序》。

邱氏宗谱不分卷/（□）□□修. ——清道光年间木活字印本. ——存一册. ——四川省图书馆。

幸氏族谱□□卷/（□）□□修. ——清道光十年（1830）抄本. ——重庆湖广会馆。

幸氏族谱□□卷/（□）□□修. ——清道光十年（1830）修. ——万州区档案馆。

熊氏家谱□□卷/（□）□□修. ——清光绪年间修. ——重庆渝北区统景镇（田野调查）。

喻氏族谱□□卷/（□）□□著. ——清光绪二十四年（1898）抄本. ——出自《合川文史资料选辑》第五辑，中国人民政治协商会议四川省合川县委员会文史资料研究委员会1988年编印，第151页，喻应华《喻氏资料二则》一文。

袁氏世苑□□卷/（□）□□修. ——清刻本. ——万州区档案馆。

袁氏族谱□□卷/（□）□□修. ——清末木活字印本. ——四川省图书馆（存二卷：五至六）。

云阳涂氏宗谱□□卷/（□）□□修. ——二十册. ——上海图书馆。

忠州秦氏家乘十八卷/（□）□□著. ——版本情况不详. ——忠县档案馆。

忠州秦氏起源□□卷/（□）□□著. ——版本情况不详. ——忠县档案馆。

雷氏族谱□□卷/雷维城等修. ——清光绪三十四年（1908）刻本. ——

雷维城，生平不详．——重庆长寿太平乡（田野调查）。

龙市镇盘龙砦杨氏族谱□□**卷**/杨澄清撰．——抄本．——一册．——杨澄清，生卒年不详，合州（今重庆合川区）人，清末庠生。——出自《民国新修合川县志·掌录十七·艺文一》。

彭氏世谱二十一卷/彭聚星等修．——版本情况不详．——彭聚星（1854—1922），字文伯，号筠庵居士，奉节县（今重庆奉节县）人．——万州区档案馆。

杨氏□**林**□□**卷**/杨士钦撰．——版本情况不详．——杨士钦（1861—1914），字鲁丞，江津县（今重庆江津区）人，清末拔贡．——出自民国《江津县志·人物志》。

东里双凤场张氏族谱六卷附夏史要三十二卷/张森楷撰．——清末民初敦睦堂刻本．——张森楷（1858—1928），原名家楷，字元翰，号式卿，合州（今重庆合川区）人。中国近代著名历史学家．——出自《民国新修合川县志·掌录十七·艺文一》。

（清代）巴县档案□□**卷**．——清代巴县档案近11.3万卷，时间跨度上起清乾隆十七年（1752），下迄清宣统三年（1911），是中国地方政权历史档案中保存较完整的一部分档案．——四川省档案馆。

后记

记载巴渝历史文化典籍，从未得到系统整理。《巴渝文献总目》的收集整理，是重庆有史以来的第一次，对摸清重庆历史文献的家底，传承重庆历史文脉，有着不可估量的重要作用。这项工作的开展，也切合了习近平总书记在《中共中央关于繁荣发展社会主义文艺的意见》和《中共中央关于制定国民经济和社会发展第十三个五年规划的建议》中关于"构建中华优秀传统文化传承体系，加强文化遗产保护，振兴传统工艺，实施中华典籍整理工程"的讲话。

重庆图书馆近年先后开展了全市古籍与民国文献的普查登记，走访调查了市内各公共图书馆、学校图书馆、博物馆、档案馆及私人收藏家，编撰出版了《重庆市古籍普查目录》《中国抗战大后方历史文献联合目录》，这均为《巴渝文献总目》的成功编撰打下了坚实基础。

自2011年起，重庆图书馆承担了重庆市《巴渝文库》这套大型丛书中《巴渝文献总目》的编撰工作。为做好《巴渝文献总目》资料的收集与编撰，重庆图书馆任竞馆长亲自主持编制大纲及审阅定稿，王志昆制定详细规划及体例，袁佳红负责具体工作的组织落实。

其他具体分工为：曾妍、谭小华、袁佳红、陈桂香、袁志鹏、刘威、李腾达、张海艳、谭翠、国晖、张丁、张保强、周兴伟等，负责全部目录的收集整理编撰；杨红友、傅晓岚、景卫红、李冬凌、许彤、周建红等，负责部分目录格式的调整；万华英、唐伯友、王兆辉、许静、熊定富等参加了小部分民国目录的收集工作。总目编制完成后，一审统稿：袁志鹏、曾妍、张海艳、刘威、谭翠、谭小华、陈桂香。二审统稿：袁佳红、曾妍。三审统稿：王志昆。索引编制：曾妍、谭小华、张海艳、袁志鹏。

在文献的收录过程中，由于对"在巴渝写"，分歧较大。有专家认为，非巴渝籍人士所写与巴渝文化无关的作品收录进总目，冲淡了巴渝文献的地方特色；也有专家认为，重庆由于抗战时期是民国陪都，其特殊性为其他地方所无，如果忽视这一时期文献，难以反映巴渝文献全貌。为此，我们几易其稿，无所适从。2016年12月，《巴渝文库》学术总牵头人蓝锡麟先生力排众议，决定尽量收录非巴渝籍人士"在巴渝写"的著作和单篇文献，而不是选择性地收录其代表作，才使总目得以顺利完成。

经过图书馆众多同仁五年多的努力，在数十位专家三年多的悉心指导下，《巴渝文献总目》终于定稿。在梳理自上古起、下至重庆解放前的历史文献的基础上，《巴渝文献总目》共收集"籍在巴渝"、"在巴渝写"、"为巴渝写"的著作7212种，单篇文献29479条。

《巴渝文献总目》即将付梓出版，在此，衷心感谢重庆市委市政府、市委宣传部、市文化委员会、重庆出版集团及各界专家学者的大力支持，特别是市文化委员会原主任汪俊、原书记郭翔、王增恂副主任和新闻出版处聂昌红处长的全力推动，使得《巴渝文库》各项工作按部就班地开展。

《巴渝文献总目》的编撰，得到市文联原党组书记蓝锡麟先生的积极策划和推动，以黎小龙教授担任组长的《巴渝文库》专家委员会全体专家对全书的收录原则进行了多次讨论并提出了建设性意见，特别是杨恩芳、黎小龙、蓝锡麟、周勇、刘明华、傅德岷、舒大刚、段渝等专家还参与了全部书稿的审阅，并提出详细修改意见，在此表示感谢。其中，特别要感谢刚谢世的原清华大学中文系教授、博士生导师、清华大学古典文献研究中心主任傅璇琮先生，傅先生以一贯精益求精的精神，对《巴渝文献总目》提出不少宝贵意见。再者，四川大学历史文化学院副院长兼古籍所所长、教授、博士生导师、《巴蜀全书》总编舒大刚先生；四川省社会科学院研究员、四川师范大学巴蜀文化研究中心教授、博士生导师、四川省有突出贡献的优秀专家、中国先秦史学会副会长段渝先生，不仅亲自指导《巴渝文献总目》的编撰，而且对编撰细节，提出了许多具体的可操作的建设性意见，在此，特表谢忱！

在《巴渝文献总目》的编撰过程中，得到重庆各行各业重要专家的指导，

并进行过三次审稿,他们是:

王本朝、王志昆、朱丕智、刘志平、刘明华、李禹阶、李彭元、杨清明、杨新涯、张凤琦、张荣祥、张颖超、周勇、段渝、黄晓东、龚义龙、常云平、蒋登科、韩云波、傅德岷、舒大刚、道坚、靳明全、蓝勇、蓝锡麟、熊笃、黎小龙、潘洵、薛新力(按姓氏笔画排列)。

2016年11—12月,专家分别对书稿终审,其分工为:

曾代伟负责民国卷马克思主义、列宁主义、毛泽东思想、邓小平理论、哲学、宗教、社会科学总论、政治、法律、经济。唐润明负责民国卷军事。李茂康负责民国卷文化、科学、教育、体育、语言、文字。潘洵负责民国卷历史、地理。何兵负责民国卷自然科学总论、数理科学和化学、天文学、地球科学、生物科学、农业科学、工业技术、交通运输、航空、航天、环境科学、安全科学、综合性图书及古代卷科技。蓝锡麟、周晓风负责民国卷文学、艺术。曹文富负责民国卷医药、卫生。黎小龙、马强负责古代卷史志类、哲理类、政经类、语文类、综合类、序跋类、传记类。熊宪光负责古代卷艺文类、诗词类。徐立负责古代卷碑刻类。

此外,重庆图书馆参与此项编纂工作的各位工作人员,他们以高度负责的精神,在重庆图书馆馆藏文献的基础上,走访并广泛查阅了国家图书馆、南京图书馆、上海图书馆、浙江省图书馆、云南省图书馆、云南大学图书馆、广西壮族自治区图书馆、广西壮族自治区桂林图书馆、贵州省图书馆及四川大学图书馆等单位所藏文献,并得到这些单位的支持,在此也一并表示感谢。

巴渝文化,源远流长。虽然我们竭尽所能,但由于各种因素的限制,加上时间紧迫,《巴渝文献总目》尚存在许多不尽如人意的地方。如古籍著述部分,因年代久远,很多都无从查考版本情况,只有书名和著者信息。再如民国文献部分,抗战时期来渝寓居的文人学者,如恒河沙数,我们学识所限,在收录时难免会挂一漏万。域外汉籍也因种种限制未能悉数收录。这些缺憾,只能俟诸来哲了。

编者

2016年12月31日

题名索引

题名索引说明

1. 题名以汉字首字音序排列，若拼音同，以笔画多少排列，若首字同，以第二字音序排列，以此类推。题名一致，以页码先后顺序排列。

2. 朝代年号（如：正德、万历、康熙、乾隆、嘉庆等）、书名前冠词（如增修、续修、增补等）略去，不参加排序。

3. 不同版本的，只列该种图书首条所在页码。

A		巴郡图经□□卷	1
哀鸽集□□卷	118	巴郡志□□卷	15
艾氏族谱不分卷	193	巴南山川记□□卷	5
爱晚山房诗集□□卷	98	巴蜀旧影□□卷	97
安居乡周氏宗谱八卷	187	巴蜀耆旧传□□卷	1
盎中鸣集□□卷	93	巴蜀耆旧传□□卷	1
B		巴蜀耆旧传□□卷	1
八大家抄选□□卷	91	巴蜀耆旧传□□卷	1
八代文粹□□卷	81	巴蜀异物志□□卷	2
八股窍□□卷	93	巴蜀志一卷	2
八柱集八卷	97	（光绪）巴县城乡全图	51
巴船纪程一卷	97	（清代）巴县档案□□卷	195
巴汉志□□卷	2	（光绪）巴县乡土志二卷	51

（乾隆）巴县志十七卷首一卷	28	笔批会真记不分卷	98
（同治）巴县志四卷	45	笔批礼记笺注不分卷	98
巴吟集□□卷	95	笔批诗经笺注不分卷	98
巴语雅训一卷	185	苾园集不分卷□□卷	99
巴志□□卷	12	碧云草□□卷	100
巴字园诗集□□卷	94	（乾隆）璧山县志二卷	29
白邻草堂文集□□卷	95	（同治）璧山县志十卷首一卷末	
白水集□□卷	82	一卷	45
白翔先生自抄诗□□卷	148	（嘉庆）璧山县志四卷	35
白云山居合集十一卷	97	变惑正言一卷	80
百梅诗集□□卷	97	辨善琐言二卷	151
栢香竹映山房骈体文□□卷	146	别诗钞一卷	101
半课堂遗稿一卷	97	冰言一卷冰言补一卷	100
半农吟草二卷	97	兵览七篇	163
半研斋文集□□卷	82	炳南花鸟画谱一卷	101
（道光）保宁府志六十二卷附图考		不及斋文集□□卷	101
一卷补遗一卷	42	**C**	
（嘉靖）保宁府志十四卷	17	菜羹记□□卷	101
保全集□□卷	82	蚕桑宝要□□卷	166
北山文集□□卷	82	蚕业白话一卷	166
北上集□□卷	98	蚕业白话一卷	170
北使录一卷	15	沧海谈奇□□卷	101
北游草□□卷	145	沧海遗珠□□卷	149
北游记□□卷	104	（重庆渝北）曹氏族谱□□卷	186
本草便读一卷	170	草木便方一元集二卷	166
本草集方□□卷	165	长庵集□□卷	93
本经便读一卷（辑本）	166	长沙串注方詶二卷	157
本韵一得二十卷	175	（康熙）长寿县志十卷	23

（光绪）重修长寿县志十卷	50	崇兰室诗话□□卷	146
（道光）长寿县志五卷	41	崇祯遗事不分卷	92
长寿县志□□卷	15	出剑集诗□□卷	95
（同治）长寿县志□□卷	46	出峡记一卷	102
晁氏诗解□□卷	78	出粤日记一卷	25
陈氏家传药性歌□□卷	170	初度入京日记四卷	98
陈中诗文集□□卷	95	初学文药□□卷	97
晨钟自醒集□□卷	102	樗北诗抄□□卷文抄□□卷	102
（乾隆）城口厅志□□卷	29	樗碧山房文集八卷诗钞八卷词钞	
（道光）城口厅志二十卷首一卷	40	四卷	103
程中丞全集六种二十九卷	104	楚军马队拱卫炮队操演图二卷十	
程中丞奏稿十九卷附录一卷	163	八段	157
痴兰诗话□□卷	150	川北纪行诗□□卷	149
赤松子诫一卷（亦名《赤松子八		川北吟一卷	103
诫录》）	68	川船记一卷	157
（光绪）增广重庆地舆全图	60	川牍存要□□卷	164
（康熙）重庆府涪州志四卷	24	川汉水陆程途□□卷	164
重庆府图志□□卷	65	川峡路图经三十卷	13
（万历）重庆府志八十六卷	18	川主三抚神合传一卷	103
（道光）重庆府志九卷	40	穿蓝色长袍的国度	104
（光绪）重庆府治全图	59	传家宝□□卷	104
（光绪）重庆府治全图	60	传忠录三卷	98
（成化）重庆郡志□□卷	15	船山诗草二十卷补遗六卷	108
重庆开县李氏家谱一卷	193	船山诗钞一卷	108
重庆图经□□卷	13	船山诗钞□□卷	108
重庆巫山奉节渝北龚氏族谱□		吹影编□□卷	103
□卷	193	春圃诗草□□卷	101
重庆志□□卷	64	春秋本例二十卷	172

春秋笔记□□卷	82	大宁监图经六卷	13
春秋大传补说四卷	61	大宁旧志□□卷	13
春秋集要□□卷	61	（光绪）大宁县志八卷首一卷	51
春秋集要□□卷	182	（乾隆）大宁县志四卷	29
春秋集义五十卷	173	大宁志□□卷	7
春秋简明录□□卷	61	大象一卷	75
春秋经解十二卷	172	大学铭□□卷	176
春秋例要一卷	172	大学中庸讲义□□卷	176
春秋夏时考正二卷	152	大易精粹一卷	73
春秋左氏补义十卷	62	大易统要不分卷	69
春秋左氏解义三卷	182	大中讲意□□卷	175
春石集□□卷	83	（乾隆）大竹县志十卷	34
赐书堂集□□卷	104	（道光）大竹县志四十卷	43
翠柏轩诗文集□□卷	105	（嘉庆）大足县志八卷	36
翠和堂诗集一卷	105	（光绪）大足县志八卷	51
存存汇集医学易读三种四卷	167	（乾隆）大足县志十一卷	30
存瑞易说□□卷	68	岱松诗集一卷	105
存斋文稿□□卷	84	丹砂一点□□卷	165

D

（嘉庆）达县志五十二卷	37	丹兴琐记二卷	105
（嘉庆）达县志五十二卷首一卷末一卷补遗二卷	37	淡墨诗集□□卷	126
		淡墨斋诗集□□卷	126
		澹音阁词一卷	106
达言一卷	105	澹远堂文集	94
达言一卷	105	悼亡集一卷	99
答客篇□□卷	83	道德经顺硃二卷	73
答猿诗草八卷	105	道腴室遗稿二卷	106
大觉禅师语录三卷	68	道统图谱二十卷	64
大明会典□□卷	152	道藏要旨十卷	68

德礼堂吴氏家乘一卷	192	东山集□□卷	83
灯下旧闻□□卷	106	东岳天齐传一卷	103
邓氏族谱□□卷	194	读史肤见一卷	52
地理集成三卷	52	读史管见□□卷	25
地理解惑□□卷	64	读史界说□□卷	64
地学仁孝渊源录五卷	74	读史平反录□□卷	62
地舆便览□□卷	35	读史评□□卷	22
弟子规一卷	176	读史拾要□□卷	52
棣萼堂遗稿一卷	106	读史一斑六卷	52
棣华馆小集一卷	79	读史余言六卷	52
滇行日记□□卷	106	读史札记二卷	50
（乾隆）垫江县志八卷	30	读史摘要□□卷	64
（道光）垫江县志十卷	39	读史摘要□□卷	64
（光绪）垫江县志十卷	51	读史撷异□□卷	21
垫江志三十卷	7	读书轩诗草□□卷	107
钓潭集□□卷	67	读书约□□卷	146
迭韵无双谱一百六卷	185	读易辨疑四卷	72
丁母行述万言□□卷	107	读易寱言一卷	70
东谷诗草□□卷	107	杜诗编年十八卷	92
东里高石坎李氏族谱三卷	187	敦行堂文集五卷	107
东里胡氏族谱□□卷	187	铎音□□卷	92
东里狮滩桥麒麟庙胡氏家谱□□卷		**E**	
	187	鄂不楼待定稿二卷	107
东里双凤场张氏族谱六卷附夏史		尔雅旧书注考证二卷	177
要三十二卷	195	二柳山房杂著□□卷	108
东里瓦房沟刘氏族谱□□卷	187	二十四史校勘记三百三十七卷	62
东里渭子溪杜氏联合族谱十二卷	188	二十四史节抄四十五卷	52
东里小赶漕李氏族谱六卷	188	二酉纪闻十六卷	109

二酉山房诗抄□□卷	110

F

方溪集四卷	110
方舆切要□□卷	52
方斋诗集十六卷	110
访樵联吟四卷	109
（康熙）丰都县志八卷补遗一卷	23
（嘉庆）丰都县志四卷	35
（同治）重修丰都县志四卷首一卷	
附典礼备考八卷	46
丰都县志□□卷	19
（康熙）丰都县志□□卷	24
风门偶录□□卷	81
封圻扼塞□□卷	157
冯时行文粹□□卷	78
凤山草堂集□□卷	83
凤山集□□卷	83
（光绪）奉节县志三十六卷首一卷	59
（乾隆）奉节县志四卷	30
佛崖古文外集□□卷	106
佛崖诗稿□□卷	106
佛崖文集□□卷	106
浮香斋一隅草学诗五卷	141
涪乘启新三卷	53
涪陵记书录□□卷	79
涪陵纪书录□□卷	14
涪陵诗集□□卷	110
涪陵志□□卷	13

涪州旧图经□□卷	13
涪州石鱼题名记一卷	142
涪州图经□□卷	14
涪州新图经□□卷	13
（乾隆）涪州志十二卷	30
（道光）涪州志十卷	41
（同治）重修涪州志十六卷首一卷	
附典礼备要八卷义勇汇编一卷	
	46
涪州志□□卷	13
（嘉靖）涪州志□□卷	17
釜山集□□卷	81
附西窗谈话四卷	110
赋役全书□□卷	157
覆瓿锁录四卷	110
馥堂诗稿□□卷	110
馥元堂诗草□□卷	111

G

感知诗□□卷	149
纲鉴意旨□□卷	177
纲鉴纂要□□卷	177
高县学宫谶碑歌□□卷	111
高阳集□□卷	67
革命军不分卷	158
格致录□□卷	83
各梦草□□卷	91
公余医录抄六卷	168
攻渝纪事一卷	153

书名	页码
宫傅杨果勇侯自编年谱五卷	187
（重庆长寿）龚氏族谱一卷	193
拱北堂诗文集□□卷	111
勾股折训一卷	168
古大学说一卷	177
古涪志十七卷	7
古国志五十篇	3
古今医方四卷	165
古人遗铎□□卷	111
古诗十九首疏意一卷	177
古诗十九首注解一卷	177
古诗文钞续集□□卷	111
古史考□□卷	2
古唐明诗归选□□卷	92
古往懋集□□卷	151
古文五删选□□卷	92
古文制义□□卷	176
古文□□卷	111
古芗吟馆杂说□□卷	112
古香吟馆诗存□□卷	112
縠语一卷	75
固陵集二十卷	8
观光集□□卷	81
管窥集□□卷	84
管窥集□□卷	146
管窥集□□卷	146
管氏族谱□□卷	187
贯溪文集□□卷	84
广舆记□□卷	146
广韵考□□卷	175
归乐铭□□卷	84
归里诗集二卷文集二卷	94
归全录□□卷	79
归实斋集□□卷	112
龟陵志□□卷	12
（新镌）桂林医鉴九卷	168
桂山文集□□卷	112
桂溪耆旧集十二卷	112
郭景纯葬经注一卷	74
国朝全蜀贡举备考（蜀进士题名总录）九卷	54
国朝全蜀诗钞六十四卷	112
国法须知一卷	158
国风串略集□□卷	147

H

书名	页码
海东集二卷	96
海华语录不分卷	73
海疆戎务□□卷	158
海峤集□□卷	84
海山存稿二十卷	96
海上吟一卷	112
海棠香馆诗稿□□卷	150
海塘挈要十二卷	158
海天阁古文二卷	111
海天阁诗钞六卷	111
海天阁诗稿□□卷	112

骇痴谲谈二卷	112	红豆山房诗集一卷	113
涵园集二十卷	83	鸿爪留痕集□□卷	113
汉书校补□□卷	64	候虫吟草十六卷	113
汉书考证□□卷	34	胡金事集□□卷	81
合阳刁氏族谱□□卷	188	胡氏光裕堂族谱□□卷	188
合阳图经□□卷	65	胡侍郎集□□卷	81
合州丁氏族谱二卷	188	湖海集□□卷	96
合州旧经□□卷	13	浒溪文集三卷	84
合州图经□□卷	14	护兰轩诗草□□卷	114
合州乡土志六卷	60	怙庐集□□卷	148
合州新图经	14	华萼文集□□卷	114
合州易氏族谱□□卷	187	华夏史要三十二卷	62
（万历）合州志八卷	18	华严法幢□□卷	73
（乾隆）合州志八卷	31	华岩寺备志一卷	26
合州志不分卷	65	华阳国志补钞三卷	4
（乾隆）合州志十六卷首一卷	31	华阳国志校勘记□□卷	37
（光绪）合州志十六卷首一卷	57	补华阳国志三州郡县目录一卷	35
合州志□□卷	14	华阳国志十二卷	3
合州左氏同修宗谱六卷	188	华阳国志十二卷附录一卷	3
何氏族谱□□卷	194	华银山志十八卷首一卷	43
何伟诗文集□□卷	84	华蓥山樵诗稿六卷	114
和斋诗稿□□卷	112	画家三昧二卷	114
河防志略□□卷	156	话雨轩诗草二卷	114
河防志十二卷	156	怀野文集□□卷	84
河图洛书精义□□卷	74	淮关志八卷	19
鹤邻堂四书讲义□□卷	178	圜中图说一卷	71
黑神南将军传一卷	103	浣斋小草□□卷	114
恒言□□卷	113	皇朝职官韵略□□卷	178

黄河全图	156	寄情草□□卷	147
黄河运河全图	156	寄吾庐文钞□□卷	115
黄老辩□□卷	71	寂定诗集□□卷	85
黄宪廷遗稿一卷	150	寂寥居士近稿□□卷	88
潢溪文集□□卷	115	家常琐语一卷	147
辉萼堂诗文集□□卷	149	家礼述宜二卷	176
绘事管见□□卷	103	家礼须知一卷	158
蟪蛄声集□□卷	115	家庭格言一卷	116
婚丧礼说□□卷	101	家训□□卷	102
浑天易象一卷	75	家训□□卷	113
活人秘诀□□卷	168	家训□□卷	116
活人心法四卷	167	家训□□卷	116
J		家训□□卷	147
击辕集□□卷续集□□卷	85	家训一卷	80
鸡肋集□□卷	85	假鸣集诗稿□□卷	116
畸庐稗说□□卷	115	假斋文存一卷诗存一卷	116
畸园诗文话□□卷	111	假斋遗集二卷	116
集孟四箴□□卷	173	简便良方□□卷	168
集唐诗钞一卷	115	蹇忠定公疏□□卷	81
几江课草诗文□□卷	115	见山堂诗文集□□卷	116
记序题跋一卷	80	见所见斋文钞二卷	116
纪程诗一卷	99	见闻录□□卷	85
纪难行□□卷	115	建南诗草二卷	150
纪元十上书□□卷	164	荐香遗稿三卷	117
纪元韵谱四编三卷	184	剑阁芳华集□□卷	117
济美堂文稿二卷	116	涧谷瘖言十二篇	117
继藜堂诗集□□卷	115	（光绪）江北厅乡土志不分卷	57
寄庐草诗集□□卷	147	（道光）江北厅志八卷首一卷	41

江防述略一卷	156	晋省回籍日记四卷	99
江津守城日记□□卷	117	晋书评三十卷	8
江津涂氏家乘□□卷	188	缙云传胜录□□卷	147
（正德）江津县志□□卷	16	缙云集四十三卷	78
（嘉靖）江津县志二卷	17	缙云内外集□□卷	86
（康熙）江津县志□□卷	23	缙云文集四卷	78
（雍正）江津县志五卷	28	缙云先生文集四卷附录一卷	78
（乾隆）江津县志二十一卷	31	京朝集三卷	108
（光绪）江津县志十二卷附志存一卷	57	经方歌括二卷	166
		经过扬子江三峡游记	103
（光绪）江津县乡土志四卷	57	经谊四卷	178
江夏堂重修谱牒全部黄氏总谱□□卷	188	经余摘要一卷	178
		经子时务杂钞十卷	77
江州笔谈二卷	123	荆坊书屋试帖□□卷	117
江州事迹三卷	5	警心百勿篇□□卷	87
江州图经一卷	14	静南志十二卷	8
将步一卷	75	静远轩文稿□□卷	118
讲义一卷	173	絅葊集□□卷	87
蒋云汉文稿□□卷	85	九峰草堂诗集二十八卷	102
蕉窗腾课□□卷	117	九峰制艺四卷	102
蕉月山房遗稿一卷	117	（万州）旧经□□卷	66
觉初制义诗钞□□卷	119	（黔州）旧图经□□卷	66
觉世箴规一卷	119	救生船□□卷	75
金川从戎事实二卷	158	俱云集一卷	118
金石苑（三巴汉石纪存）不分卷	43	居官法戒两卷	158
		居来山房集六十五卷	87
锦荣集□□卷	81	居丧礼仪□□卷	156
晋鉴十卷	8	居易堂诗钞十卷	118

居易堂续集二卷	118
驹如诗草二卷附纱笼集一卷缄扎一卷	118
菊逸山房易学□□卷	74
橘园集□□卷	95
橘园诗□□卷	93
矩斋经文二十卷	178
卷澜余稿词二卷	118
军余纪咏一卷	119

K

开方演草一卷	168
开县李尚书政书八卷	57
（乾隆）开县志不分卷	30
（咸丰）开县志二十七卷首一卷	44
开县志稿不分卷	58
开州志□□卷	65
勘定教匪述文□□卷	159
考古随笔二卷	119
（重庆府涪州）考究图经志书□□卷	65
可园诗草□□卷	147
克己编□□卷	147
课蒙举隅二卷	119
课幼捷诀上下卷□□卷	147
孔子集语补遗商正一卷仓颉辑补斠证小笺一卷说文引汉律令补正一卷	183
苦竹诗□□卷	120
欸塞录□□卷	153
葵心亭纪闻□□卷	84
夔行纪程一卷	120
夔夔堂诗草四卷	136
夔路图经□□卷	12
（正德）夔州府志十二卷首一卷	16
（万历）夔州府志□□卷	18
（康熙）夔州府志十卷	23
（乾隆）夔州府志十卷	31
（道光）夔州府志三十六卷首一卷	39
夔州旧图经□□卷	4
夔州考究志□□卷	65
夔州路图经五十二卷	65
夔州图经□□卷	4
夔州图经四卷	8
夔州志十三卷	8
困学录□□卷	73

L

来里二郎庙苏氏谱	189
来里何家沟左氏宗谱六卷	189
来里龙凤场国东山萧氏族谱二卷	189
来瞿唐先生日录十三卷（内篇六卷外篇七卷）	87
重刻来瞿唐先生日录十二卷（内篇七卷外篇五卷）	87
来瞿唐先生易注十五卷首一卷末一卷	70
来雅堂遗稿	120

赖氏族谱□□卷	189	历朝八股制艺选□□卷	92
兰楼诗草□□卷	120	历朝典故类钞□□卷	121
兰田馆琴谱三卷	120	历朝履霜录□□卷	62
懒□诗集□□卷	148	历代邦交录一百卷	62
懒园集□□卷	101	历代筹边略八十四卷目录类编三卷	
（咸丰）阆中县志八卷	44	附奏议二卷	159
（咸丰）阆中县志八卷	45	（四川）历代地理沿革表一卷	62
阆中县志稿三十六卷	52	（四川）历代地理沿革形势险考□	
浪吟狂徒稿四卷	120	□卷	62
浪游小草□□卷	98	历代地理指掌图不分卷	8
劳绩纪□□卷	159	历代典故□□卷	26
老子解二卷	68	历代鸿名录□□卷	152
乐翁诗稿三卷	120	历代统系纪元考□□卷	159
乐意堂文稿□□卷	120	历代职官沿革表一卷	62
雷氏宗谱□□卷	189	历难记□□卷	159
雷氏族谱□□卷	194	历史邦交录一百卷	164
类编钱氏小儿方证□□卷	165	历史艺文经籍异同出入存佚表	62
楞严说通十卷	72	历史舆地沿革表□□卷	62
楞园诗草一卷	121	历图撮要□□卷	22
楞园仙书九种九卷	75	立斋遗文四卷	86
离骚经注□□卷	179	立斋遗文五卷附录一卷	85
礼记胜金讲章□□卷	175	吏治编□□卷	160
礼论一卷	159	例侠集□□卷	87
李氏族谱□□卷	186	隶准草字汇四卷	121
李远诗集一卷	78	笠盦诗钞十卷	121
理性汇要□□卷	75	联语集二卷	99
理学辨疑□□卷	70	梁山军图经□□卷	9
理学纂要四卷	179	（乾隆）梁山县志不分卷	32

（嘉庆）梁山县志十八卷首一卷	36	龙纪圣异历一卷	152
（光绪）梁山县志十卷首一卷	57	龙门诗集□□卷	148
梁益志十卷	6	龙市镇盘龙砦杨氏族谱□□卷	195
两朝实录□□卷	152	龙溪日记□□卷	149
两汉史论□□卷	26	楼山诗集六卷	122
辽海集一卷	121	炉峰集三十卷	80
聊斋志异评□□卷	113	鲁牍存要□□卷	164
列朝名宦贤士录一卷	125	鹭溪集□□卷	107
（重庆巫溪）凌氏宗谱□□卷	193	论孟俗解□□卷	173
刘鹭豀日记	107	论语界说□□卷	77
刘氏科第志□□卷	83	罗村岁时记□□卷	93
刘氏族谱□□卷	194	罗岳峰诗集□□卷	123
刘文简文集□□卷	83	旅啸集□□卷	93
流江杂录□□卷	107	绿韵山庄古文□□卷	122
流江杂录□□卷	148	绿韵山庄古文□□卷	122
琉球国志略十六卷首一卷	29		

M

柳文评论□□卷	78	麻衣道者正易心法一卷	67
六一集□□卷	122	马政志四卷	153
六经释义四卷	172	脉诀归正一卷	166
六经图六卷	7	漫游草□□卷	123
六事箴言六卷	122	毛诗三十卷附尚书后案驳正二卷	178
六书半解三卷	184	毛诗序传定本音注三十卷	178
六书区□□卷	184	梅庵集□□卷	86
六书音聚□□卷	184	梅峰稿□□卷	123
六有斋文集□□卷	122	梅影轩文庄汇稿□□卷	123
六政亿言□□卷	155	梅竹轩诗集□□卷	110
龙多山志八卷	58	蒙养新编□□卷	123
龙脊石题刻一卷	143	孟子管见一卷	177

孟子注□□卷	173	南平军图经一卷	14
梦寻纪事诗□□卷	123	南平志□□卷	9
梦寻纪事诗集□□卷	141	南浦记□□卷	15
绵潭山馆诗集□□卷	123	南浦志□□卷	6
明代实录一卷	21	南翁语录□□卷	124
明夷待访录纠谬一卷	77	南游集□□卷	98
明逸民诗集□□卷	124	南征集一卷	121
鸣鹤堂稿□□卷	124	倪斯蕙集□□卷	88
□□名宦贤士录一卷	161	拟寒山诗□□卷	91
磨砚斋诗集□□卷	148	廿二史年表□□卷	53
墨堂记□□卷	80	廿一史纂要□□卷	53
目录学□□卷	185	念阳徐公定蜀记一卷	155
牧民迩言一卷	160		
慕林小草诗五卷	124	**P**	
N		盘阿集□□卷	124
		盘餐录□□卷	93
南北两都赋□□卷	83	泮溪文稿□□卷	124
南宾志□□卷	9	培根集□□卷	124
南部县乡土志□□卷	52	彭氏乔梓诗存一卷	124
（道光）南部县志三十卷首一卷	42	彭氏世谱二十一卷	195
（嘉庆）南充县志八卷附图考一卷	37	（康熙）彭水县志四卷	23
		（同治）新修彭水县志十二卷	45
（嘉庆）南充县志八卷首一卷	37	（光绪）彭水县志四卷首一卷	58
（光绪）南川公业图说十二卷首一卷	58	（道光）蓬州志略十卷	43
		（正德）蓬州志十卷	16
南川县乡土志不分卷	65	（光绪）蓬州志十五卷	50
（光绪）南川县志十二卷首一卷	58	平都山志一卷	19
（咸丰）南川县志十二卷首一卷	43	平平录十卷续录一卷	160
（乾隆）南川县志书不分卷	32	平山堂唱和诗一卷	118

平蜀纪事一卷	155	秦良玉传汇编初集□□卷	64
平滩纪略六卷附蜀江指掌一卷	160	琴心堂诗集□□卷	125
平武县学约一卷	124	琴音古选□□卷	84
平夏录一卷	21	青囊经注□□卷	179
破山明禅师语录二十一卷附年谱一卷	73	青屿诗文集□□卷	125
		清溪闲吟等集□□卷	125
裒萃汉相如子云集音释□□卷	174	清咸丰己未庚申川东军务公牍十卷	160
蒲亭志一卷	53		
朴园存稿□□卷	125	清意山庄诗集二卷	103
谱例一卷	189	晴云山房丛钞六十卷	113
Q		晴云山房文集十六卷书牍一卷补遗二卷诗集三卷补遗一卷红椒山房笔记七卷	113
七省海防□□卷	157		
（光绪）綦江县续志四卷	59	琼琚集□□卷	88
（万历）綦江县志□□卷	20	琼瑶诗集□□卷	110
（道光）綦江县志十二卷首一卷	38	邱氏宗谱不分卷	194
乞襄诗草□□卷	125	秋佩先生遗稿五卷	85
潜藩武泰志十四卷	11	秋士集诗稿□□卷	125
潜书二卷	94	秋吟回文百首一卷	119
黔江县乡土志不分卷	58	秋英墅诗十三卷	88
（咸丰）黔江县志四卷首一卷	44	求郢吟□□卷	125
（光绪）黔江县志五卷首一卷	59	曲江吏事纪实一卷	136
黔江志稿二卷	38	全川诗草□□卷	114
黔游草□□卷	148	全蜀节孝录五卷	161
黔州图经□□卷	66	全蜀艺文志六十四卷首一卷	86
桥棠诗草□□卷	88	补续全蜀艺文志五十六卷	82
樵歌牧唱□□卷	125	劝规录六卷	126
切实要务说八十七卷	159		
钦定四言韵文不分卷	50	群经大义□□卷	183

群经纲纪考十八卷	183	三国志音注二十卷	184
R		三君子堂文集□□卷	126
（重庆酉阳）冉氏家谱二卷首一卷	193	三省边防备览十四卷	161
		三省山内风土杂识一卷	35
冉氏家谱十二卷	189	三省堂文集□□卷	110
（重庆酉阳）冉氏家谱十三卷	186	三峡通志五卷	19
染学斋诗文集□□卷	126	三邑人文□□卷	19
人格商榷书一卷	149	三邑政编□□卷	155
人伦风鉴一卷（亦名《龟鉴》）	68	三余诗草八卷文钞一卷	127
仁知格言稿一卷	126	三鳣堂文集□□卷	127
日慎斋诗草六卷外集一卷	126	三字节要一卷	179
日月眼科□□卷	167	丧礼摘要一卷	161
（乾隆）荣昌县志	32	森玉堂文集□□卷	127
（同治）荣昌县志二十二卷	47	痧法备旨□□卷	165
榕窗小草二卷	126	山居纪难编一卷	127
如鸟集□□卷	82	山居录□□卷	85
入京纪行杂诗一卷	99	删余赘语□□卷	106
入蜀集二卷	92	伤寒辩证集解五卷	166
入蜀记六卷	9	伤寒论翼评语一卷附翼评语一卷	169
蕊园集□□卷	104	尚友诗集□□卷	127
瑞霭庐诗集□□卷	150	尚志斋稿□□卷	127
闰余集□□卷	80	少素文集□□卷	88
S		绍庆志□□卷	15
赛金丹□□卷	168	社会改良说□□卷	162
三巴记一卷	2	莘农诗钞□□卷	138
三峰寓言□□卷	67	慎独斋诗草□□卷	127
三国志六十五卷	3	慎密斋丛抄一卷	63
三国志音义一卷	184	慎密斋治经偶得一卷	63

书名	页码
慎密斋治经偶得一卷	184
慎思斋文稿□□卷	127
声律典丽四卷	184
省觉录□□卷	70
师俭斋遗诗六卷	119
师友雅言□□卷	80
师友赠言录一卷	148
师竹轩诗草二卷文赋一卷时艺一卷	127
诗草一卷	131
诗钞四卷	115
诗钞义□□卷	146
诗辞一卷	81
诗古文集三十二卷	102
诗集□□卷	128
诗集□□卷	128
诗经纶旨□□卷	128
诗经音义约编十卷首一卷	179
诗经纂义十卷	179
诗林韶濩选二十卷	96
诗铄□□卷	128
诗文集□□卷	128
诗文杂集□□卷	93
诗选便读六卷	102
诗影□□卷	128
十三经补注□□卷	180
石及离文集□□卷	101
（重庆潼南）石氏宗谱□□卷	189
（重庆涪陵）石沱镇涪陵石氏世系考九卷	189
石竹园诗集□□卷	110
（宣统）石砫厅乡土志九章	60
（道光）补辑石砫厅新志十二卷	40
（道光）补辑石砫厅新志十二卷附舆图一卷	40
（乾隆）石砫厅志十三卷附补阙一卷	33
史记新校注一百三十三卷	63
史鉴□□卷	26
世德补拙集□□卷	88
（重庆南川）世善堂解氏家谱□□卷	190
仕途悬镜□□卷	155
仕隐斋涉笔八卷	99
式縠斋经义□□卷	180
是闲集□□卷	89
释道潜集□□卷	89
释诗一卷	128
释书一卷	75
释太极图说□□卷	75
谥法一卷	152
守合州策一卷	162
首善篇□□卷	128
寿世医鉴三卷	167
书补附老学究语二卷	100
书差福海一卷	102

书经题旨□□卷	175
书空录□□卷	128
书说一卷	80
蜀碑记补十卷	79
蜀碑记十卷	79
蜀碑记十卷首一卷辨伪考异二卷	79
蜀碧四卷	26
蜀才易注一卷	67
蜀川胜概图	6
蜀道吟□□卷	96
蜀道吟集□□卷	96
蜀典十二卷	36
蜀都碎事四卷艺文补遗二卷	128
蜀方言二卷	183
蜀故（全蜀典故）二十七卷	27
蜀龟鉴七卷首一卷	53
蜀国春秋十八卷	22
蜀记□□卷	5
蜀记三卷	5
蜀记一卷	10
蜀鉴十卷附札记一卷	10
蜀江志十卷	6
蜀景汇考十九卷	129
蜀景汇览十四卷附蜀景汇览赋一卷	129
蜀僚问答不分卷	53
蜀乱一卷	53
蜀难叙略一卷	22
蜀破镜三卷	54
蜀人物志□□卷	11
蜀人物志四卷	91
蜀省全图□□卷	22
蜀诗十五卷	129
蜀事答问一卷	146
蜀水经十六卷	35
蜀水考四卷	54
蜀梼杌一卷	11
蜀文征存三十卷	129
蜀燹述略六卷	54
蜀秀集九卷	129
蜀学编二卷	129
蜀雅二十卷	130
蜀雅十六卷	130
蜀游草□□卷	130
蜀游草一卷附归田集（铁臂老人诗）	96
蜀游日记一卷	130
蜀辎日记四卷	130
蜀语一卷	174
蜀藻幽胜录四卷	89
蜀志补罅四卷	17
蜀中边防记十卷	155
蜀中广记一百八卷	19
蜀中广记一百八卷	89
蜀中名胜记三十卷	89
蜀中人物志记□□卷	85

蜀中山川形势图□□卷	11	四库全书书目考四卷	63
蜀中诗话一卷	90	四论解一卷	76
率真堂诗文集□□卷	131	四书便钞□□卷	55
双山诗集□□卷	131	四书便注□□卷	182
水月间轩课草六卷	131	四书撮要□□卷	162
水月山房笔记□□卷	147	四书大成三十八卷	175
睡鹤山庄诗集四卷	131	四书大意□□卷	176
（康熙）顺庆府志十卷增续一卷	24	四书读钞□□卷	72
说文部首释许一卷	180	四书管规录□□卷	174
说文答问诗文稿□□卷	180	四书衡□□卷	180
说文新附字驳义一卷	184	四书汇解□□卷	180
思过堂稿□□卷	90	四书集旨六卷	183
思及堂诗文集□□卷	131	四书辑解□□卷	175
思齐录□□卷	93	四书简明讲意□□卷	175
思无邪斋诗赋文稿□□卷	131	四书讲义□□卷	174
思贻堂草稿□□卷	132	四书讲语□□卷	175
四川方言录□□卷	174	四书启蒙□□卷	174
四川名胜记四卷	89	四书体认录□□卷	180
（嘉庆）四川通志二百四卷首二十二卷	35	四书易经讲意□□卷	72
		四书臆解□□卷	181
（雍正）四川通志四十七卷首一卷	27	四书约说□□卷	181
（正德）四川志三十七卷	16	四书摘辨二卷	176
四川忠义总录三十卷附霆军二卷续录二卷	162	四书朱子集注古义笺六卷	183
		四书纂要□□卷	55
（嘉靖）四川总志十六卷	16	四书遵注□□卷	174
（万历）四川总志二十七卷	20	四元通变□□卷	112
（万历）四川总志三十四卷	20	松风阁诗集十卷	132
（康熙）四川总志三十六卷	22	松龄老人笔记□□卷	95

松云集□□卷	132	听雨楼集五卷	133
素园寓集一卷	136	霆军纪略十六卷	162
随身诗集□□卷	132	通鉴校勘记十四卷	184
遂宁张文端公全集七卷首一卷	94	通鉴校字质疑坿胡注正讹二卷	184
遂生外科三卷	167	通史六鉴序例一卷并求友引一卷	63
碎琴诗钞一卷	150	通史人表二百九十六卷附姓目方言类编四十八卷纪元韵谱四编三卷职官勋爵进退表四卷序目凡例一卷	63
（重庆巫山）孙氏族谱□□卷	190		

T

台登集一卷	126	通史堂书库目录一卷	63
太初历□□卷	1	通书一卷	76
（重庆合川）太井湾张氏族谱□□卷	190	通俗正名杂字书一卷	185
泰山庐山记□□卷	87	通志余稿题跋一卷	63
昙花一现集□□卷	132	同讴馆随笔八卷	133
谈锋镜一卷	102	同声字谱十卷	185
（重庆开县）唐氏族谱六卷	190	桐阴诗集□□卷	97
（重庆南川）唐氏族谱四卷	190	铜馆书二卷补二卷	100
棠香文稿□□卷	132	铜梁山人诗集二十三卷	133
陶村诗集□□卷	132	铜梁山人诗集二十五卷	133
天补楼行记一卷	132	铜梁山人诗集二十五卷词四卷云麓偶存二卷	133
天布斋稿□□卷	92	铜梁县守城记□□卷	101
天风海水楼诗文集□□卷	133	（光绪）铜梁县乡土志三卷	55
天瘦阁诗半六卷	132	（道光）铜梁县志八卷首一卷	42
天台山房集□□卷	93	（光绪）铜梁县志十六卷首一卷	55
天问阁集三卷	92	（隆庆）铜梁县志四卷	20
天问阁文集四卷	92	痛定录□□卷	91
铁槃山房诗集□□卷	133	图存编不分卷	158
听露轩诗□□卷	146		

（昌州）图经□□卷	12	王坪诗选□□卷	135
（开州）图经□□卷	5	王氏宗谱□□卷	193
图像问答语一卷	81	往留录八卷	99
退一步斋试贴一卷	134	微尘集□□卷	120
退思轩诗钞六卷	134	薇云山馆杂存□□卷	135
退溪诗集□□卷	134	韦氏宗谱二十四卷	190
橐驼集二卷	134	位中诗文集□□卷	136
		味禅室诗稿□□卷	135

W

宛在山庄诗草□□卷	134	味醇轩古近体诗十五卷试帖一卷	135
晚晴楼诗草二卷	134	味蔗轩诗钞一卷	135
晚晴轩诗稿□□卷	135	温氏医书三种□□卷	169
晚香草堂诗文集四卷	135	文简公诗文补遗二卷	99
皖道蝉音□□卷	98	文心雕龙校注□□卷	150
万县乡土志九卷	55	文字类要四卷	185
万县志采访事实一卷	49	文字求源谱□□卷	185
（乾隆）万县志四卷	33	文字题要四卷	185
（同治）增修万县志三十六卷首一卷	48	问石诗集□□卷	89
（咸丰）万县志四卷	44	问刑条例三卷	154
（重庆万县）万邑牟氏族谱六卷首一卷	190	我我轩诗稿□□卷	136
		卧游录□□卷	93
万邑西南山石刻记二卷附录一卷	135	卧云诗草八卷	136
万州图经□□卷	66	卧云小草□□卷	136
万州新志□□卷	7	乌台纪事□□卷	82
万州志□□卷	66	（康熙）巫山县志不分卷	24
万竹园集□□卷	90	（雍正）巫山县志□□卷	28
王道九功一卷	75	（光绪）巫山县志三十二卷首一卷	56
王鉴占验二卷	165	（光绪）巫山县乡土志三卷	57
		巫山县志□□卷	21

条目	页码
吴氏五修族谱□□卷	190
梧冈文集□□卷	154
梧桐居近集□□卷	94
梧竹居草诗文集□□卷	92
五经辑□□卷	181
五经辑要□□卷	182
五经解□□卷	172
五经通解□□卷	173
五经文字恒言□□卷	176
五经正讹□□卷	181
五经注□□卷	72
五经字典一卷	181
五种遗规浅说□□卷	136
武孝经一卷	152
勿所刘先生居官水镜四卷	155

X

条目	页码
（康熙）西充县志十二卷	25
（光绪）西充县乡土志不分卷	52
（光绪）西充县志十四卷图一卷	50
西畴居士春秋本例二十卷	172
西里白沙场东里兴隆场王氏族谱□□卷	190
西里白沙场苟氏族谱□□卷	191
西里大鳌溪蔡氏续修族谱十五卷	191
西里福寿场陆氏族谱□□卷	191
西里官渡场龙市镇潘氏族谱二卷	191
西里马鞍山陈氏族谱二十一卷	191
西里马头溪孔氏谱□□卷	191
西里思居沱蒙氏族谱四卷	186
西里天星桥黄氏族谱□□卷	191
西里瓦子山陈氏族谱□□卷	191
西沤全集十卷外集八卷	100
西夏经义□□卷	75
西夏事略十六卷	53
西粤草一卷	136
西征笔记二卷	160
西征集一卷	121
洗冤录□□卷	154
峡川志略一卷	34
峡船志一卷	5
峡江图考一卷	59
峡中吟诗稿□□卷	136
峡江救生船志二卷附行川必要一卷图考一卷	60
夏鼎录□□卷	162
（重庆江津）夏氏家乘六卷	187
夏小正传考□□卷	166
仙都山志二卷	20
仙掌楼新艺□□卷	88
闲滨余草前编诗十二卷续编诗八卷附诗律一卷	105
闲窗赋□□卷	107
闲窗赋□□卷	146
衔石集一卷	119
燹余诗草□□卷	149
燹余诗集□□卷	137

宪宗实录□□卷	153	孝子传一卷	192
乡范□□卷	154	孝宗实录□□卷	153
乡团救命书□□卷	169	啸声楼诗草□□卷	137
相山撮要二卷	137	啸堂初集（山晓和尚诗集）二卷	137
香雪楼诗集八卷	137	心法切要一卷	137
襄敏公诗集□□卷	87	心学晦明解□□卷	70
详注船山诗草□□卷	117	新刻红椒山房笔记七卷	113
祥符昌州图经□□卷	5	新孝经一卷	152
祥符合州图经□□卷	5	新志□□卷	15
祥符渝州图经□□卷	6	信阳子卓录八卷补遗二卷	156
肖氏族谱□□卷	192	星象勾股□□卷	166
潇湘阁诗集□□卷	137	行程纪略一卷续一卷	138
小白华山人诗抄十二卷	105	行川必要不分卷	162
小白华山人诗抄续编八卷附试帖诗一卷	105	行己篇□□卷	147
小峰文集二卷	137	形势险要考□□卷	164
小渠偶吟草□□卷	146	醒人浅语□□卷	122
小桃溪馆诗钞六卷文钞十五卷	111	兴里虎头寨刘氏族谱八卷	193
小宛山房纪游草□□卷	90	幸氏族谱□□卷	194
小学拾零一卷	180	幸氏族谱□□卷	194
小学韵语□□卷	181	性理辑要四卷	74
小学韵语一卷	177	性理纂□□卷	69
小酉山房杂录四十卷首一卷	110	性善堂稿十五卷	79
晓村诗集四卷	137	姓目方音类编四十八卷	63
孝典蒙求四卷	181	雄辨学□□卷	138
孝典四卷	162	熊氏家谱□□卷	194
孝经注解名□□卷	181	修竹堂文集□□卷	138
孝思录三卷	191	修竹轩吟稿□□卷	139
		（光绪）秀山县志十四卷首一卷	56

绣香阁留草□□卷	138	Y	
虚庵集□□卷	90	雅萃集□□卷	138
虚白堂诗草□□卷	138	延生集一卷	169
叙秋韵对三卷	79	沿江要害□□卷	157
（南平）续记□□卷	9	盐铁论校释	64
选本十八罗汉一卷	114	盐源县志序例一卷	63
选梦楼词□□卷	149	砚农诗钞四卷	139
绚秋山房□□卷	138	砚田草梅影轩文庄汇稿□□卷	115
学宫图考三卷附阙里圣迹图一卷	38	滟石集□□卷	90
学宫图考三卷首一卷附二卷	38	燕山集一卷	122
学一图说□□卷	183	燕山学约□□卷	146
（夔府）学务综核所章程一卷	163	杨氏□林□□卷	195
学校孤衷录二卷	159	（重庆荣昌）杨氏族谱□□卷	187
学庸贯通解二卷	178	杨氏族谱□□卷	193
学庸讲义□□卷	177	杨五湖先生集□□卷	146
学庸图考	26	养性园诗集	139
学庸醒讲二卷	182	养源文稿一卷	139
学庸语录一卷	74	养云书屋诗集（金沙诗草）五卷	139
学制拙工录□□卷	138	瑶笔摘录□□卷	106
雪程记二十二卷	83	药性炮制歌□□卷	167
雪樵经解三十一卷	182	药言一卷药言賸稿一卷	100
雪堂诗赋四卷	122	一得录□□卷	74
雪堂诗集四卷	121	一得随录二卷	142
训兵要言一卷	163	一贯图说□□卷	76
训儿篇□□卷	93	一囊春三卷	168
训子略言□□卷	114	一说小开山集□□卷	131
（同治）续增黔江县志一卷	48	一笑草□□卷	90
		一枝鸣□□卷	88

医方辑要不分卷	166	易经集注十六卷	70
医方心镜二卷	171	易经来注十五卷图像一卷首一卷末一卷	70
医林辑要□□卷	170		
医书益寿一卷	169	易经启义不分卷	76
医学丛抄□□卷	169	易经一说晓□□卷	179
医学切要全集六种	167	易林注□□卷	74
医学探骊二卷	169	易论二卷	68
医学心悟□□卷	170	易筌五卷	76
仪陇集四卷	99	易书诗三经叶韵□□卷	176
（同治）仪陇县志二篇	49	易说一卷	74
（同治）仪陇县志六卷	49	易无字书十二卷	182
夷坚志□□卷	151	易象图说一卷	69
怡云阁诗一卷	90	易学表微□□卷	77
宜春山房古文□□卷	139	易学启蒙小传一卷	69
贻经堂文集□□卷	117	易正说二卷	69
遗稿□□卷	140	易注□□卷	71
遗诗□□卷	133	疫痧合编注释□□卷	170
彝欢堂诗文集□□卷	139	益部耆旧传十篇	3
彝欢堂时艺□□卷	139	益部谈资三卷	21
彝欢堂试帖□□卷	139	益州记□□卷	4
义泉治略说存□□卷	119	益州记□□卷	4
亦兰居诗集□□卷	140	益州记三卷	4
易传□□卷	68	益州记三卷	4
易解□□卷	69	薏言□□卷	169
易解□□卷	72	因病制宜方一卷	170
易经本意四卷首一卷末一卷	76	阴符经直解□□卷	77
易经参伍错综图□□卷	73	荫松堂诗集八卷	134
易经集解□□卷	71	音律典四卷	185

迎翠堂文集□□卷	140	（乾隆）酉阳州志四卷	33
（乾隆）营山县志四卷	34	（同治）增修酉阳直隶州总志二十二卷首一卷末一卷	48
（万历）重修营山县志八卷	18		
（同治）营山县志三十卷	49	（重庆涪陵）余氏族谱五卷	190
楹联集联二卷	99	鱼雷图说四卷	171
瀛草札笔□□卷	140	腴词连解一卷	179
应制集□□卷	96	渝城图	59
映雪山房稿□□卷	140	渝州龚晴皋写意山水□□卷	134
庸斋文稿□□卷	140	（宋）渝州志	12
永川县志□□卷	21	语录不分卷	76
（乾隆）永川县志九卷	33	语录一卷附楞严大经藏	72
（道光）永川县志十二卷	41	玉海新经□□卷	93
（光绪）永川县志十卷首一卷	56	玉井易说二卷	69
永里南坝东瑞安家溪秦氏支谱二卷	192	预筹中外大势议一卷	50
		喻氏族谱□□卷	194
永里南坝李氏光裕家乘四卷	192	御侮录一卷	163
永言随笔□□卷	140	寓庸堂文稿□□卷	109
咏古二十四孝试帖□□卷	136	毓斋文集二卷	141
咏历代名臣诗注八卷	134	豫章集□□卷	97
咏史诗草□□卷	140	元代引蒙一卷	168
游峨录一卷	77	元明诗钞□□卷	140
游峨录一卷	141	袁氏立命篇功过格注□□卷	90
游峨诗记一卷	134	袁氏世苑□□卷	194
游蜀后记二卷	141	袁氏族谱□□卷	192
游正吟正续稿□□卷	141	袁氏族谱□□卷	194
友碗山房名帖二卷	121	远村诗文集十八卷	113
友竹山房时文二卷	126	远山时艺□□卷	118
酉述三十六卷	141	约斋诗文集□□卷	91

月文宪诗集□□卷	91	仄韵声律启蒙□□卷	178
月溪课草二卷	142	曾几山房诗钞□□卷	143
岳峰集□□卷	142	摘明文小题钞□□卷	131
阅史载笔二十卷	21	栈云峡雨日记二卷诗草一卷	143
粤游草□□卷	125	张朝墉诗集六卷	148
粤游飞鸿诗草□□卷	142	张船山诗草初集三卷二集六卷	109
云安集□□卷	12	张船山诗选□□卷	108
云安军旧图经□□卷	6	张船山诗选六卷	108
云安军图经□□卷	6	张船山手稿一卷	108
云耕书屋诗文集□□卷	142	张船山手书诗稿一卷	108
云楼诗集□□卷	137	张船山书札不分卷	108
云南四川踏查记	142	张船山先生诗钞一卷	108
云南通志□□卷	48	张公奏议二十四卷	157
云山翁诗集□□卷	91	章水唱和集□□卷	143
云水游集十四卷	143	招隐居传奇二卷附火坑莲一卷	143
云阳涂氏宗谱□□卷	194	赵氏家谱□□卷	193
云阳县乡土志二卷	61	赵氏渊源集十卷	192
云阳县舆地全图一幅	61	蔗尾启吟试帖□□卷	103
（嘉靖）云阳县志二卷	17	珍珠舫四卷	102
（乾隆）云阳县志四卷	33	阵中日记□□卷	148
（咸丰）云阳县志十二卷	45	振振堂四种八卷（文稿二卷诗稿二卷联稿二卷联稿续二卷）	144
云篆山人诗□□卷	107		
韵学一日能一卷	181	正庵诗稿□□卷	88
韵学约编□□卷	185	正蒙字义二卷	183
韵语□□卷	182	正名杂字书一卷	185
Z		正气录三卷	192
宰官续知一卷	154	正谊明道录六卷	192
枣强邑略□□卷	20	证治药例一卷	170

郑氏族谱□□卷	192	治棠史考二卷	60
郑知事去思录□□卷	149	治棠文集四卷	99
芝田诗稿□□卷	144	治下河论一卷	156
知非集□□卷附碧云庄诗□□卷	91	穉学编四卷	106
知命集□□卷	82	中巴纪闻□□卷	142
知山诗集□□卷	144	中川集十三卷	82
脂玉词一卷莲果词一卷	133	中国漫游实记	145
（乾隆）直隶达州志四卷	34	中庸管见一卷	177
直声者□□卷	147	中庸集注一卷	76
直省分道属境歌略并图□□卷	148	中庸解一卷	182
指迷医碑二十卷	170	中庸说一卷	173
指玄篇八十一章	67	忠属察学日记一卷	63
枳栾集□□卷	144	忠属察学日记一卷	148
至性编诗文集□□卷	144	（重庆酉阳冉氏）忠孝谱不分卷	186
志冰诗草二卷	144	忠州旧经□□卷	66
制艺类典□□卷	144	忠州秦氏家乘十八卷	194
质可诗集□□卷	144	忠州秦氏起源□□卷	194
治安文献□□卷	155	忠州图经一卷	12
治城营盘街北头陈氏谱□□卷	192	（道光）忠州直隶州志八卷首一卷	38
治城兆鳣堂杨氏宗谱□□卷	192	（同治）忠州直隶州志十二卷首一卷	47
治河奇策一卷	157	（乾隆）忠州志十四卷	34
治河全书二十四卷	156	种菊轩画谱四卷	101
治略存说□□卷	163	众星堂余草二卷	145
治谱□□卷	154	周礼存真五卷	178
治台要略一卷	163	周礼古学考十一卷	183
治棠经说七卷	76	周礼辑要□□卷	182
治棠经说七卷	77	周礼名义通释四卷	185
治棠诗集六卷	99		

周礼通考□□卷	185	篆隶决嫌录二卷	149
周礼折衷二卷	69	庄子注离骚□□卷	174
周濂溪先生年谱一卷	186	梓里丛谈三卷	121
周氏宗祠族谱□□卷	193	梓州路图经六十九卷	66
周易辨疑（读易辨疑）四卷	72	紫轩集□□卷	85
周易分类解胲□□卷	77	自怡轩诗文集□□卷	91
周易汇纂四卷	76	字川文稿二卷	145
周易集解□□卷	76	字溪集十一卷附录一卷	80
周易集注十六卷	71	邹公集□□卷	86
周易讲章训诂一卷	72	邹刘合刻□□卷	86
周易一说□□卷	77	邹刘奏疏合刊□□卷	153
周易易解四卷	77	鲰生诡谈□□卷	150
周雨人五均征文校定记一卷	185	奏议□□卷	154
周子年谱一卷	186	奏议二十二卷	154
诸葛氏集二十四篇	78	奏议稿□□卷	163
诸葛武侯传□□卷	193	族谱□□卷	193
诸葛忠武志十卷（忠武志八卷附卧龙岗志二卷）	24	醉经楼诗抄□□卷	150
		醉月轩诗集十四卷	123
诸子纂要八卷	21	尊周说□□卷	61
竹林居集□□卷	147	左传纪事本末长编二十卷	61
竹香斋拾遗诗稿□□卷	145	左传疏证□□卷	64
竹轩诗文集□□卷	145	左国合编□□卷	61
竹院吟二卷	145	左国合编□□卷	66
注阴符经二卷	68	左史长义较一卷	184
筑云楼诗集□□卷	122	左氏长议校一卷	63
转注古义考□□卷	180		

著者索引

著者索引说明：

1. 作者首字按汉字排序，汉字再以拼音字母次序排列。若首字拼音同，则依第二字的拼音字母次序排列，余依次类推。

2. 朝代（如：唐、宋、明、清），国别（如：英、美、日）略去，不参加排序。

3. 同一作者，按页码顺序排列，中间用顿号隔开。编著方式不一的，分别列排。

A

〔英〕阿绮波德·立德乐 (Archibald Little)	104
〔英〕阿绮波德·约翰·立德乐 (Archibald John Little)	103
艾仕元	59
〔日〕安东不二雄	145
敖彤臣	97
敖毓薰	171

B

| 白玉楷 | 42 |
| 般若 | 170 |

C

蔡珅	170
蔡世佑	134
蔡以修	43
蔡毓荣	22
蔡正瑶	191
曹瑞轩	186
曹绍樾	49
曹学佺	19、89、90、155
曹因培	120
曹源邦	33
常明	35

常璩	3、4	陈三善	179
陈靖	83	陈士杰	112
陈炳几	168	陈仕林	34
陈炳煊	178	陈适声	124
陈昌	55、126、162、178	陈寿	3、78
陈德荣	91	陈书	30
陈登龙	54	陈翏由	80
陈藩垣	59	陈廷璠	138
陈凤喈	150	陈抟	67、68
陈光纶	138	陈维	135
陈怀仁	103	陈骧瀚	112
陈计长	124、155	陈祥裔	128
陈季皋	64、150、185	陈杏昌	130
陈嘉琅	33	陈一津	54
陈讲	82、153	陈以勤	192
陈锦堂	45	陈永图	143
陈俊	125	陈于夏	121
陈昆	44、45、53、111	陈于宣	30
陈麟图	159	陈遹声	115
陈明申	120	陈援世	98
陈谟	72、118	陈云逵	191
陈念祖	166、168	陈在德	145
陈鹏飞	78、173	陈在宽	145
陈其杓	122	陈泽民	191
陈庆门	34	陈志冰	144
陈榕	37	陈中	95
陈汝善	19	陈梓	132
陈汝燮	105	成文运	26、95

程伯銮	132、163	刁大珰	188
程德全	104、163	丁凤皋	44
程李氏	132	丁涟	30
程溥	23	丁慕韩	107
程其芝	143	丁氏	147
程琪芝	170	丁树诚	
程尚川	48、64、115		60、76、77、98、99、180、188
程业修	57	董承熙	39
程于夏	26	董维祺	24
程煜闻	55	董湘	116
程祖润	160	杜成章	119
崔廷槐	16	杜甫	92
崔邑俊	31	杜翰藩	121
崔子方	152、172	杜焕南	116
D		杜焕章	116
戴锦	87	杜绍唐	188
戴葵	20	杜熏	178
戴纶喆	59	杜应芳	20、82
戴美渠	150	度正	69、79、186
戴元裔	179	段成式	5
德恩	41	多泽厚	30
德铨	88	**E**	
邓德敏	157	恩成	39
邓迪	26	**F**	
邓璜	90	樊汉炳	9
邓士龙	21	范泰衡	44、48
邓钰廷	140	范坦	138
邓子仪	117	范长生	67

方炳南	101	甘雨施	132
方守道	129	高秉醇	176
方旭	50、163	高庚恩	129
方正	148	高继光	127、179
方宗敬	35	高培毂	50
费广	91	高启愚	20
费经虞	129	高氏	193
费士欸	8	高维岳	51
费兆钺	57	高斋映	70
冯之□	128	高云从	51
冯大观	114	龚珪	44、135
冯懋柱	24	龚懋熙	22、91、92、175
冯时行	68、78	龚三级	21、127
冯世瀛	48、113、114、182	龚绍颜	193
冯镇峦	113	龚绍珍	193
冯之瑾	159、177	龚恕	148
冯卓怀	44	龚笋湄	23
符永培	36	龚有融	134
福珠朗阿	41	龚自成	19
傅炳墀	46、48、135	苟金薇	25、136
傅良辰	73	苟文熄	106
傅樵村	164	苟文燫	97
傅汝舟	16、18	苟钟济	191
傅松龄	51	苟锺汉	113
傅振商	89	古心	72、148
傅作楫	121、122	顾尚之	37
	G	顾嗣立	96
甘桂森	61	官清正	124、181

管应柱	187	洪锡畴	40
郭棐	18、20	洪运开	43
郭和熙	126	洪璋	37
郭嘉文	87	侯若源	47
郭维藩	61	侯维桢	45
郭允蹈	10	胡邦盛	30
国璋	59	胡超	119、163
		胡定远	115

H

韩鼎晋	104	胡宏岱	187
韩芳	99	胡宏坦	187
韩清桂	55	胡洪	174
韩述敏	139	胡辑瑞	49
韩昱	5	胡济	187
何朝宗	90、147	胡筠	41
何浩如	122	胡培森	116
何铠	140	胡其俨	127
何镠相	80	胡世赏	21
何试	144	胡志伊	61、133
何伟	84	胡忠简	188
何以让	71、82、83	胡子义	81
何宇度	21	胡子昭	81
何裕基	125	华瑞	150
何增元	159	桓渊	173
何振卿	89	黄标	21
何志高	61、75、76、128、159	黄纯玉	188
贺笏臣	60	黄度	150
贺守典	53	黄际飞	58
洪良品	97	黄景夔	82

黄钧	33	江锡麟	45
黄麟元	189	江渊	81
黄勤业	130	江载愔	127
黄世鼎	191	蒋璧方	116、142
黄坦	149	蒋宏任	34
黄调元	191	蒋鸿模	170
黄廷桂	27	蒋楷	150
黄钰	166	蒋云汉	85
黄云衢	41	焦懋熙	29、31
黄在中	29	解先奇	190
黄震仲	9	经潘颐	71、165
黄之玖	113、176		K
黄秉湘	135	康斌	117
霍为菜	45	康敷政	120
	J	康作霖	43、98
嵇坊	33	孔祥珂	191
简上	180	寇用平	45
蹇达	83	寇宗	38、40、74
蹇义	81、152	旷超凡	137
蹇宗伊	84	况正标	77
江朝宗	15、85	况周仪	135
江含春	75、117、121、162、181		L
江含通	105	来知德	70、71、87
江宏道	137	赖汝弼	134
江怀廷	106	赖仕兴	189
江敬	117	赖松云	110
江孟纶	86	郎奎章	55
江梦奎	147	雷炳新	189

雷维城	194	李榕	34
黎伯巽	8	李瑞鹤	137
黎学锦	42	李三清	187
黎尧卿	21	李尚滋	119、181
黎应第	146	李实	15、90、174
李本忠	160	李士荥	132、133
李宾	81	李士震	154
李彬然	41	李树滋	41
李炳灵	51、112	李嗣元	126
李曾白	157、177	李遂根	139
李昌	91	李棠	25
李成林	24	李天英	118
李理	103	李天成	165
李传一	15	李调元	79、130、174
李纯朴	84、85	李廷采	132
李丹生	132	李廷馢	138、192
李德	30	李文澜	147
李定所	188	李咸若	42
李公麟	6	李惺	100、101
李光明	186	李型廉	36
李光堞	120	李兴宗	173
李国纬	4	李养德	88、154
李稽勋	56	李膺	4
李继东	183	李楹	73、74
李开先	22、72、93、156、175	李墉	41
李明复	173	李永宁	88
李彭年	18	李友梁	56
李琪章	52	李毓珩	125、161

李元	35	刘大谟	16
李远	78、152	刘道开	72、91
李允	4	刘得礼	8
李赞唐	115	刘德萃	104
李长祥	73、92	刘德铨	39
李昭治	25	刘敦山	102、103
李肇奎	44	刘芳声	18
李专	27、144	刘高培	33
李灼	144	刘汉昭	43
李滋然	63、77、177、183	刘衡	53
李宗谔	5、6	刘鸿典	100
李宗羲	57	刘华璋	60
李祖培	38、103	刘甲	11
连山	56	刘景伯	53
梁成	8、68、79	刘景辉	193
廖朝翼	47	刘君锡	124
廖寅	35	刘藜光	58
林坚本	23、24	刘泌	22、72、93、165
林明俊	94	刘起宗	71
蔺希夔	71	刘青云	60
凌夫惇	94、177、178	刘善述	166
刘菠	85、153、154	刘绍文	40
刘邦炳	112	刘绍熙	168
刘斌	146	刘声元	171
刘炳旭	115	刘时俊	19、69、155
刘崇爔	187	刘实	181
刘春	83、152、153	刘士缙	33
刘慈	23、106、107	刘仕伟	141、158

刘台	89	庐焌	160
刘泰山	139	鲁凤辉	37
刘天成	123	陆阶	175
刘廷玑	94	陆庆锟	191
刘廷恕	40	陆游	9
刘维理	35	陆玉琮	32
刘喜海	43	罗安慧	146、147
刘先晋	178	罗承顺	24
刘祥仪	21	罗冲志	69
刘欣期	4	罗醇仁	142
刘彝	117	罗定昌	161
刘应箕	85、153	罗衡	138
刘泳之	112	罗洪载	84
刘宇昌	163	罗缙绅	162
刘玉璋	136	罗景	24、94
刘械增	49	罗景礼	74、176
刘藻	50	罗尚德	125
刘臻辉	146	罗世德	137
刘臻理	119	罗世茂	147
刘正德	169	罗守仁	110
刘志	124	罗廷唯	20、84、174
刘中理	179	罗文藻	64、116
刘助杰	115	罗星	38、52、101、102、158、166
柳福培	47	罗宿	180
龙昌光	113	罗岳峰	123
龙为霖	25、26、134、175、176	罗珍	106、159、181
卢国桢	19	罗尊五	105
卢有徽	45	骆式三	185

落下闳	1	潘开锦	191
吕策	138	潘清荫	148
吕绍衣	46	潘时钰	131
M		潘泰行	53、101、134
麻衣道者	67	潘一仑	111
马导	8	潘治	74、101、180、181
马斗燡	145	彭光远	123
马麟	19	彭聚星	195
马慎	56	彭懋琪	139
毛圭	9	彭懋琪	124
毛诗	147	彭世仪	124
梅际郇	149、163、185	彭应桂	111
蒙选	186	彭应槐	35
糜奇瑾	120	彭遵泗	26、27
糜奇瑜	163	蒲松龄	113
〔日〕米内山庸夫	142	普慈	12
莫春晖	142	**Q**	
牟维淮	190	钱保塘	142、143
牟维升	190	钱谦益	155
母梦牛	79	钱受祺	22
N		钱文炳	181
南翁	124	谯定	68
倪斯蕙	88	谯周	2、172
O		秦大恒	105
欧阳调律	165	秦代馨	117
欧阳直	53	秦光裕	192
P		秦觉	17
潘绂	92、93、177	秦山高	149、164

秦嵩年	64	沈士靖	175
秦宗汉	58	沈廷辉	53、58
庆征	47	沈苟蔚	22
瞿颉	35	沈以淑	137

R

冉崇文	45、48、52、109、110、141、189	施义爵	110
		石生德	189
冉广燨	108、109、186	石彦恬	41、126
		石作璜	189
冉木	11	释本坚	90
冉永涵	115	释本晳	137
冉肇庭	186	释苍桐	73
任弅	6	释昌泰	83
任逢	7	释昌言	43
任其昌	105	释道隆	68
任泰仪	142	释道潜	89
任香湄	137	释海明	73
任宣	125、175	释寂定	85
任学道	174	释寂树	137
任预	4	释见初	90
		释隆昂	118

S

〔日〕山川早水	97	释明真	97
邵陆	33	释三空	148
邵鸣喈	103	释圣可	73
邵仲禄	72、154、174	释实性	76
沈本义	90、146	释铁眉	72
沈复瑛	61、74、75、166、176	释万松	145
沈磊	175	释益谦	43
沈立	6	释印绶	73

238

释印正	73	唐道济	190
释竹禅	114	唐棣	146
税安礼	8	唐启蔚	190
税与权	69、80	唐锐	139
宋宝械	100	唐甄	94
宋灏	38	陶澍	55、130
宋继景	52	陶珽	11
宋名立	34	陶文彬	23
宋枏	52	陶宗仪	11
宋琬	92	田登年	154
宋煊	41	田九垓	18
苏氏	189	田世醋	136
孙锜	54	田秀栗	46
孙清万	190	田尹耕	138
孙荣毓	140	童械	100
孙桐生	54、112	涂尚文	188
孙遇	11	涂肇彬	188
孙宗瑛	158		

T

W

		汪如汉	76
谈昌达	114	汪志渊	123、181
覃为谷	116	王安福	193
谭光祜	35	王壁	23
谭永懋	179	王伯庠	12
谭永泰	60	王昌年	111
谭宗浚	129	王朝选	28
潭教正	77	王春	86
汤琼	111	王椿年	144、180
汤贻眉	35	王纯极	177

王达琮	74、160、177	王瑞庆	42
王道履	52	王商	1
王德嘉	51	王绳祖	128、180
王尔鉴	28、95、96	王氏	190
王凤岐	128	王世沿	28
王诰	33	王寿松	56
王桂林	168	王淑	90
王槐龄	40	王恕	122
王煌	57	王廷稷	18
王玑	43	王廷伟	37
王骥	84	王廷献	23
王家驹	31、115、123	王文选	119、167
王劼	134、135、178	王闻远	94
王金城	180	王五桂	131
王侃	123	王象之	79
王宽夫	7	王怡	145
王良弼	30	王紫绪	33、145
王麟飞	48	王应熊	83
王鹿天	15	王应元	46
王孟卿	145、147、148	王玉鲸	44、48
王梦赓	40	王元曾	140
王梦应	173	王元正	16
王名必	140	王之春	162
王名符	125、126	王致中	139
王谟	118	王周	5
王清远	138	王子申	7
王庆熙	32	韦葆初	190
王汝璧	34、74、133、166	韦灿	52、190

韦登峰	116	吴之皞	20
韦杰生	117、118	伍绍曾	131
韦同	112	武丕文	61
魏德牖	142	武尚仁	43
魏光勋	75、102		X
魏瀚	133	夏琪	128
魏崧	43	夏国孝	17
魏攸祖	145、182	夏家骥	187
魏远猷	51	夏兰滋	138
温载之	169	夏梦鲤	39
文康	47	夏铭	174
文震孟	155	夏璲	29
翁道均	49	夏云程	55
吴德器	16	夏子云	88
吴鸿恩	101、192	向培元	76、128
吴继恒	172	向瀛	127
吴嘉宾	90	向增元	77、141
吴美秀	23	肖学端	192
吴潜	16、18	萧大士	62、76、176、177
吴庆坻	162	萧盛昱	107
吴守忠	19	萧望崧	118、119
吴庶修	148	萧中佑	189
吴焘	141	谢必铿	51
吴熙奎	97、98、179、191、192	谢慧卿	80
吴学凤	140	谢家驹	141
吴友篪	38	谢金元	47
吴玉峰	190	谢鸣篁	157
吴正封	170	谢诗纯	123

谢廷献	169	薛禄天	23
熊炳	140	荀培初	113
熊汉鼎	161	荀廷诏	22
熊鸿谟	53	**Y**	
熊家彦	45	严如熤	35、161
熊兰征	174	阎源清	29
熊履青	38	晏嘉宾	107
熊相	16	燕山散人	146、182
熊毓藩	49	阳枋	69、80、81、173
熊正伦	110	阳岊	68
胥怀清	135	阳恪	152
徐邦道	157	杨澄清	195
徐昌绪	46	杨崇	30、31
徐畅达	42	杨大鲲	92
徐朝宦	168	杨德坤	59、127
徐大昌	58、124	杨芳	160、187
徐继镛	44、45	杨芳灿	35
徐浚镛	46	杨福琼	162
徐如珂	153	杨几川	17
徐松	21	杨甲	7、79
徐泰	16	杨进蕃	107、169
徐瀛	42	杨进笏	110、163
徐忠锐	169	杨蠋	11
徐作式	126	杨鸾	17
许曾荫	56	杨孟英	19
许杰	82	杨荣封	139
许廷升	77	杨绍曾	76
薛可园	143	杨慎	17、86

杨士鏒	158	余德中	95
杨士俊	60	余光	120、182
杨士钦	64、77、149、183、195	余鸿观	54
杨士瀛	144	余价	123
杨世禄	87、88	余君维	141
杨树菜	122、162	余仕彬	147
杨思炯	193	余体儒	190
杨思震	17	余子龙	93
杨昙	136	鱼溪氏	115
杨天怀	64、147	虞怀忠	20
杨为城	118	禹湛	114
杨维翰	140	喻茂坚	154
杨锡麟	30	喻守先	147
杨兴	12	喻思慥	157
杨学可	21	元澄	10
杨应春	88	袁蔼如	52、128
杨应玑	60	袁德盛	192
杨永朝	192	袁定远	24
杨於亭	187	袁方城	57
杨元吉	17	袁凤彩	183
杨瞻	17	袁凤孙	37
杨周冕	96	袁锦	146、148
叶玉	116、182	袁休明	2
易卜年	100	袁虞初	120
易简	136、162	袁州鎏	144
易良图	77	源乾曜	4
易玉泽	187	月文宪	91
由升堂	131、182		

Z

			164、170、184、185、195
曾德升	26、110	张绍龄	44
曾一贯	123	张慎仪	183
曾纪瑞	150	张湜	146
曾茂	182	张述祖	121
曾时中	168	张澍	36
曾受一	31	张唐英	11
曾炜	113	张涛	58
曾秀翘	59	张天桂	190
张安弦	125	张天柱	190
张朝墉	148	张廷曦	137
张大昌	117	张文耀	18
张国均	114	张问陶	108、109、157
张国坤	114	张兴仪	137
张华庭	150	张永熙	50
张佳胤	3、87、154	张源深	136
张晋生	27	张云轩	60
张九章	59	张正春	190
张克镇	131	张仲景	172
张焜	49	张州	102
张烺	95、193	章炳炎	188
张礼杰	50	章汝鼎	169
张乃孚	105	赵大煊	50、76、105、106
张鹏翮	24、94、156、157、175	赵连璧	193
张乞襄	125	赵卯发	173
张琴	48	赵默斋	192
张锐堂	45、48	赵谦	1
张森楷	62、63、77、148、149、	赵善赣	6

赵书卿	106	周石兰	111、112
赵彦迈	9	周述典	170
赵彦韬	11	周腾蛟	141
赵增荣	54	周维京	193
赵志本	33	周宪斌	57
郑传高	192	周湘兰	114
郑廑	1	周泽霖	187
郑明郁	72、82	周泽溥	50
郑王选	30	周庄	136
郑暐	5	朱德宝	149
郑坝	144	朱一桂	162
支承祜	58、124	朱虎臣	135
钟登甲	129	朱奂	127
钟云舫	143、144	朱稽	107
周本一	61、64、104	朱稑	159
周伯胤	132	朱敏	166
周复俊	16	朱圻	127
周厚光	58	朱锡谷	54
周煌	29、96、97	朱象鼎	23
周景衡	52	朱言诗	57
周开丰	28、128	朱耀先	85
周礼	126	朱之洪	183
周立椿	131	朱子镛	150
周立恭	122、158、168	〔日〕竹添进一郎	143
周立矩	132	祝恩武	66、182
周琳	81、82	祝龟	1
周汝梅	122	庄定域	58
周绍尧	97	邹公敢	82

邹容	158	邹增吉	125
邹双山	16	邹智	85、86、153
邹廷彦	18	左逢原	189
邹增祜	133、169	左焕煋	189